VIEATNAM₂

COLLECTION
ROLF HEYNE

VIEATNAM $_2$

Neue Geschichten
und Rezepte von

Luke Nguyen

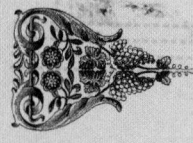 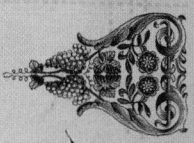

Fotos von Alan Benson

COLLECTION ROLF HEYNE

Danksagung

Als ich an diesem Buch arbeitete, ging ich auf eine weitere wunderbare und einzigartige Reise. Ich habe nicht einfach nur köstliche Gerichte entdeckt, sondern auch sehr viel mehr über die Geschichte und die Kultur Vietnams während der Kolonialzeit erfahren.
Ich bin immer wieder überrascht und auch dankbar dafür, wie weit mich meine Begeisterung für das Kochen gebracht hat.

Ohne die Liebe und die Unterstützung von vier ganz besonderen Menschen wäre *Indochina* nicht zustande gekommen:
Meine Mutter und mein Vater, die alle schwimmenden Märkte Vietnams auf der Suche nach den frischesten Produkten durchforstet haben, damit wir alle Rezepte zubereiten und fotografieren konnten.
Meiner schönen und liebevollen Partnerin, Suzanna Boyd, die mich immer wieder mit ihren Bildern, der gestalterischen Umsetzung und jetzt auch als Food-Stylistin bezaubert! Was hätte ich bloß ohne dich angefangen.
Alan Benson, ich kann es kaum glauben. Deine Fotografien sind absolut überwältigend; Deine Fotos sind wirklich beeindruckend und du hast anscheinend ein Händchen dafür, sehr viel Anmut in deine Bilder zu legen. Ich danke dir für deine Professionalität und deine tiefe Freundschaft.

Vielen Dank auch an das Verlegerteam von Kylie Walker, Hugh Ford, Kim Rowney, Leanne Kitchen und Livia Caiazzo.

Ich umarme die ganze Familie aus der Red-Lantern-Familie; ohne euer Engagement, euere Begeisterung und euere Unterstützung hätte ich wohl kaum die Zeit zur Fertigstellung dieses Buches gefunden. Ich danke euch.

An meine wunderbare Familie in Frankreich. Ich danke euch allen dafür, dass ihr euer Wissen an mich weitergegeben und mich mit euerer Begeisterung für die französisch-vietnamesische Küche und Kultur angesteckt habt.

Mein Dank geht auch an all die Köche, Restaurantbesitzer, Hoteliers und Freunde in Vietnam, die mir so großzügig die Zeit geopfert und ihr Wissen an mich weitergegeben haben. Und schließlich danke ich Vietnam Airlines für die stete Unterstützung.

Dieses Buch ist meiner Familie gewidmet:
Cuc Phuong, Lap, Pauline, Lewis and Leroy Nguyen.

Zwei weise Männer aus Hanoi

KEIN LÜFTCHEN REGT SICH AN DIESEM Morgen, das jadefarbige Wasser des Hoan Kiem See liegt glatt wie ein Spiegel da. Vor mir hält ein Motorrad; der Fahrer verkauft gekühlte junge Kokosnüsse. Ich gebe ihm 10 000 Dong (€ 0,36), er schlägt mit einem Hackbeil den oberen Teil ab und reicht mir danach die Kokosnuss. Ich setze mich hin, nippe an meinem erfrischenden Saft und schaue zu, wie die Welt an mir vorbeizieht. Mein Blick fällt auf zwei elegant gekleidete ältere Männer mit Baskenmützen, die einen Spaziergang machen und dabei Gehstöcke aus Bambus mit sich führen, was offensichtlich aber mehr der Selbstdarstellung als der Notwendigkeit dient. Während sie so gehen, streichen sie über ihre langen weißen Bärte und nicken einander während des Gespräches beipflichtend zu. Sie bleiben an einem Stand stehen, an dem frische Sojamilch verkauft wird. Er ist nahe genug gelegen, dass ich mitbekomme, wie sie sich miteinander nicht vietnamesisch, sondern in fließendem Französisch unterhalten. Es kommt wirklich nicht oft vor, dass ich fremde Menschen anspreche und sie bitte, mit mir einen Kaffee zu trinken. »Xin chao«, grüße ich etwas nervös und gehe zögernd auf sie zu. »Bonjour«, antworten sie. Ich spreche kein Französisch, also frage ich auf Vietnamesisch, ob ich mich ihnen anschließen kann. Sie stimmen zu, ich bestelle drei vietnamesische Eiskaffees und frage, wie es denn kam, dass beide die französische Sprache so gut beherrschen. »Wir haben beide eine französische Schule besucht«, erklärt einer der Männer. »Als die Franzosen Vietnam besetzt hielten, teilten sie es in drei unterschiedliche ›Länder‹ auf, jedes unterstand einer anderen Verwaltung; der Norden wurde Tonkin genannt, die Zentralregion Annam und der Süden Cochinchina. Zusammen mit Laos und Kambodscha wurde Vietnam ein Teil von Französisch-Indochina oder, wie es oft auch bezeichnet wird, Indochina. Unsere Eltern waren bei den Franzosen angestellt, deshalb bekamen wir eine französische Schulbildung. Wir kennen uns schon seit unseren Schultagen, heute sind wir fast neunzig Jahre alt und viele unserer Freunde sind schon gestorben, deshalb machen wir jeden Tag einen gemeinsamen Spaziergang. Danach kaufen wir frische Baguettes und Pasteten für unsere Familien.

Baguettes und Pasteten … Die Franzosen übten einen tief greifenden Einfluss auf die vietnamesische Lebensart aus, dennoch war mir im Grunde gar nicht bewusst gewesen, was deren kulinarisches Vermächtnis ausmacht. Ich erzähle den beiden Herren, dass ich nur eine vage Vorstellung von der Zeit der französischen Besetzung habe, die von 1862 bis 1954 dauerte, und dass ich mich nie eingehender damit beschäftigt habe.

Als ich so im Park sitze und zuhöre, wie mir die zwei alten Herren Geschichten aus ihrer Jugend erzählen, fühle ich, wie ein neues Abenteuer beginnt. In diesem Moment schwöre ich, den nächsten Monat damit zu zubringen, durch Vietnam zu reisen und zu erkunden, welchen Einfluss die Franzosen auf die Art und Weise hatten, wie die Vietnamesen kochen und essen – mit Folgen bis in die Gegenwart. Als ich von meinen Plänen erzähle, kann ich mich vor Aufregung kaum noch beherrschen. Beruhigend legt einer der beiden Herren seine Hand auf meine Schulter. »Fange deine Reise damit an, einfach nur durch die alten Straßen im Zentrum von Hanoi zu schlendern«, sagt er zu mir. »Und wenn du dort herumgehst, schau nicht immer nur geradeaus, sondern denke daran, auch nach oben zu sehen!«

Beim Abschied wird mir bewusst, dass es eben das Leben und die Geschichten von Menschen sind, die meine Recherchen über die vietnamesische Kochkunst mit Tiefe und Leidenschaft bereichern. Leichten Schrittes gehe ich davon, und das verdanke ich diesen beiden weisen und vornehmen Herren aus Hanoi.

Hanoi

Stadt zwischen Flüssen

5:30 UHR IN DER FRÜHE. ES IST SCHWÜL, ABER NOCH erträglich und ich lehne müde am Eingangstor des Leninparks, bin noch nicht ganz wach. Was mache ich eigentlich hier?

»Wenn du in Hanoi bist, musst du in den Leninpark gehen, sonst hast du etwas verpasst«, hat mein Freund zu mir gesagt. »Sei aber zeitig dort – um 7:30 Uhr ist alles vorbei.«

Kaum zu glauben, wie lebhaft es hier zugeht, die Sonne ist eben erst aufgegangen und schon stauen sich Besucher vor dem Eingangstor! Dieses wird gesäumt von Säcken voll mit frisch gedämpftem Mais. Jeder Kolben kostet € 0,36. Jogger drehen eine morgendliche Runde und greifen sich auf dem Weg in den Park ihren Maiskolben als gesundes Frühstück. Als ich durch das Tor gehe, komme ich mir vor, als beträte ich eine andere Welt, eine Oase der Ruhe mitten in dieser geschäftigen, hektischen Stadt. Angesichts der schieren Größe gerate ich aus dem Häuschen; prächtige alte Bäume ragen hoch über dem großen See in der Mitte auf und spenden kühlenden Schatten. In allen Ecken des Parks sieht man Menschen, junge und alte sind beim Joggen, dehnen sich, praktizieren Thai Chi und Kampfsportarten, spielen Stockball oder Federball. Die Atmosphäre gleicht einem Jahrmarkt.

Musik zieht mich an. Sie dröhnt aus ein paar Lautsprechern in der westlichen Ecke des Parks. Ich bin mir ganz sicher, dass es sich dabei um ein Lied von Modern Talking handelt. Ich habe eigentlich keine Ahnung, warum diese deutsche 1980er-Jahre-Gruppe bei Vietnamesen überall auf der Erde so beliebt ist, erinnere mich aber noch gut daran, dass mein Bruder Lewis ein Fan der Gruppe gewesen ist und immer wieder deren Songs spielte.

Ich komme noch zeitig genug, um den ungewöhnlichen Anblick von etwa dreißig Männern und Frauen zu genießen, die samt und sonders über fünfzig Jahre alt sind und zu Cha-Cha-Cha, Salsa und Lambada das Tanzbein schwingen. Die Tänzer haben sich in kleine Gruppen aufgeteilt und folgen den Anweisungen eines Vortänzers. Ich kann nicht anders, bei diesem Anblick breche ich in freudiges Gelächter aus und schieße ein paar Fotos, worauf sie wiederum beginnen, langsam Richtung Fotoapparat zu tanzen. Mit jedem Hüftschwung wird der Tanz frecher. Ich feuere sie an und das macht ihnen sehr viel Spaß!

So schwer es mir auch fällt, ich muss mich von der Gruppe losreißen und setze meinen Spaziergang fort, dieses Mal auf der Suche nach etwas, das meinen knurrenden Magen beruhigt. Ich weiß nur zu gut, dass dort, wo es Menschen gibt, auch Essensstände sein müssen. Ich muss mich aber beeilen, denn die Händler packen bald die Sachen zusammen und gehen nach Hause. Die Einheimischen kommen bei Tagesanbruch, wenn es noch kühl ist, treiben Sport, nehmen das Frühstück zu sich und machen sich dann

hinauf, bewundere die vergoldeten Spiegel, die roten Samtvorhänge, die Jugendstilelemente an den Wänden und die hohe gewölbte Decke. Ich komme mir vor wie in Europa. Aber ich will unbedingt noch mehr Gebäude aus der französischen Kolonialzeit sehen, also gehe ich noch ein paar Straßenzüge weiter bis zur Ngo Quyen Straße, wo der Präsidentenpalast steht. Dieser wurde im Jahre 1895 vom französischen Architekten Auguste-Henri Vildieu als Hauptquartier des französischen Generalgouverneurs in Indochina

Fünfzig Jahre lang diente das riesige Steingebäude der Demonstration französischer Macht ...

auf den Weg zur Arbeit. Es gibt Nudelsuppen, Tofu und Klebreis – das ideale Rüstzeug für den Tag. Nach dem Frühstück verlasse ich den Park. Schon herrscht Berufsverkehr. Ich gehe in Richtung Stadtmitte und komme in eine Gegend, die als das französische Viertel bekannt ist. Ich stehe mitten auf einer viel befahrenen Kreuzung auf der Trang Tien Straße und schaue hoch, um ein Gebäude zu betrachten, das ich schon viele Male vorher gesehen habe, an dem ich aber immer vorbeigegangen bin und nie daran gedacht habe, stehen zu bleiben oder hinaufzusehen. Jetzt bewundere ich seine Pracht. Es ist eines der eindrucksvollsten Wahrzeichen von Hanoi – die Oper. Sie wurde im Jahr 1911 fertiggestellt und man nennt sie oft »Klein-Garnier«, denn es handelt sich um ein verkleinertes Modell der Pariser Oper, die vom Architekten Charles Garnier entworfen worden war. Ich betrete das Gebäude durch den Haupteingang und steige die reich verzierte Treppe

erbaut. Fünfzig Jahre lang diente das riesige Steingebäude der Demonstration französischer Macht und war Symbol der französischen Herrschaft über die älteste Stadt Vietnams.

Man sagt, dass Ho Chi Minh sich nach der Unabhängigkeit Vietnams im Jahre 1954 weigerte, im Hauptpalast zu wohnen, und sich stattdessen dafür entschied, in einem bescheidenen Häuschen im hinteren Bereich zu wohnen. Heute empfängt und beherbergt die vietnamesische Regierung hier die Staatsgäste. Ich stehe am unteren Ende des prunkvollen Treppenhauses und betrachte die frisch gestrichenen grünen Fensterläden und die dekorative, schmiedeeiserne Veranda mit Glasfenstern. Ich beginne darüber nachzudenken, wie das Leben unter den französischen Kolonialherren wohl gewesen sein mag. Die Franzosen mögen zwar vor über fünfzig Jahren aus Vietnam abgezogen sein, sie haben die Nation aber in vielerlei Hinsicht geprägt.

Madame Van im Metropol

EIN OLDTIMER DER MARKE CITROËN TRACTION FÄHRT
die weitläufige Einfahrt eines vornehmen Gebäudes entlang. Der
Portier, im schwarzen Anzug und mit weißen Handschuhen, öffnet
die Tür und hilft den Gästen beim Aussteigen, diese überlassen
ihm Gepäck der Marke Louis Vuitton. Er führt sie ins Gebäude,
wo sie von elegant gekleideten weiblichen Angestellten im
traditionellen *ao dai* begrüßt werden. Ich kann mich des Gefühls
nicht erwehren, gerade eine Szene aus dem Kultfilm *Indochine*
zu erleben. Ich überquere die Straße, um einen genaueren Blick
darauf zu werfen.

Beim Betreten des legendären Sofitel Metropole habe ich
das Gefühl, in eine frühere Zeit zurückversetzt zu werden. Um
die Jahrhundertwende des 19. Jahrhunderts erbaut, umgibt
dieses Hotel aus der französischen Kolonialzeit mit seinen
Holzverkleidungen, Fenstertüren, wunderschön gearbeiteten
Möbeln und den niedrigen Ventilatoren an der Decke das Flair
und der Charme einer vergangenen Ära. So fasziniert ich auch von
der Eingangshalle bin, übt doch das Restaurant eine natürliche
Anziehungskraft auf mich aus. Schon seit Langem ist das *Le
Beaulieu* das Lieblingsrestaurant der Feinschmecker der Stadt,
seine hervorragende französische Küche und die europäischen
Weine machten es berühmt. Die Speisekarte des Restaurants
sieht gut aus: Huhn in Rotwein; Scheiben von der Lammkeule
mit Kartoffelpüree, gebratener Hummer mit Knoblauchbutter und
frischer Kürbismousse, geschmorte Lammschenkel mit weißen
Bohnen und in Honig gegarten Karotten …

»Kann ich Ihnen helfen?«, fragt der Oberkellner.

Kurz schildere ich mein Anliegen und frage, ob er etwas über
die französisch inspirierte Küche weiß und ob im Restaurant solche
Gerichte angeboten werden.

Er schnippt mit den Fingern und sagt mit einem bezaubernden
französischen Akzent: »Ich habe genau die richtige Person für Sie.
Nehmen Sie Platz und warten Sie einen Augenblick.«

Ein paar Minuten später kommt er zurück, eine Köchin an der
Hand haltend, die er voller Begeisterung zu mir führt. »Das ist

Madame Van«, sagt er. Sie ist seit fast zwanzig Jahren hier Köchin und weiß alles über die französisch-vietnamesische Küche.« Ich stelle mich vor und bitte sie, mir ein wenig über das Hotel zu erzählen, wie es dazu kam, dass sie hier Köchin geworden ist, und ob sie mir helfen kann, mir einen Einblick in den französischen Einfluss auf die vietnamesische Küche zu verschaffen. Madame Van spricht mit sehr klarer, sanfter Stimme, sitzt aufrecht, die Handflächen liegen ordentlich auf ihren Knien. Sie spricht Englisch …

»Das Hotel wurde im Jahre 1901 erbaut, und kaum, dass es seine Türen geöffnet hatte, wurde es auch schon zu einem Treffpunkt, an dem sich die höhere Gesellschaft, Staatsoberhäupter, Botschafter, berühmte Schriftsteller, Schauspieler und die Reichen der Kolonialzeit tummelten. Unter den berühmten Gästen waren Charlie Chaplin, Somerset Maugham und Graham Greene, der während seines Aufenthaltes

Gelegenheit hatte, die Welt mit der vietnamesischen Küche vertraut zu machen. Ich frage nach, welche von den Gerichten, die sie zubereitet, wohl durch die Franzosen inspiriert wurden. »Es gibt so viele«, sagt sie. »Nehmen Sie zum Beispiel *vit nau cam*, das der Ente à l'Orange sehr ähnlich ist. Der Tradition gemäß aßen die Vietnamesen Ente nur gekocht oder in Nudelsuppen, jetzt aber grillen wir sie oder braten sie, gerne auch nur sehr kurz. Bei den Soßen verwendeten wir für klare Suppen rohes Gemüse, aber heutzutage, und das gilt insbesondere für Rinderbrühe, grillen oder braten wir das Gemüse, ehe wir es in den Topf geben, was eine typisch französische Zubereitungsart ist.

Es gibt ein Gericht, das ich oft zubereite, *bo sot vang*, Rind in Reiswein. Die Vietnamesen haben Rindfleisch niemals in Wein geschmort, jetzt aber verwenden auch wir Rotwein zum Kochen. Und haben

Ganz am Anfang arbeitete ich nicht als Köchin, sondern als Dolmetscherin für Französisch.

hier den größten Teil von »Der stille Amerikaner« geschrieben hat. Als man mir schließlich hier eine Stelle angeboten hat, war ich sehr aufgeregt. Ganz am Anfang arbeitete ich nicht als Köchin, sondern als Dolmetscherin für Französisch. An der Universität war Französisch mein Hauptfach gewesen und meine Aufgabe hier bestand darin, Kochanleitungen der französischen Köche für die einheimischen Köche zu übersetzen. Damals sprachen nur wenige Vietnamesen Englisch oder Französisch und es war recht kompliziert, die Zubereitungstechniken und Rezepte sprachlich zu vermitteln. Schließlich übte ich, indem ich die Rezepte selbst zubereitete, um so den Köchen Schritt für Schritt zeigen zu können, wie das jeweilige Gericht zubereitet werden sollte. Das erleichterte mir die Arbeit sehr, am Ende konnte ich alles so gut zubereiten, dass das Hotel meine Stelle als Dolmetscherin strich und mich auf den Posten der Chefköchin versetzte.« Ich bin sehr beeindruckt von ihren Leistungen und völlig begeistert von ihrem Talent. Sie erzählt, dass ihre Arbeit als Köchin sie in mehr als zehn Länder geführt hat, und dass sie dadurch die

Sie eigentlich gewusst, dass die Vietnamesen vor der Ankunft der Franzosen kaum jemals Rindfleisch gegessen haben? Die Franzosen kamen hierher und sahen, dass unglaublich viele Rinder auf den Feldern arbeiteten und sie fragten sich, warum sie eigentlich nicht gegessen wurden. Wir betrachteten diese Tiere als Arbeitstiere; sie pflügten für uns die Reisfelder und halfen uns dadurch beim Anbau von Reis, unserem Grundnahrungsmittel. Letzten Endes setzten sich aber die Franzosen durch und wir begeisterten uns bald auch für Rindfleisch.« Wir reden noch eine Weile weiter, dann ist es an der Zeit für mich, zu gehen. Ich bin überwältigt, wie viel ich in einer so kurzen Zeit erfahren habe. Madame Van kritzelt den Namen eines Ortes in mein Notizbuch, an dem ich möglicherweise schmackhafte Gerichte würde finden könnte, verabschiedet sich eilig und geht wieder in die Küche zurück. Ich werfe einen Blick auf das, was sie für mich notiert hat. Da steht einfach »Ecke Hang Cot, unter der Eisenbahnbrücke.« Ein kleines Abenteuer erwartet mich, das Aufspüren von Rezepten.

Als ich dieses Gericht entdeckte, war ich ganz aus dem Häuschen. Es ist einfach genial. Wenn Sie frische Reisnudelblätter kaufen, sollten sie Raumtemperatur haben und nicht gekühlt sein, denn um sie gut rollen zu können, müssen sie geschmeidig sein.

PHỞ CUỐN
Rindfleischröllchen mit weichen Nudeln aus Hanoi

ZUBEREITUNG

Für die Zubereitung der Marinade die Fischsauce, den Zucker, das Salz und den Pfeffer in eine Schüssel geben und umrühren, damit sich der Zucker auflöst. Das Zitronengras, den Knoblauch, die Schalotten, die Sesamsaat, das Sesamöl und das Pflanzenöl dazugeben und gründlich miteinander vermengen. Das Rindfleisch dazugeben und so in der Marinade wenden, dass es vollkommen davon überzogen ist. Danach zudecken und bei Raumtemperatur 20 Minuten lang stehen lassen.

Eine Bratpfanne oder einen Kohlegrill auf mittlere Temperatur erhitzen. Das Rindfleisch in zwei Portionen aufteilen, in die Pfanne geben und etwa 30 Sekunden lang auf jeder Seite anbraten, bis es braun geworden und medium gebraten ist.

Wenn das Rindfleisch fertig ist, ein Reisnudelblatt so auf ein Hackbrett legen, dass die kürzere Seite nahe bei der unteren Tischkante liegt. Jetzt ein paar asiatische Basilikumblätter, die Blätter des langen Koriander und ein Stück Rindfleisch an das untere Ende des Reisnudelblattes legen. Einen Stängel Reisfeldpflanze und ein Stück Chili so darauf platzieren, dass diese ein wenig herausragen. Das Nudelblatt vorsichtig über die Füllung schlagen und dann zu einer festen Rolle formen. Diesen Vorgang mit den restlichen Reisnudelblättern wiederholen. Mit Fischsauce zum Tunken servieren.

FÜR 4–6 PERSONEN ALS GEMISCHTE VORSPEISE

ZUTATEN

300 g Rinderfilet, sehr dünn geschnitten (ca. 1 mm stark)
500 g frische flache Reisnudelblätter (20 x 10 cm)
1 Bund Thai-Basilikum
1 Bund Mexikanischer Koriander
1 Bund Reisfeldpflanze (Aromatischer Sumpffreund)
2 lange rote Chilis, gestiftelt
250 ml Fischsauce (nuoc mam cham) (Seite 305)

MARINADE

1 EL Fischsauce
2 TL Zucker
Prise Salz
½ Teelöffel frisch gemahlener, schwarzer Pfeffer
1 Zitronengrasstängel, nur das Weiße, fein gehackt
2 Knoblauchzehen, fein gehackt
2 Thai-Schalotten, fein gehackt
1 EL geröstete Sesamsaat
½ TL Sesamöl
3 EL Pflanzenöl

CHIM CÚT NƯỚNG XÀ LÁCH SOONG
Wachteln vom Kohlegrill mit Wasserkresse und Kirschtomatensalat und Hoisinsauce

ZUTATEN

6 Wachteln

1 Bund Brunnenkresse, abgezupft

12 Kirschtomaten, geviertelt

1 rote Zwiebel,
 in feine Ringe geschnitten

2 EL Fischsauce zum Tunken
 (nuoc mam cham) (Seite 305)

MARINADE

1 TL dunkle Sojasauce

2 EL helle Sojasauce

1 EL Fischsauce

2 EL Honig

2 EL Hoisinsauce

6 Knoblauchzehen, gehackt

1 TL Zucker

½ Teelöffel Fünf-Gewürze-Pulver

1 Sternanis, in Stücke gebrochen

1 TL Shaoxing Reiswein

ZUBEREITUNG

Den Kopf der Wachteln abtrennen, danach mit einer Geflügelschere oder einem scharfen Messer an beiden Seiten der Wirbelsäule entlangschneiden und in Stücke teilen. Das Rückgrat wegwerfen. Die Wachteln mit der Haut nach oben auf ein Hackbrett legen und mit der Hand fest daraufdrücken, damit sie eine flache Form bekommen. Noch vorhandene Innereien unter fließend kaltem Wasser entfernen, dann mit Küchenkrepp trocken tupfen.

Die Zutaten für die Marinade in eine große Schüssel geben und gründlich vermengen. Die Wachteln dazugeben und mehrmals wenden. Bei zugedecktem Topf 2 Stunden lang im Kühlschrank ziehen lassen.

Danach die Wachteln herausnehmen und gut abtropfen lassen, die Marinade aufbewahren. Diese dann in einen Kochtopf schütten, zum Kochen bringen und 4 Minuten lang köcheln, bis sie eingedickt ist. Einen Grill oder eine Grillpfanne auf mittlere Temperatur erhitzen. Die Wachteln je nach Größe auf jeder Seite 4–6 Minuten lang grillen, dabei mit der Hautseite nach unten beginnen. Die Wachteln während der Garzeit alle 2 Minuten mit der eingedickten Marinade bestreichen. Die Brunnenkresse, die Tomaten und die Zwiebel in eine Rührschüssel geben und mit der Fischsauce zum Tunken garnieren. Die Wachteln durch einen Schnitt vom Oberschenkel bis zur Brust hinauf in zwei Hälften teilen. Auf einen Servierteller legen und mit einer Handvoll Wasserkressesalat garnieren. Vor dem Servieren mit der restlichen Marinade beträufeln.

FÜR 4–6 PERSONEN ALS MENÜBESTANDTEIL

Die vietnamesische Variante des französischen Klassikers schmeckt absolut nach »mehr«, und sie schmeckt mir sogar besser als die klassische Version. Für dieses Rezept sollten Sie versuchen, junges und frisches Kokosnusswasser zu verwenden. Dosenprodukte enthalten Zucker und machen das Gericht zu süß.

VỊT NẤU CAM
Ente à l'Orange

ZUBEREITUNG

Die Ente in vier Teile schneiden. Dazu mit einer Geflügelschere oder einem scharfen Messer an beiden Seiten des Rückgrates entlangfahren, das Rückgrat entfernen und wegwerfen. Die Beine mit einem Schnitt durch das Oberschenkelgelenk abtrennen, dann die Brust der Länge nach mit einem Schnitt durch das Brustbein in zwei Hälften teilen. Die Stücke mit Salz einreiben.
Eine große Bratpfanne auf mittlere Temperatur erhitzen, dann das Öl hineingießen und die Ente zunächst mit der Haut nach unten auf jeder Seite 3 Minuten lang scharf anbraten, bis sie eine braune Farbe angenommen hat. Die Ente aus der Pfanne nehmen und beiseitestellen. Das Fett aus der Pfanne bis auf 2 EL wegschütten.

Die Ente in die Pfanne geben und diese noch einmal auf mittlere Temperatur erhitzen. Die Schalotten, den Knoblauch, das Zitronengras, den Sternanis, den Zimt und das Fünf-Gewürze-Pulver dazugeben, 3 Minuten lang erhitzen, bis alles aromatisch duftet. Den Orangensaft, die Orangenschale, den Reiswein, die Fischsauce, den Zucker, den Pfeffer und so viel vom Kokosnusswasser dazugeben, dass die Ente davon bedeckt ist. Aufkochen lassen, dann die Wärmezufuhr bis auf ein leichtes Köcheln verringern. Die Pfanne zudecken und 2 Stunden lang garen, bis das Entenfleisch zart ist. Die Ente auf einen Servierteller legen. Die Flüssigkeit in der Pfanne 10 Minuten lang kochen lassen, damit die Sauce eindickt. Über die Ente gießen und mit dem Sternanis und den Zimtstangen garnieren. Mit Baguettes servieren.

FÜR 4–6 PERSONEN ALS MENÜBESTANDTEIL

ZUTATEN

1,5 kg Ente, ganz
Salz
2 EL Pflanzenöl
4 Thai-Schalotten, gehackt
6 Knoblauchzehen, gehackt
2 Zitronengrasstängel,
   nur das Weiße, zerquetscht
2 Sternanis
2 Zimtstangen
¼ TL Fünf-Gewürze-Pulver
Saft von 5 Orangen
geriebene Schale einer Bio-Orange
2 EL Shaoxing Reiswein
3 EL Fischsauce
2 EL Zucker
1 TL frisch gemahlener, schwarzer
   Pfeffer
ca. 700 ml Wasser von jungen
   Kokosnüssen
vietnamesische Baguettes
   zum Servieren

Sechsunddreißig Straßen, in denen ich mich jedes Mal verlaufe.

IN DEN UNÜBERSICHTLICHEN ENGEN STRASSEN UND GASSEN der Altstadt verlaufe ich mich immer, aber oft entdecke ich dabei auch Neues und unterschiedlichstes Essen. Ich werfe einen kurzen Blick auf meinen Stadtplan, falte ihn aber gleich wieder zusammen, nicht zuletzt, weil ich mit Karten nicht umgehen kann, und gehe auf gut Glück in eine Richtung weiter. Die Altstadt liegt gleich hinter dem Hoan Kiem See, und wenn man durch dieses Viertel geht, begegnet man im Vergleich zum französischen Viertel einer ganz anderen Welt. Hier geht es chaotisch zu, in den Straßen pulsiert das Leben, man muss sich durch enge Straßen schlängeln und dabei dem Verkehr ausweichen, denn die Bürgersteige sind vollgepackt mit Straßenständen und parkenden Motorrädern. Vermutlich war das der Hauptgrund, warum ich nie die Gelegenheit gehabt habe, »hinaufzuschauen«, wenn ich dort gewesen bin. Diesmal aber tue ich es – jedoch mit größter Vorsicht. Im Laufe seiner langen Geschichte hat Hanoi viele unterschiedliche Namen getragen: Tong Binh, Dai La, Ke Cho, Dong Do, Dong Quan und Thang Long. König Minh Mang nannte sie im Jahre 1831 Hanoi, was »im Fluss« bedeutet. So wie der Name, war auch der Baustil in der Altstadt Veränderungen unterworfen. Die alten Gebäude und Pagoden,

OBEN: *Truong Dinh Tuyen und seine Frau*
RECHTS: *Hanoi in früheren Zeiten*
FOLGENDE SEITE, LINKS: *Hanoi in früheren Zeiten*
FOLGENDE SEITE, RECHTS: *Herr Tuyen und seine Familie*

von denen einige auf die chinesischen Dynastien zurückdatieren, sind bis zum heutigen Tage ein Spiegel der reichen und vielschichtigen Vergangenheit einer großen Handelsstadt.

Im historischen Kern von Hanoi, der Altstadt, findet man eine Jahrtausende alte Geschichte. Die Stadt liegt am rechten Ufer des Roten Flusses. Dieser wurde wegen seiner rotbraunen Färbung so genannt; einst strömte er durch die Stadtmitte, durch Kanäle und gewundene Wasserläufe. Diese ermöglichten Frachtschiffen einen besseren Zugang zur Stadt. Später ließen die französischen Kolonialherren die Kanäle zuschütten und schufen dadurch ein Netz verschlungener Straßen, die als »die sechsunddreißig Handwerkerstraßen« bekannt sind.

Bei einem Aufenthalt in der Altstadt wird Ihnen auffallen, dass die meisten Straßennamen mit »Hang« anfangen, was nicht »Straße« bedeutet, wie man meinen möchte, sondern eigentlich »Handelsware«, weil jede Straße normalerweise nach dem Erzeugnis benannt wurde, das damals dort verkauft wurde. Bis zum heutigen Tag behalten diese Straßennamen ihre französischen Übersetzungen bei. Es gibt eine Hang Bong (Rue de Coton), wo Baumwolle verkauft wird, Hang Bac (Rue des Changeurs), wo Silber verkauft wird, Hang Duong (Rue de Sucre), wo Zucker verkauft wird und Hang Non (Rue des Chapeaux), wo Hüte verkauft werden. Ich stoße auf eine Straße namens Cha Ca, was übersetzt bedeutet »gebratener Fisch«, und in fast allen Restaurants an dieser Straße gibt es *cha ca*, ein traditionelles Gericht aus Hanoi, mit Schlangenkopffisch oder Wels zubereitet, der in Kurkuma oder Dill mariniert, am Tisch zubereitet und mit zarten Fadennudeln serviert wird. Ich bleibe abrupt stehen, weil eine Gruppe Franzosen, die mich überholt haben, in eines der *Cha-Ca*-Restaurants geht. Ein älterer vietnamesischer Herr begrüßt sie auf Französisch an der Tür, sofort werde ich neugierig, betrete das Restaurant und warte darauf, einen Tisch zugewiesen zu bekommen. Dann nehme ich Platz und brenne auf eine Gelegenheit, den alten Mann in ein Gespräch zu verwickeln. Ich bestelle eine einheimische Spezialität. Ein tönerner Grill voller glühender Kohlen kommt zum Einsatz und ein Teller mit mundgerechten Happen vom Wels, der wegen des Kurkumas eine dunkelrote Farbe hat, sowie ein Teller voll mit kräftig leuchtendem Dill, Frühlingszwiebeln, Bohnensprossen und Chili, eine Schüssel mit lockeren Fadennudeln, ein paar geröstete Erdnüsse und etwas *nuoc cham* zum Tunken wird gebracht. Man überreicht mir eine Pfanne und sagt, dass ich mit der Zubereitung anfangen solle. Der Fisch ist schon vorgegart, also brate ich ihn in der Pfanne nur noch fertig. Ich werfe den Fisch hinein, das Öl brutzelt und spritzt über den ganzen Tisch. Als er fast fertig ist, werfe ich den Dill hinein. Ich häufe ein paar Nudeln in meine Schüssel, gebe den Fisch, etwas frische Kräuter und danach alle Garnierungen dazu, träufele das *nuoc cham* darüber, rühre alles um und esse. Wow! Alles ist perfekt: die fantastischen Farben, wunderbaren Texturen, verschiedenen Temperaturen und die unglaublich unterschiedlichen Aromen. Dill ist reichlich vorhanden, jedoch auf eine raffinierte

Art und Weise, Kurkuma und Galgant sind sehr gut ausgewogen und keiner von beiden ist dominant. Das könnte sehr wohl zu einem meiner Lieblingsgerichte aus Hanoi werden. Der alte Herr bringt mir etwas *mam tom*, eine Sauce aus Shrimpspaste zum Tunken, von der er behauptet, dass sie dem Fisch mehr Tiefe verleihe. Während ich esse, setzt er sich neben mich und wir beginnen zu plaudern. Sein Name ist Truong Dinh Tuyen und er wurde im Jahr 1923 geboren. Für sein Alter ist er noch immer rüstig, sein Lächeln ist herzerwärmend. Er erzählt, dass dieses Rezept schon fast hundert Jahre alt ist und von Generation zu Generation weitergegeben wurde. »Als ich noch ein Junge war, bereiteten wir dieses Gericht etwas anders zu«, sagt er, »wir servierten den Fisch auf großen Tabletts und auf Bambusspießen.« Man konnte so viel essen, wie man wollte. Am Ende habe ich die Spieße gezählt und entsprechend abgerechnet.« Das bringt mich auf den Gedanken, dass dieses Rezept möglicherweise französischen Ursprungs ist. »Stammt dieses Gericht denn von den Franzosen?«, frage

Thâu...
Anh Chị Dự...
(...Tân...)
1961

ich. Er denkt eine Weile nach und antwortet: »Nein, das glaube ich nicht. Sie mögen ja unsere heutigen Essgewohnheiten beeinflusst haben, aber das war schon immer ein Gericht aus Hanoi gewesen.«

Ich erkundige mich nach dem Dill und wie er in Gebrauch kam, weil Dill schließlich aus Europa stammt und in der traditionellen vietnamesischen Küche keine Verwendung fand. Die Tochter von Herrn Tuyen eilt herüber und sagt in strengem Ton: »Dieses Rezept ist nicht französisch, es ist vietnamesisch! Kommen Sie her, ich zeige es Ihnen!« Sie nimmt mich bei der Hand und zieht mich in die Küche. »Das hier ist ein Wels, frisch aus der starken Strömung des Roten Flusses, deshalb ist das Fleisch auch mager und fest. Ich säubere den Fisch, blanchiere ihn ein paar Sekunden lang in kochendem Wasser, dann schneide ich ihn in Stücke. Die Marinade, eine Mischung aus Kurkuma, Galgant, Frühlingszwiebeln, roten Schalotten und Shrimpspaste, ist unser Familiengeheimnis. Ich schneide den Fisch in Stücke, damit er auf die Bambsspieße passt, wegen sonst nichts. Dann grille ich ihn über einer

besonderen Grillkohle, die ich in der Huong Pagode kaufe. Das ist eine Grillkohle, die keinen Rauch entwickelt und ein viel besseres Aroma ergibt. Ich nehme den Fisch vom Grill, wenn er fast gar ist, dann bringe ich ihn hinaus zu den Gästen, damit sie ihn selbst fertig zubereiten können. So, ich glaube nicht, dass daran etwas Französisches ist. Sie etwa?« Ich habe den Eindruck, Herrn Tuyens Tochter beleidigt zu haben, denn sie besteht darauf, dass das *cha ca* absolut keinem französischen Einfluss unterliegt. Wie viele Bewohner von Hanoi ist sie sehr stolz auf ihre Kultur und die Gerichte aus der Region. Es steht jedoch außer Frage, dass die Franzosen den Dill nach Hanoi gebracht haben.

Wir werden allerdings nie erfahren, ob nun ein Franzose oder ein Vietnamese der Erste gewesen ist, der für dieses Rezept Dill verwendet hat. Heimlich steckt mir Herr Tuyen einen Zettel mit einem Namen und einer Telefonnummer zu. »Die Dame ist eine alte Schulkameradin von mir. Rufen Sie sie an, sie kennt sich sehr gut mit dem Kochen aus. Sagen Sie, dass ich Sie geschickt habe.«

Der Schlangenkopffisch gilt in Vietnam als Delikatesse. Diese Spezies besitzt einen Kopf, der dem einer Schlange ähnelt. Für dieses Gericht wird Dill verwendet; er kam mit den Franzosen nach Vietnam und man findet ihn heutzutage in vielen Gerichten aus dem Norden. Der vietnamesische Dill unterscheidet sich geschmacklich von dem, der in Europa wächst; verwenden Sie also weniger davon, falls Ihnen sein Aroma zu kräftig ist.

CHẢ CÁ HÀ NỘI

Schlangenkopffisch aus der Pfanne mit Kurkuma und Dill

ZUBEREITUNG

Die Schlangenkopffilets in 4 cm lange Stücke teilen und beiseitestellen. Das Weiße von den Frühlingszwiebeln und den Knoblauch in einem Mörser mit dem Stößel zu einer Paste verarbeiten.
Die Paste in eine große Schüssel geben, den Kurkuma, das Currypulver, den Joghurt, die Fischsauce, die Shrimpspaste, 2 EL vom Öl, den Zucker und ein Drittel vom Dill hinzufügen.
Gut umrühren, damit alles vermengt ist, dann die Fischstücke hineingeben und mehrmals wenden. Zudecken und 1 Stunde im Kühlschrank marinieren. 12 Bambusspieße 30 Minuten lang in Wasser einweichen, damit sie später nicht verkohlen. Vier der grünen Frühlingszwiebeln der Länge nach in feine Scheiben schneiden. Für die Zubereitung der Fadennudeln Wasser in einem Topf zum Kochen bringen, die Fadennudeln hineingeben und noch einmal zum Kochen bringen. Fünf Minuten lang kochen lassen, dann den Topf vom Herd ziehen und die Fadennudeln weitere 5 Minuten garen lassen. In ein Sieb gießen, unter kaltem Wasser abschrecken, danach trocknen lassen. Einen Partygrill oder einen Kohlegrill auf mittlere Temperatur erhitzen. Die Marinade vom Fisch abtropfen lassen und die Fischstücke auf die Spieße stecken. Mit etwas Öl bestreichen und die Spieße 3 Minuten lang auf jeder Seite grillen, oder so lange, bis sie fast gar sind. Die zerkleinerten Frühlingszwiebeln, die Fadennudeln, den restlichen Dill und die Bohnensprossen miteinander vermengen. Diese Mischung auf Teller verteilen, den Fisch darauflegen. Mit Erdnüssen garnieren und je nach Geschmack mit etwas Fischsauce beträufeln.
FÜR 4–6 PERSONEN ALS MENÜBESTANDTEIL

ZUTATEN

1 kg Schlangenkopffilets ohne Haut (oder Lengfisch bzw. Schnapper verwenden)
8 Frühlingszwiebeln, weiße und grüne Teile voneinander getrennt
4 Knoblauchzehen, grob gehackt
1 EL gemahlener Kurkuma
2 TL rotes Currypulver (ich verwende gerne das von Ayam)
2 TL Naturjoghurt
100 ml Fischsauce
1 TL Shrimpspaste
3 EL Pflanzenöl
3 EL Zucker
½ Bund Dill, grob gehackt
60 g trockene Reisfadennudeln
150 g Bohnensprossen
80 g geröstete und gehackte Erdnüsse (Seite 307)
125 ml Fischsauce zum Tunken (nuoc mam cham) (Seite 305)

Hier ist ein sehr gutes Beispiel dafür, wie die Vietnamesen aus einem traditionellen französischen Eintopf einen vietnamesischen Klassiker gemacht haben. In ganz Vietnam gibt es viele Arten von Bo Kho, und dieses kommt aus dem Norden. Für dieses Rezept verwende ich Sarsaparilla, weil ich der Ansicht bin, dass es zum Sternanis passt. Wenn Sie kein Sarsaparilla kaufen können, nehmen Sie stattdessen Starkbier.

BÒ KHO HÀ NỘI

Ochsenschwanz und Rinderbrust in Gewürzen geschmort

ZUTATEN

3 Sternanis
2 Gewürznelken
1 Stück Kassiarinde
½ TL Fünf-Gewürze-Pulver
2 TL Shaoxing Reiswein
1 EL Hoisinsauce
170 ml Sarsaparilla* (oder Starkbier)
700 g Rinderbrust, in 5 x 2 cm große
    Stücke geschnitten
700 g Ochsenschwanz, gewaschen
2 EL Pflanzenöl
6 Thai-Schalotten,
    davon 2 gehackt
3 Knoblauchzehen, gehackt
4 EL Tomatenmark
2 EL Annattoöl (Seite 306)
2 l Rinderbrühe als Basis für die Pho
    (Seite 308)
250 g Karotten, geschabt und
    in feine Scheiben geschnitten
1 Handvoll Vietnamesischer
    Koriander
    (wohlriechender Knöterich)
vietnamesische Baguettes
    zum Servieren

*ein nicht-alkoholisches Getränk, das
    in Asienmärkten erhältlich ist

ZUBEREITUNG

Eine kleine Bratpfanne auf mittlere Temperatur erhitzen und den Sternanis, die Gewürznelken und die Kassiarinde jeweils getrennt voneinander 2–3 Minuten lang trocken rösten, bis sie aromatisch duften. Abkühlen lassen, dann die Gewürze im Mörser mit dem Stößel zermahlen. Die zermahlenen Gewürze und das Fünf-Gewürze-Pulver in einer großen Schüssel miteinander vermengen, danach den Reiswein, die Hoisinsauce und das Sarsaparilla dazugeben. Die Rinderbrust und den Ochsenschwanz hineingeben, alles gut vermischen. Abdecken und über Nacht zum Marinieren in den Kühlschrank stellen. Einen großen Wok auf mittlere Temperatur erhitzen, dann das Öl, die gehackten Schalotten und den Knoblauch dazugeben und 3 Minuten lang umrühren oder so lange, bis die Zwiebeln glasig geworden sind. Die Rinderbruststücke aufgeteilt auf 2 Portionen hineingeben und die Wärmezufuhr steigern. Weiterrühren, bis das Fleisch rundum angebraten ist. In einen großen Kochtopf oder einen Suppentopf umleeren. Den Ochsenschwanz, das Tomatenmark und das Annattoöl in den Wok geben und 4 Minuten lang unter ständigem Rühren anbraten. Aus dem Wok herausnehmen und in den Kochtopf zur Rinderbrust geben. Die Brühe hinzugießen, alles zum Kochen bringen, den Schaum mit einem Schöpflöffel entfernen, dann die Wärmezufuhr verringern. Die ganzen Schalotten hineinlegen und alles weitere 2 Stunden lang köcheln lassen, bis das Fleisch gar ist. Danach die Karotten dazugeben und noch einmal 10 Minuten lang kochen lassen. Auf einen Servierteller geben und mit dem Vietnamesischen Koriander garnieren.
Mit den Baguettes reichen.

FÜR 4–6 PERSONEN ALS MENÜBESTANDTEIL

Die letzten Mohikaner

MIT EINEM ZETTEL IN DER HAND, AUF DEM DIE TELEFON-
nummer seiner ehemaligen Schulkameradin notiert ist, verlasse ich
das Restaurant von Herrn Tuyen. Draußen entschließe mich, sie
sofort anzurufen. Ihr Name ist Delphine und sie möchte mich gerne
treffen. Bis zu ihrem Haus brauche ich nur zehn Minuten. Ich eile
die Thuoc Bac Straße entlang und atme im Vorbeigehen Schwaden
von duftendem Ginseng, Zimt und getrocknetem Ingwer ein, die
aus den unzähligen chinesischen Kräuterapotheken aufsteigen, von
denen mein Weg gesäumt ist. Es herrscht eine wahnsinnige Hitze,
ich schere mich aber nicht darum, denn ich will unbedingt zu ihr.

Das Haus von Madame Delphine befindet sich in der Nguyen
Du Straße. Es steht genau gegenüber von einem atemberaubend
jadefarbigen See namens Thien Quang. Dies hier ist ein Szene-
viertel, es handelt sich um eine gehobene Wohngegend, in der sich
viele Cafés, moderne Restaurants und Geschäfte befinden, in denen
bekannte Modelabels verkauft werden. Mir fällt auf, dass das Haus
direkt neben einem Geschäft steht, das internationale Trendmode
führt und den Namen French Connection trägt. Ich finde das sehr
passend. Ich drücke auf den Klingelknopf und Sekunden später
öffnet sich knarrend die schwere Tür, die sich hinter mir wieder mit
einem lauten Knall schließt, und ich steige die schmale Wendeltreppe hoch.

»Xin chao«, ruft eine Frauenstimme aus einem nahe gelegenen
Raum. »Madame Delphine erwartet Sie.«

Die Haushälterin lässt mich herein, deutet auf meine Schuhe,
damit ich sie vor dem Hineingehen ausziehe. Der Raum ist dunkel,
es ist heiß und riecht muffig. Bis auf ein paar Holzstühle, einen
kleinen elektrischen Ventilator und einen Altartisch, auf dem ein
paar qualmende, nach Zimt duftende Räucherstäbchen stehen, ist
das Zimmer leer. Die Wände sind vollgehängt mit alten, von einer
dicken Staubschicht überzogenen Schwarz-Weiß-Bildern. Von
einem puste ich den Staub herunter. Ein Foto von Ho Chi Minh
kommt zum Vorschein, der mit einer Familie in eben diesem Raum
sitzt. Als ich mich vorbeuge, um das Bild genauer betrachten zu
können, bekomme ich einen leichten Schreck, denn ich höre plötzlich, wie eine sanfte Stimme zu mir spricht.

»Willkommen Luke, ich bin Delphine. Schön dich zu sehen«, sagt diese. Ich drehe mich um und erkenne die Silhouette einer Frau, sie sitzt im Schneidersitz auf einem orientalischen Tagesbett, das in der Ecke steht. »Mach ein paar Jalousien auf und lass ein wenig Helligkeit herein«, bittet sie. Licht strömt durch den Raum, dabei bricht es sich im Staub und sie streckt die Hände nach mir aus. Sie hält meine Hand fest und lässt ihre Finger über meine Handflächen gleiten. »Ich sehe, dass du ein guter Mensch bist, und dass du eine außerordentlich glänzende Zukunft vor dir hast«, sagt sie, während sie mit den Fingern die Linien in meiner Hand nachzieht. »Du bist jung, hast aber eine alte Seele und bist immer darum bemüht, noch mehr zu lernen. Setz dich neben mich, Luke. Hier, trink einen Tee.« Sie lässt meine Hand los und beschäftigt sich damit, mir den Tee einzugießen, da-

bei werfe ich ihr von der Seite aus einen verstohlenen Blick zu. Sie hat eine majestätische Ausstrahlung, sitzt in vornehmer Haltung da, jede ihrer Bewegungen ist langsam und mit Bedacht. Ich betrachte ihr kurzes weißes Haar, ihre freundlichen Mandelaugen und ihre abgearbeiteten zierlichen Hände. Sie tippt mir ans Bein. »So, mein Sohn, was willst du denn heute erfahren?«

Ich erzähle ihr meine Lebensgeschichte, wie meine Familie Ende der 1970er-Jahre aus Vietnam geflohen ist, wie sie in Thailand ankam und dass ich dort geboren wurde. Ich rede darüber, wie wir im Flüchtlingslager gelebt haben und dann nach Australien kamen, wo ich aufgewachsen bin. Ich schildere, dass ich schon fast mein ganzes Leben lang gekocht habe, und mich mit vietnamesischen Nationalgerichten beschäftigt habe, weshalb ich jetzt das Land vom

VON LINKS NACH RECHTS: *Madame Delphines Eltern;*
die Villa, in der Madame Delphines Familie lebte;
FOLGENDE SEITE RECHTS: *Madame Delphines*
Großvater

Norden bis zum Süden bereise, und dass ich auf der Suche nach alten Rezepten und Zubereitungstechniken bin.

»Ich will noch mehr wissen«, erkläre ich. »Ich will wissen, wie das Leben in Vietnam unter den Kolonialherren ausgesehen hat, was die Vietnamesen damals gegessen haben, was die Franzosen in das Land gebracht haben und wie sie die vietnamesische Küche beeinflusst haben. Ich kann das aber nur von Menschen wie Ihnen und Ihren Freunden wie Herrn Tuyen erfahren, die zu dieser Zeit gelebt haben.«

»Nun Luke, es ist gut, dass du das jetzt machst, weil Herr Tuyen und ich die ›letzten Mohikaner‹ sind – vielleicht leben wir nicht mehr lange!« Sie lächelt sanft und beginnt damit, ihre Geschichte zu erzählen.

Mein Mädchenname lautet Ho Thi Thuy Tan. Ich wurde im Jahr 1932 in eine sehr vornehme Familie hineingeboren. Meine Großeltern waren der König und die Königin von Tonkin und Annam. Mein Großvater herrschte über sämtliche nördlichen Provinzen und ihm unterstand die größte französische Universität von Vietnam, die Albert-Sarraut-Universität, die nach dem ersten französischen Gouverneur benannt war. Hier erhielten alle meine Onkel, Tanten, Geschwister, meine beiden Eltern und ich eine Ausbildung. Wir wurden nur in der französischen Sprache unterrichtet und bekamen alle französische Namen – meiner war Delphine.

Meine Eltern wurden im Alter von acht Jahren miteinander verheiratet, was damals durchaus üblich war. Später wurden sie dann Berater der Franzosen, man nannte sie französische Mandarine. Unsere gesamte Familie liebte die Franzosen. Wir aßen das Gleiche wie sie, kleideten uns wie sie, sprachen ihre Sprache und bekamen sogar die französische Staatsbürgerschaft.« Sie hält inne und zeigt auf eines der Bilder. »Ob du es glaubst oder nicht, diese Männer sind allesamt meine Großonkel, aber man könnte sie fälschlicherweise für Franzosen halten. Wir hatten ein sehr glückliches Leben. Das alles änderte sich jedoch im Jahr 1945, als Ho Chi Minh und seine Nationale Befreiungsarmee die Augustrevolution ausriefen und die Unabhängigkeit erklärten. Das war der Beginn des französisch-vietnamesischen Indochinakrieges. Im Jahre 1954

verloren die Franzosen schließlich den neun Jahre dauernden Kampf und mussten sich nach Frankreich zurückziehen. Viele meiner Onkel und Tanten gingen mit ihnen fort. Obwohl wir unseren gesamten Besitz und all unsere Häuser verloren hatten, entschlossen meine Eltern sich dazu, in Hanoi zu bleiben und uns Kinder dort großzuziehen. Ich war schon verheiratet, aber mein Mann und ich waren praktisch mittellos. Wir arbeiteten sehr schwer, damit wir unser Studium weiterbetreiben und gute Arbeitsplätze bekommen konnten, um so unseren fünf Kindern eine Ausbildung ermöglichen zu können. Heute sind sie alle Ärzte und Anwälte, sie führen mit ihren Familien ein gutes Leben in Europa.«

Während Delphine spricht, schaue ich hoch zu den Bildern an den Wänden, sie nehmen mich auf eine Reise zurück in die Kolonialzeit. Ich bin sehr froh, diese einzigartige Erfahrung machen zu können, und will noch nicht gehen, deshalb frage ich sie, ob sie glaubt *cha ca*, das Fischgericht aus Hanoi, wäre von den Franzosen inspiriert.

»Die Franzosen haben den Dill hierher gebracht«, sagt sie. »Deshalb nehme ich an, dass jedes vietnamesische Gericht, in dem Dill enthalten ist, auf irgendeine Weise dem Einfluss der Franzosen unterliegt. Du wirst überrascht sein, wie viele traditionelle vietnamesische Gerichte französischen Ursprungs sind. Du wirst auf eine Entdeckungsreise gehen, die viele Überraschungen für dich bereithält. Nimm zum Beispiel die Metzgereien. In Hanoi gibt es unzählige Geschäfte, die Fleischwaren verkaufen, wie sie auch in Frankreich zu finden sind. Wenn ich Pasteten kaufen möchte, gehe ich beispielsweise in ein Geschäft in der Altstadt. Diesen Laden gibt es schon seit über hundert Jahren. Dann gibt es ja auch noch all die Bäckereien, Patisserien und die Straßenhändler, die Baguettes mit Schweinefleisch verkaufen. Und nicht zu vergessen unsere unterschiedlichen Salate, die die Vietnamesen *xa lat* nennen, sie werden alle mit unterschiedlichen Arten von Vinaigrette gegessen, die typisch französisch sind.«

Ich fühle mich sehr geehrt, dass ich diese wunderbare und interessante Frau kennenlernen durfte. Bevor ich gehe, gibt sie mir noch die Adresse ihrer Lieblingsmetzgerei, dann schickt sie mich wieder los.

Wenn ich Garnelen grille oder frittiere, lasse ich die Köpfe und Schwänze immer dran, weil ich es gerne knusprig mag.

GỎI TÔM CÀNG ĐU ĐỦ

Gegrillte Riesengarnelen mit Knoblauch und grüner Papaya

ZUBEREITUNG

Die Austernsauce, die Fischsauce, die Sojasauce, das Sesamöl, den Zucker, den Knoblauch und den Chili in einer Schüssel miteinander verrühren, bis sich der Zucker aufgelöst hat. Die Garnelen dazugeben und in der Marinade schwenken, dann bei Raumtemperatur 20 Minuten stehen lassen.

In einer zweiten Schüssel die grüne Papaya, die Kräuter, die Erdnüsse und den gebratenen Knoblauch miteinander vermengen. Beiseitestellen.

Die Garnelen abtropfen lassen, die Marinade zurückbehalten. Die Marinade in einen Wok oder einen kleinen Topf geben und zum Kochen bringen, dann 4 Minuten lang aufkochen, bis sie leicht eingedickt ist.

In der Zwischenzeit einen Grill oder eine Grillpfanne auf mittlere Temperatur vorheizen. Die Garnelen 3–4 Minuten lang auf jeder Seite grillen, dabei etwa jede Minute einmal mit der Marinade bepinseln. Die fertigen Garnelen zu den Papayas geben, 2 EL von der Marinade in die Schüssel tröpfeln und alle Zutaten schwenken. Auf eine Servierplatte legen und mit dem Vietnamesischen Koriander garnieren.

FÜR 4–6 PERSONEN ALS MENÜBESTANDTEIL

ZUTATEN

2 EL Austernsauce

1 EL Fischsauce

1 EL helle Sojasauce

½ TL Sesamöl

2 EL Zucker

6 Knoblauchzehen, gehackt

1 Vogelaugenchili (Peperoncini), gehackt

6 rohe Riesengarnelen, geschält und entdarmt, mit Köpfen und Schwänzen

1 grüne Papaya, geschält und gestiftelt

5 Perillablätter, zerkleinert

5 Vietnamesische Korianderblätter, zerkleinert

5 Minzeblätter, zerkleinert

1 EL zerquetschte geröstete Erdnüsse (Seite 307)

1 EL gerösteter Knoblauch (Seite 306)

1 Zweig Vietnamesischer Koriander zum Garnieren

Von Madame Delphine habe ich erfahren, dass ihr Großvater dieses Gericht während seines Aufenthaltes in Paris zuzubereiten lernte, als er dort Jura studierte. Ich war überrascht, als ich merkte, dass mein Vater ein sehr ähnliches Rezept verwendete, er nahm dafür allerdings Hühnerkeulen anstatt der Schenkel. Versuchen Sie, wenn möglich, junges Kokosnusswasser zu besorgen.

GÀ RÔTI
Rôti Huhn

ZUTATEN

1 kg Hühnerkeule ohne Knochen,
    aber mit Haut
1 EL Fischsauce
1 EL Sojasauce
3 EL Shaoxing Reiswein
1 TL Sesamöl
50 g brauner Zucker
2 EL Thai-Schalotten, gehackt
2 EL gehackter Knoblauch
1 EL Ingwer, fein gestiftelt
2 TL schwarzer Pfeffer, zerquetscht
4 EL Pflanzenöl
2 Knoblauchzehen, geschält und ganz
350 ml junge Kokosnusswasser
2 Frühlingszwiebeln,
    in Scheiben geschnitten
1 Handvoll Korianderblätter
vietnamesische Baguettes oder
    gedämpfter Jasminreis zum
    Servieren

Die Hühnerschenkel der Länge nach durchschneiden. Die Fischsauce, die Sojasauce, den Reiswein, das Sesamöl, den braunen Zucker, 1 EL gehackte Schalotten, 1 EL gehackten Knoblauch, den Ingwer und den Pfeffer in einer großen Schüssel gründlich miteinander vermengen. Danach die Hühnerschenkel hineingeben und in der Marinade schwenken. Zudecken und 2 Stunden lang im Kühlschrank marinieren.

Die Hühnerschenkel aus der Marinade nehmen und mit Küchenkrepp trocken tupfen, die Marinade beiseitestellen.

Einen Wok auf hohe Temperatur erhitzen, 2 EL vom Öl hineinschütten und die Hühnerbeine nacheinander in kleinen Portionen braten, bis sie eine goldbraune Farbe angenommen haben. Herausnehmen und beiseitestellen. Wenn alle Hühnerkeulen angebraten sind, das Öl weggießen und den Wok mit Küchenkrepp sauber wischen. Das restliche Öl in den Wok geben und die ganzen Knoblauchzehen und die restlichen gehackten Schalotten braten, bis sie eine goldbraune Farbe angenommen haben. Die Hühnerbeine zusammen mit der beiseitegestellten Marinade und dem Kokosnusswasser wieder in den Wok geben. Mit einem Deckel zudecken und 20 Minuten lang köcheln lassen.

Das Huhn aus dem Wok nehmen und beiseitestellen. Die Wärmezufuhr erhöhen und die Sauce so lange kochen lassen, bis sie auf die Hälfte eingedickt ist. Die Hühnerschenkel wieder in den Wok geben und kurz schwenken, damit sie durchgewärmt werden, dann auf einen Servierteller legen und mit der Frühlingszwiebel und dem Koriander garnieren. Mit Baguettes oder gedämpftem Jasminreis garnieren.

FÜR 4–6 PERSONEN ALS MENÜBESTANDTEIL

Für vietnamesische Baguettes gibt es eine ganze Reihe köstlicher Füllungen; diese hier ist mein neuer Favorit. Während ich durch die schmalen Gassen in der Altstadt von Hanoi schlenderte, sah ich drei Damen Baguettes verkaufen, die mit diesen Spießen belegt waren. Wenn Rauch von Kohlegrills aufsteigt, übt dieses Aroma jedes Mal eine magische Anziehungskraft auf mich aus.

BÁNH MÌ THỊT NƯỚNG

Vietnamesische Baguettes mit Schweinespießen vom Grill

ZUBEREITUNG

Den Schweinenacken entgegen der Wuchsrichtung in 3 mm dünne Scheiben schneiden und beiseitestellen. Die Frühlingszwiebeln in einem Mörser mit dem Stößel zu einer feinen Paste zerreiben.

Die Fischsauce, den Honig, den Zucker und den Pfeffer in einer großen Schüssel miteinander vermengen und so lange rühren, bis sich der Zucker aufgelöst hat. Den Schweinenacken, die Frühlingszwiebelpaste und den Knoblauch dazugeben. Das Schweinefleisch in der Marinade schwenken, dann das Öl darübergießen. Abdecken und 2 Stunden lang zum Marinieren in den Kühlschrank stellen. Das Aroma wird noch besser, wenn es über Nacht dort stehen bleibt.

Zwölf Bambusspieße 30 Minuten lang in Wasser einweichen, damit sie nicht verkohlen. Das Schweinefleisch auf die Spieße stecken. Einen Grill (am besten einen Kohlegrill) auf mittlere bis hohe Temperatur erhitzen und mit etwas Öl bestreichen. Die Spieße in zwei Partien jeweils 2 Minuten lang auf jeder Seite grillen oder so lange, bis sie durchgebraten sind.

Immer jeweils zwei Spieße mit Schweinefleisch in ein Baguette legen, die Spieße herausziehen, danach je nach Geschmack etwas Gurke, den Koriander, die Chilisauce und die Hoisinsauce dazugeben. Mit den restlichen Schweinefleischspießen wiederholen.
FÜR 6 PERSONEN

ZUTATEN

500 g Schweinenacken

6 Frühlingszwiebeln, nur das Weiße, in Scheiben geschnitten

4 EL Fischsauce

1 EL Honig

2 EL Zucker

1 TL frisch gemahlener, schwarzer Pfeffer

2 Knoblauchzehen, fein gehackt

2 EL Pflanzenöl

6 vietnamesische Baguettes, der Länge nach durchgeschnitten

1 libanesische Gurke (Mini-Gurke), gestiftelt

2 große Handvoll Korianderzweige (Cilantro)

Sriracha, scharfe Chilisauce (z. B. Gourmondo), zum Servieren

Hoisinsauce zum Servieren

Als die Franzosen nach Vietnam kamen, waren sie überrascht, dass die Einheimischen kaum Rindfleisch aßen; Rinder wurden hauptsächlich als Arbeitstiere betrachtet. Bei diesem Rezept handelt es sich um die vietnamesische Variante eines in Frankreich beliebten Gerichtes, des Pfeffersteaks.

BÒ XÀO TIÊU XANH

Rinderfilet mit Knoblauch und grünen Pfefferkörnern aus dem Wok

ZUTATEN

1 EL heißes Wasser
3 EL Austernsauce
1 EL Sesamöl
1 TL extra feiner Streuzucker
500 g Rinderfilet, pariert und in
    1,5 cm große Würfel geschnitten
1 EL Pflanzenöl
1 Knoblauchzehe, zerquetscht
½ kleine Zwiebel,
    in grobe Würfel geschnitten
10 frische grüne Pfefferkörner
    (oder eingelegte Pfefferkörner,
    abtropfen lassen)
50 g Butter
1 Prise Salz
1 großzügige Prise zerquetschte
    schwarze Pfefferkörner
1 Zweig mit frischen grünen
    Pfefferkörnern zum Garnieren
helle Sojasauce und darin in Scheiben
    geschnittener Chili zum Tunken
vietnamesische Baguettes
    zum Servieren

ZUBEREITUNG

Das heiße Wasser, die Austernsauce, das Sesamöl und den Zucker in einer Schüssel miteinander vermengen und umrühren, bis sich der Zucker aufgelöst hat. Das Rindfleisch dazugeben und gut schwenken, dann 10 Minuten lang zum Marinieren beiseitestellen. Das Rindfleisch aus der Marinade nehmen und gründlich abtropfen lassen.

Einen Wok auf die höchste Temperaturstufe stellen und so lange erhitzen, bis er glühend heiß ist. Das Öl auf den oberen Bereich des Woks tröpfeln, es sollte in Flammen aufgehen, also Vorsicht! Das Rindfleisch in Portionen aufteilen und nacheinander dazugeben, so lange braten, bis sich die Poren rundum geschlossen haben, den Wok mit dem Fleisch dabei schütteln und schwenken. Das Rindfleisch sollte angeschmort sein und im Wok sollten Flammen lodern.

Den Knoblauch, die Zwiebel, die grünen Pfefferkörner und die Butter in den Wok geben und 4 Minuten lang anbraten, dabei die Zutaten ständig mit einem Holzlöffel im Wok bewegen. Das Salz und den schwarzen Pfeffer dazugeben und alles auf einen Servierteller geben. Mit einem Zweig aus grünen Pfefferkörnern garnieren. Mit einer kleinen Schüssel Sojasauce und in Scheiben geschnittenem Chili zum Tunken und den Baguettes servieren.
FÜR 4–6 PERSONEN ALS MENÜBESTANDTEIL

Manche Menschen mögen den herben Geschmack der Bittermelone nicht. Vielleicht wird sie aber interessanter, wenn Sie erfahren, dass man damit Krankheiten vorbeugen kann. Madame Delphine hat mir erzählt, dass Bittermelone ein hervorragendes Mittel zur »Kühlung« des Körpers ist.

KHỔ QUA XÚC HỘT VỊT
Bittermelone mit Enteneiern

ZUBEREITUNG

Eine große Bratpfanne auf mittlere Temperatur erhitzen, dann das Öl hineingießen und die Schalotten 3 Minuten lang anbraten, bis sie glasig geworden sind. Den Knoblauch und die Bittermelone dazugeben und 2 Minuten lang unter ständigem Rühren erhitzen. Dann die Tomaten, die Fischsauce, den Zucker, das Salz und den Pfeffer dazugeben. Weitere 10 Minuten lang unter ständigem Rühren auf kleiner Flamme garen.

Langsam die geschlagenen Eier in die Pfanne gießen und so lange rühren, bis die Eier fester geworden sind. Herausnehmen und auf einen Servierteller legen, mit den Frühlingszwiebeln und der Chili garnieren. Mit gedämpftem Jasminreis servieren.

FÜR 4–6 PERSONEN ALS MENÜBESTANDTEIL

ZUTATEN

2 EL Pflanzenöl

4 Thai-Schalotten, gehackt

3 Knoblauchzehen, gehackt

1 Bittermelone, halbiert, entkernt und in kleine Stücke geschnitten

2 Tomaten, entkernt und in Würfel geschnitten

2 TL Fischsauce

1 TL Zucker

¼ TL Salz

¼ TL frisch gemahlener, schwarzer Pfeffer

4 Enteneier, leicht geschlagen

2 EL fein geschnittene Frühlingszwiebeln

1 langer roter Chili, gestiftelt

gedämpfter Jasminreis zum Servieren

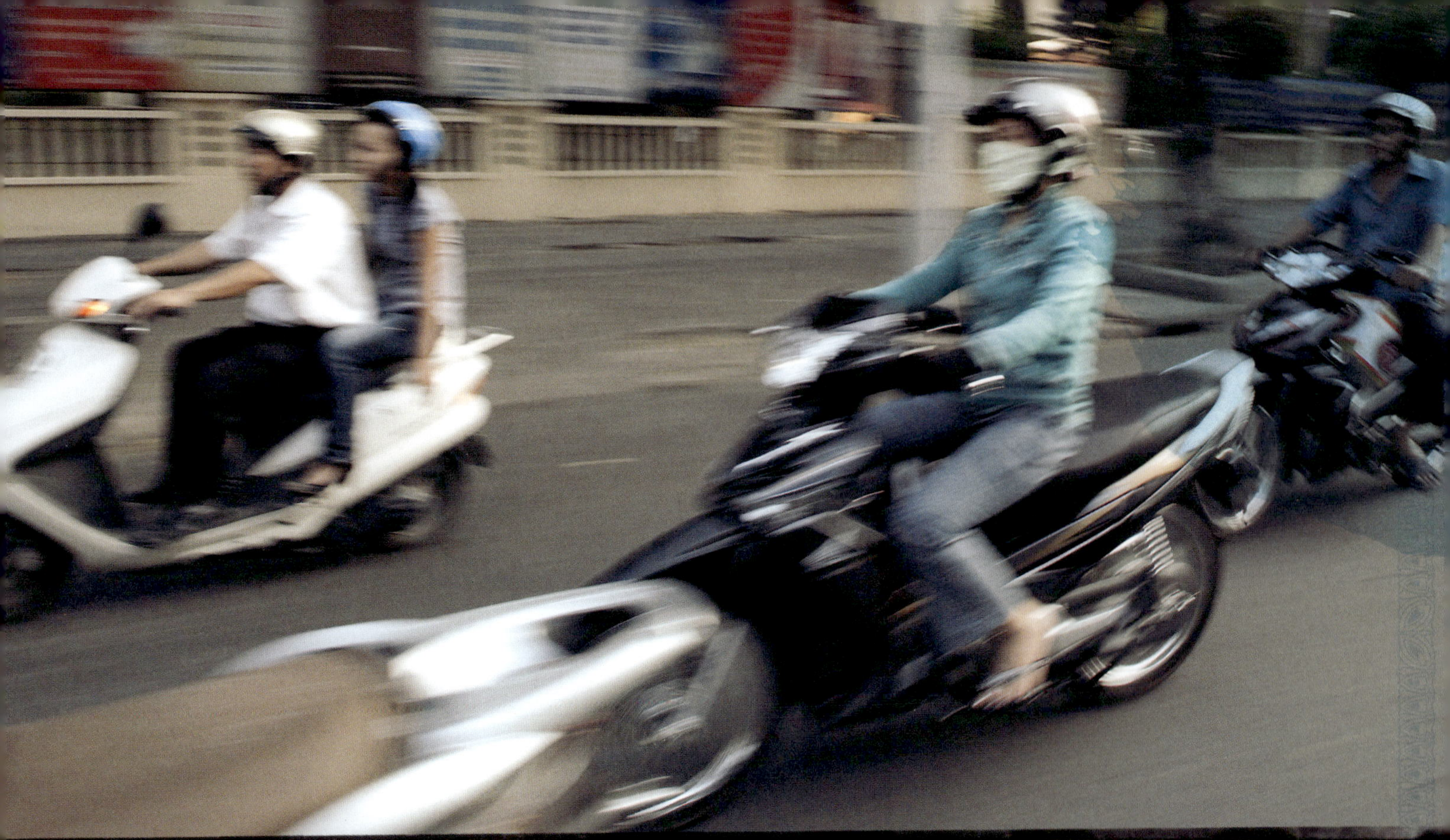

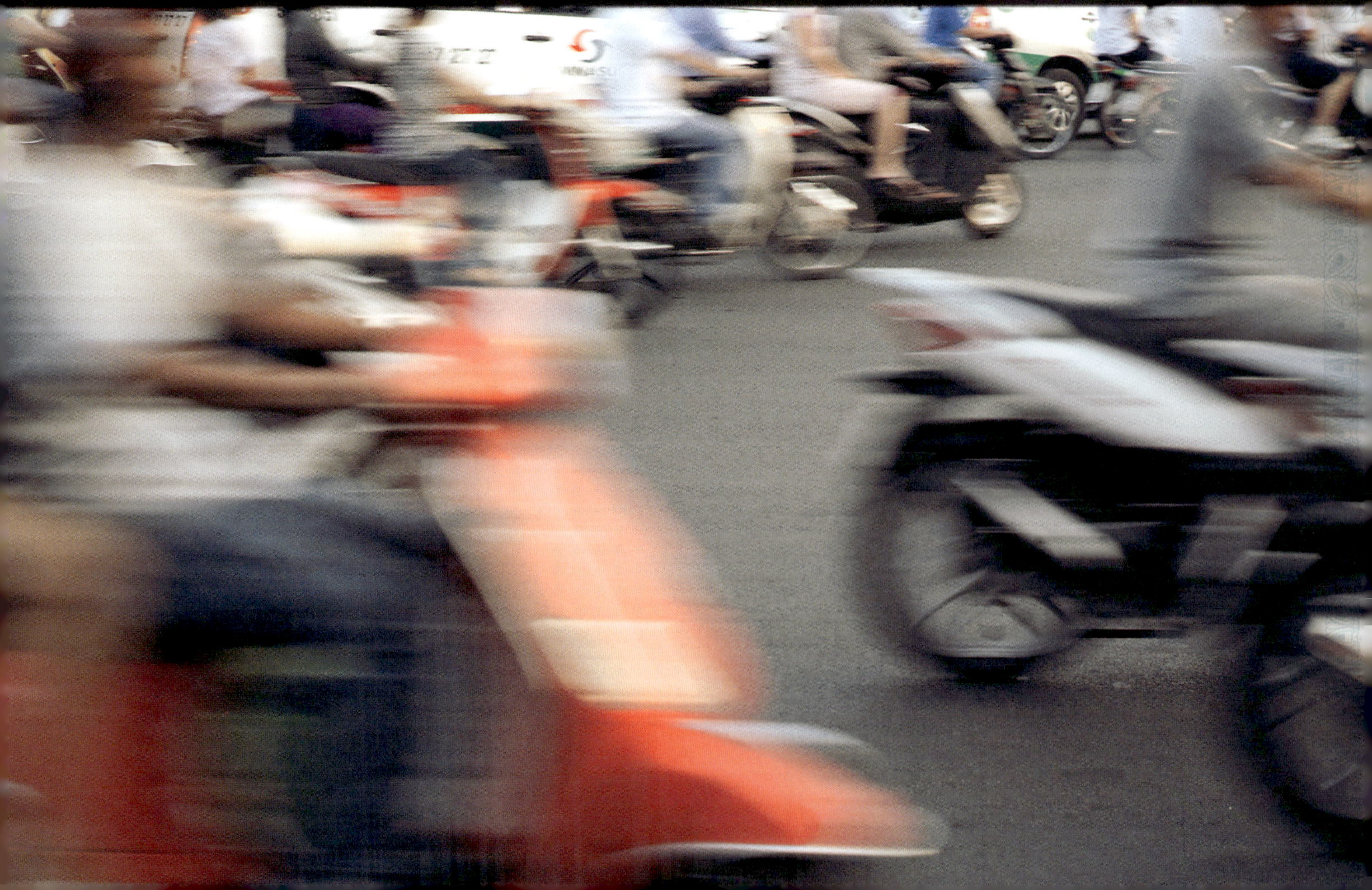

Motorräder, Bier und die Vergangenheit einer Nation

ICH WILL ZURÜCK IN MEIN HOTEL UND schaue mich nach einer Transportmöglichkeit um. Von vier Motorradtaxis aus ruft man: »*Xe om, xe om*«, und winkt mir zu, dass ich mitfahren solle. Ein Mann packt mich im verzweifelten Versuch, Geschäft an Land zu ziehen, beim Arm. Also zeige ich ihm die Adresse und er stimmt zu, mich dort hinzubringen, versucht dann aber, das Dreifache des normalen Fahrpreises zu kassieren. Ich schüttele den Kopf, gehe weiter und probiere, stattdessen ein Taxi anzuhalten. Schnell schnappt er nach dem Köder, hält mich zurück und erklärt sich mit meinem Preis einverstanden. Ich springe auf den Sozius seines Motorrades und zurre meinen Helm fest.

»Weißt du, heutzutage geht das Geschäft schlecht«, sagt er über seine Schulter hinweg, als er den Motor aufheulen lässt. »Manchmal stehe ich stundenlang in der glühenden Hitze, ohne eine Fuhre zu bekommen. In dieser Stadt machen einfach zu viele Taxibetriebe auf, und weil so viel Wettbewerb herrscht, sinken die Preise. Zudem haben die aber auch alle eine Klimaanlage. Wie soll ich da mithalten? Das Benzin wird immer teurer und an manchen Tagen bleiben mir abends nur ein paar Dollar in der Tasche übrig. Ich muss fünf Kinder ernähren!«

Wir sind am Hotel angekommen. Ich habe ein ausgesprochen schlechtes Gewissen, weil ich um ein paar Groschen gefeilscht habe, darum gebe ich klein bei und bezahle den ursprünglich von ihm geforderten Preis. Ich frage, ob er mit mir einen Kaffee trinken gehen möchte.

Er sagt, sein Name sei Cuong und fragt danach, wo ich an diesem Tag gewesen bin. Aufgeregt erzähle ich von meinem Besuch bei Madame Delphine.

Er schaut mich an und blinzelt verwirrt mit den Augen. »Warum bist du an der französischen Kolonialzeit so interessiert? Weißt du denn nicht, was die unserem Volk angetan haben? Du redest, als ob sie wunderbare Dinge für unser Land getan hätten und die fantastische westliche Lebensart nach Vietnam gebracht hätten. Also, da irrst du dich. In Wahrheit sieht es doch so aus, dass durch die Einführung der Kolonialverwaltung unserem Land eine enorme Bürde aufgelastet wurde. Die Kosten für die französischen Beamten und das Militär waren sehr hoch, und wer, glaubst du, hat all das denn bezahlt? Das vietnamesische Volk: Meine Großeltern, deine Großeltern, sie alle haben unverschämt hohe Steuern bezahlt. Genau betrachtet war das ein Verbrechen. Die Franzosen kamen im Jahr 1902 auf die Idee, ein Monopol auf die Herstellung und den Verkauf von Alkohol einzurichten. Per Gesetz zwangen sie uns zum Alkoholgenuss. Jedes Dorf in Vietnam musste pro Jahr eine bestimmte Menge Alkohol abnehmen und selbstverständlich erklärten die Franzosen es für illegal, wenn jemand seinen eigenen Alkohol herstellte, was über viele Jahre hinweg in Vietnam üblich gewesen war. Wenn man dabei ertappt wurde, wie man seinen eigenen Alkohol herstellte, wanderte man ins Gefängnis.

Als die Franzosen dann den Markt für Alkohol beherrschten, erweiterten sie das Ganze auf die Salzproduktion und verkauften das Salz danach zum dreifachen Preis an die Vietnamesen. Als ob das noch nicht genug gewesen wäre, verschafften sie sich dann die Kontrolle über die Mohnfelder und ermunterten die Vietnamesen dazu, Opium zu rauchen, was zu einem massenhaften Anstieg an drogenabhängigen Vietnamesen führte.

Mit dem Erlös aus dem Verkauf von Alkohol, Salz und Opium sowie mit den ständig steigenden Steuern schnellten die Einnahmen der Verwaltung in die Höhe. Alle Gewinne wanderten nach Frankreich zurück, während die Vietnamesen ausgebeutet und wie Sklaven behandelt wurden und Millionen Menschen an Hunger und Unterernährung starben.

Er hält inne und versucht, sich wieder zu beherrschen, dann schaut er mich eindringlich an. Glaubst du wirklich, dass die paar Kochrezepte von Franzosen das alles wert gewesen sind?«

Glücklicherweise kommt in diesem Augenblick der Kaffee und das gibt mir Gelegenheit, meine

bin fast fünfzig Jahre alt und fahre noch immer ein Motorradtaxi.« Er steht auf, um zu gehen. »Komm mit. Ich zeige dir etwas, das dich vielleicht interessieren wird.«

Wir springen auf sein Motorrad und fahren durch ein verschlungenes Netz winziger und enger Straßen, halten an einer kleinen, belebten Kreuzung der Luong Ngoc Quyen Straße und der Ta Hien Straße an. Wir sitzen auf winzigen Plastikstühlen neben einem Fass Bier mit einem Schild, auf dem steht: »Bia hoi, 3000 Dong.«

»Bia hoi« heißt frisches Bier und man erzählt mir, dass es hier das billigste Bier der Welt gibt. »Ich

Die Vietnamesen haben all die guten Dinge von China, Frankreich und Amerika übernommen.

Worte vorsichtig zu formulieren. Mir ist bewusst, so erkläre ich ihm, dass Vietnam eine lange Chronik von Krieg und Not hinter sich hat. Es unterstand tausend Jahre lang China, dann achtzig Jahre lang den Franzosen und danach folgte der Krieg gegen Amerika. Diese schweren Zeiten haben aus Vietnam das Land gemacht, das es heute ist. Es hat überlebt, ist stärker daraus hervorgegangen und hat sich zu einem Land schwer arbeitender Menschen mit einer schnell wachsenden Wirtschaft entwickelt. Die Vietnamesen haben alle guten Dinge von China, Frankreich und Amerika übernommen und in die eigene Kultur integriert. Man denke doch nur an die vielen Richtungen in Kunst, Musik und Theater, die verschiedenen Architekturstile. Und dann gibt es auch noch das fantastische Essen! Und dann schau doch mal, was wir jetzt eigentlich trinken: Kaffee! Und der wurde von den Franzosen eingeführt.

Cuong schüttelt meine Hand und lächelt. »Bitte entschuldige, dass ich mich so aufgeregt habe«, sagt er. »Meine Vorfahren haben immer nur Hunger und Armut erlebt, viele davon arbeiteten als Sklaven in den französischen Gummifabriken, einige haben im Krieg gegen die Amerikaner gekämpft und ein paar davon sind beim Versuch ums Leben gekommen, aus dem Land zu fliehen. Und was ist mit mir? Ich

habe dich hierher gebracht, weil ich über das, was du über den Kaffee gesagt hast, nachgedacht habe, und dass er ein wichtiger Bestandteil unserer Kultur ist. Nun, ich glaube, das gilt auch für das Bier. Vietnam ist ein Land der Biertrinker und ich nehme an, wir verdanken das den Franzosen.«

Wir trinken gemeinsam ein paar Bierchen und schauen dabei zu, wie sich die Straße mit Menschen füllt. Ein junger Rucksacktourist steht auf und ruft: »Die nächste Runde geht auf meinen Deckel!« Alle applaudieren und jubeln. Sechzig Biere und das kostet ihn pro Glas € 0,10. Für diesen Preis ist das Bier gar nicht mal so schlecht.

In Vietnam werden so viele Gerichte in Bier gedämpft, in Bier gegart oder in einer Biersauce serviert, dass ich mich frage, ob es eigentlich von den Franzosen eingeführt wurde oder ob die Franzosen diese Gerichte überhaupt inspiriert haben. Ich erzähle das Cuong, dieser schüttelt nur mit dem Kopf, kichert leise und trinkt weiter. Wir sitzen an dieser verrückten Ecke in der Altstadt, trinken noch ein paar Bierchen und erzählen uns gegenseitig viele Geschichten. Ich will bezahlen, aber er schiebt meine Hand fort. Es ist üblich, dass er zahlt, weil er mich eingeladen hat. Er wünscht mir alles Gute auf meiner Entdeckungsreise durch Vietnam.

Neben Kaffee und Baguette ist Bier eines jener großartigen Dinge, die mit den Franzosen nach Vietnam gekommen sind. Es wird auch sehr oft zum Kochen verwendet.

CUA HẤP BIA
In Bier gedünstete Krabben

ZUBEREITUNG

Den oberen Teil des Panzers und die Kiemen der Krabbe, die wie kleine Finger aussehen, entfernen und wegwerfen. Die Krabben unter fließendem Wasser waschen und abtrocknen. Die Krabbe auf den Bauch legen und der Länge nach mit einem schweren Hackmesser teilen. Jetzt jede Hälfte noch einmal vierteln, dazu jedes Teil hinter dem Bein durchhacken. Nun jede Schere mit dem Messerrücken zerquetschen, denn so kann man das Fleisch besser entfernen. Mit allen Krabben so verfahren.

Das Sesamöl, die Austernsauce, die Fischsauce, 1 EL vom Knoblauch, den Zucker, das Salz und den Pfeffer in eine große Schüssel geben und umrühren, damit sich der Zucker auflöst. Die Krabben dazugeben und in der Marinade schwenken. Zwanzig Minuten lang marinieren.

Die Krabben in einen großen Metall- oder Bambusgartopf geben, diesen mit dem Deckel verschließen. Den Gartopf über einen Wok oder eine Bratpfanne mit kochend heißem Wasser platzieren und die Krabben darin 5 Minuten lang garen. Den Deckel entfernen und das Bier über die Krabben gießen, dann wieder abdecken und noch einmal 10 Minuten lang dämpfen.

Die Frühlingszwiebeln säubern und dann das Weiße in 4 cm lange Stücke schneiden. Die grünen Stängel in 3 cm lange Stücke schneiden. Den Wok auf hohe Temperatur erhitzen, dann das Öl und die Butter hineingeben, danach die Zwiebeln, die Schalotten, den restlichen Knoblauch und die zurechtgeschnittenen weißen Frühlingszwiebeln. Zwei Minuten lang unter ständigem Rühren erhitzen, bis es aromatisch duftet, dann die gedämpften Krabben dazugeben und 1 Minute lang im Wok schwenken. Auf einen Servierteller legen und mit dem Grün der Frühlingszwiebeln garnieren. Mit asiatischem Bier servieren.

FÜR 4–6 PERSONEN ALS MENÜBESTANDTEIL

ZUTATEN

4 blaue Schwimmkrabben

1 TL Sesamöl

2 EL Austernsauce

1 EL Fischsauce

6 Knoblauchzehen, gehackt

2 TL Zucker

1 Prise Salz

1 TL frisch gemahlener, schwarzer Pfeffer

200 ml asiatisches Bier

6 Frühlingszwiebeln

2 EL Pflanzenöl

50 g Butter

1 Zwiebel, in Spalten geschnitten

4 Thai-Schalotten, gehackt

Ganz in der Nähe des Restaurants von Herrn Tuyen stoße ich auf eine Straße, in der es Restaurants gibt, die bia hoi (frisches Bier) und viele kleine Gerichte anbieten, die dazu passen. Diese mit Chili und Salz gewürzten Shrimps esse ich am liebsten.

TÔM RANG MUỐI
Gesalzene Garnelen mit Chili und Knoblauchmayonnaise

ZUTATEN

500 g rohe Garnelen (Shrimps)
Pflanzenöl zum Frittieren
50 g Kartoffelstärke
1 Frühlingszwiebel, dünn geschnitten
1 Vogelaugenchili (Peperoncini),
   dünn geschnitten
½ Knoblauchzehe, zerquetscht
Knoblauchmayonnaise (Seite 310)

GEWÜRZMISCHUNG »SALZ UND PFEFFER«

1 EL Salz
1 TL Zucker
1 TL frisch gemahlener, weißer Pfeffer
1 TL gemahlener Ingwer
½ TL Fünf-Gewürze-Pulver

ZUBEREITUNG

Für die Zubereitung der Gewürzmischung alle Zutaten in eine Schüssel geben, mischen und beiseitestellen.
Mit der Schere hinter den Augen der Garnele schneiden und so die Mundwerkzeuge entfernen, dann die Beine abtrennen. Die Garnelen in eine Schüssel geben und beiseitestellen.

Einen Wok oder eine Fritteuse zu einem Drittel mit Öl füllen und dieses auf 180 °C erhitzen oder so lange, bis ein Würfel Brot, nachdem er in das Öl geworfen wurde, innerhalb von 15 Sekunden bräunt. Die Garnelen nacheinander mit der Kartoffelstärke bestäuben, die überschüssige Stärke abschütteln, dann jeweils einige davon in schneller Folge ins Öl geben. Zwei Minuten lang frittieren, danach vorsichtig mit einem Schaumlöffel herausnehmen und abtropfen lassen.

Bis auf 2 TL das gesamte Öl aus dem Wok gießen, anschließend diesen wieder erhitzen. Die Frühlingszwiebeln, den Chili und den Knoblauch hineingeben und schwenken, damit alles durchgemischt wird. Danach die Garnelen dazugeben. Die Garnelen weiter im Wok schwenken, währenddessen 2 TL von der Würzmischung »Salz und Pfeffer« darüberstreuen, je nach Geschmack auch mehr. Die Garnelen in eine Servierschüssel geben und mit der Knoblauchmayonnaise zum Tunken servieren.
FÜR 4–6 PERSONEN ALS MENÜBESTANDTEIL

Anmerkung: Für dieses Rezept können Sie anstatt der Garnelen auch 300 g Okra verwenden. Spitze und Stilansatz jeweils kappen, dann wie oben angegeben zubereiten. Die Okra benötigt eine etwa dreiminütige Garzeit.

*In Frankreich bezeichnet man Eintopf oder Geschmortes als Ragout. Nach der
französischen Kolonialzeit übernahmen die Vietnamesen diese Bezeichnung,
wobei mit dem Wort »Ragu« ein geschmortes Fleischgericht gemeint ist.*

RAGU SUÒN HEO
Geschmortes Schweinekotelett

ZUBEREITUNG

Die Fischsauce, die Austernsauce sowie eine großzügige Prise
Salz und Pfeffer in eine Schüssel geben. Das Schweinefleisch
dazugeben und schwenken, damit es von der Marinade ummantelt
wird. Danach zudecken und zum Marinieren bei Raumtemperatur
20 Minuten lang stehen lassen.

Eine Bratpfanne auf hohe Temperatur erhitzen, dann 1 EL vom
Öl hineinschütten und das Fleisch auf beiden Seiten anbraten.
Das Schweinefleisch aus der Pfanne nehmen und beiseitestellen.
Die Kartoffel und die Karotte in die Pfanne geben und 3 Minuten
lang unter Rühren erhitzen, bis sie etwas weicher geworden sind.
Herausnehmen und beiseitestellen.

Die Butter und das restliche Öl in einem großen Kochtopf erhitzen und die Knoblauchzehen, den gehackten Knoblauch und
die Schalotten 1 Minute lang anbraten, bis sie aromatisch duften.
Das Tomatenmark, das Bier, den braunen Zucker sowie eine Prise
Salz und Zucker dazugeben und zum Kochen bringen.

Die Kartoffelstärke mit 1 EL Wasser verrühren, bis sie sich
aufgelöst hat. Die Wärmezufuhr auf die niedrigste Stufe verringern,
dann die Stärkemischung in den Topf geben und unter Rühren
kochen, bis die Masse leicht eingedickt ist. Das Schweinefleisch,
die Kartoffel, die Karotte und die grünen Erbsen dazugeben und
12–15 Minuten lang leicht köcheln lassen, bis alles gar ist.
Mit gedämpftem Jasminreis servieren.

FÜR 4–6 PERSONEN ALS MENÜBESTANDTEIL

ZUTATEN

3 EL Fischsauce
1 TL Austernsauce
Salz und frisch gemahlener,
    schwarzer Pfeffer
4 x 200 g Schweinekoteletts,
    2 cm dick
2 EL Pflanzenöl
1 Kartoffel, geschält und in mund-
    gerechte Stücke geschnitten
1 Karotte, geschält und in
    1 cm große Stücke geschnitten
20 g Butter
4 Knoblauchzehen, ungeschält sowie
    3 Knoblauchzehen, gehackt
2 Thai-Schalotten, gehackt
1 EL Tomatenmark
500 ml asiatisches Bier (ich verwende
    gerne die Marke 333)
1 EL brauner Zucker
1 EL Kartoffelstärke
80 g geschälte grüne Erbsen
gedämpfter Jasminreis zum Servieren

Wenn ich nicht in Vietnam bin, ist es der süße Duft von gegrillten Betelblättern, der durch die Straßen zieht, was mir am meisten fehlt. Dieses Rezept ist ganz einfach und schmeckt wirklich jedem. Betelblätter halten sich nicht lange frisch. Wenn Sie noch welche übrig haben, frittieren Sie diese am nächsten Tag.

BÒ WAGYU LÁ LỐT
Rindfleisch, in Betelblättern gegrillt

ZUTATEN

2 Bund Betelblätter

3 EL Fischsauce zum Tunken
   (nuoc mam cham) (Seite 305)

2 EL Frühlingszwiebelöl (Seite 305)

2 EL zerquetschte, geröstete Erdnüsse
   (Seite 307)

2 Vogelaugenchilis (Peperoncini),
   in Scheiben geschnitten

FÜLLUNG

400 g Hackfleisch vom Wagyurind
   (bitten Sie Ihren Metzger, es für
   Sie durch den Wolf zu drehen)

2 Stängel Zitronengras,
   nur das Weiße, fein gehackt

4 Frühlingszwiebeln, nur das Weiße,
   fein gehackt

2 Korianderwurzeln (Cilantro)
   gewaschen und fein geschnitten

2 Knoblauchzehen, zerquetscht

1 TL Salz

1 TL frisch gemahlener,
   weißer Pfeffer

1 TL Fischsauce

ZUBEREITUNG

Alle Zutaten für die Füllung in eine Schüssel geben und gut vermengen. Zudecken und bei Raumtemperatur 20 Minuten lang stehen lassen. In der Zwischenzeit die besten Betelblätter aus den Bündeln aussuchen und alle eventuell vorhandenen langen Stängel abschneiden. Die Blätter unter kaltem Wasser waschen und dann zum Trocknen flach auf ein Tuch legen.

Zum Einrollen ein großes Betelblatt oder 2 kleinere, die sich etwas überlappen mit der glänzenden Seite nach unten auf ein Hackbrett legen, wobei die Stängel zu Ihnen hin zeigen sollten. Etwa 1 EL von der Rindfleischmasse auf das untere Ende des Blattes, nahe beim Stängel geben. Die Masse zu einem Strang formen, dann das Blatt von unten nach oben rollen. Die Rolle mit der Blattöffnung nach unten auf ein Brett oder einen Teller legen, dann mit einem Zahnstocher in ihrer Form fixieren. Sie können auch 2 oder 3 zusammenstecken, wenn Sie wollen. Diesen Vorgang mit dem restlichen Rindfleisch wiederholen.

Einen Grill oder einen Kohlegrill auf mittlere Temperatur erhitzen. Die gefüllten Betelblätter 5 Minuten lang garen, diese dabei zunächst ca. 3 Minuten mit der Blattöffnung auf den Rost legen, danach wenden, damit auch die andere Seite gegart wird. Die fertigen Rollen auf einen großen Teller legen, dann die Fischsauce und das Frühlingszwiebelöl darüberlöffeln und mit den Erdnüssen und der Chili bestreuen.

FÜR 4–6 PERSONEN ALS MENÜBESTANDTEIL

ẾCH CHIÊN BƠ
Knusprige Froschschenkel

ZUBEREITUNG

Den Reiswein, den Zucker, das Salz und den Pfeffer in einer
Schüssel vermengen und so lange umrühren, bis sich der Zucker
aufgelöst hat. Die Froschschenkel dazugeben und gut in der
Marinade schwenken. Dann zudecken und bei Raumtemperatur
20 Minuten lang marinieren.

Zwischenzeitlich die Gewürzmischung zubereiten. Die Zutaten
in einer Schüssel miteinander vermengen und beiseitestellen.

Einen Wok oder eine Fritteuse auf 180 °C erhitzen, oder so
lange, bis ein Brotstückchen nach dem Hineinwerfen innerhalb von
15 Sekunden bräunt. Die Froschschenkel aus der Marinade nehmen
und abtropfen lassen. Die Froschschenkel mit der Kartoffelstärke
bestäuben, die überschüssige Stärke abschütteln und dann jeweils
einige in schneller Folge in das Öl geben. Drei Minuten lang frittieren, oder so lange, bis diese goldbraun und knusprig geworden sind.
Dann vorsichtig aus dem Öl herausnehmen und zum Abtropfen auf
Küchenkrepp legen.

Das Öl bis auf 2 EL aus dem Wok abgießen, diesen dann wieder
erwärmen. Die Butter, die Frühlingszwiebeln, die Schalotten, den
Chili und den Knoblauch hineingeben und schwenken, damit sich
alles durchgemischt wird. Danach die Froschschenkel wieder in
den Wok geben. Weiter schwenken und gleichzeitig 2 TL der Salz-
und Pfeffer Gewürzmischung darüber streuen, auf Wunsch auch
mehr. Sofort servieren.

FÜR 4–6 PERSONEN ALS MENÜBESTANDTEIL

ZUTATEN

2 EL Shaoxing Reiswein

1 TL Zucker

1 Prise Salz und Pfeffer

500 g Froschschenkel

1 l Pflanzenöl zum Frittieren

50 g Kartoffelstärke

30 g Butter

1 Frühlingszwiebel, dünn geschnitten

2 Thai-Schalotten, gehackt

1 Vogelaugenchili (Peperoncini),
    dünn geschnitten

3 Knoblauchzehen, gehackt

GEWÜRZMISCHUNG »SALZ UND PFEFFER«

1 EL Salz

1 TL Zucker

1 TL frisch gemahlener, weißer Pfeffer

1 TL frisch gemahlener Ingwer

½ TL Fünf-Gewürze-Pulver

Versteckte Gassen

DER HIMMEL IST SCHWARZ, DER MOND IST nicht zu sehen. Ich befinde mich auf der Nha Tho Straße, die seltsam verlassen daliegt. Ich bleibe in der Mitte der leeren Straße stehen und schaue zur St.-Josephs-Kathedrale hinauf. Sie ist die älteste Kirche von Hanoi und ragt hoch über mir auf. Ende des 19. Jahrhunderts wurde sie als eines der ersten Gebäude der französischen Kolonialherren erbaut, eine uralte Pagode wurde an dieser Stelle abgerissen. Die Kathedrale ist ein beeindruckendes, gotisch anmutendes Bauwerk. Ich weiß jetzt, warum Hanoi als »Klein-Paris« bezeichnet wurde.

Am Ende der schmalen Gasse fällt mir auf, dass dort Grillkohle glüht. Das zieht mich magisch an, ich steuere darauf zu wie eine Motte zum Licht. Neben dem Feuer sitzt ein Junge und grillt ganze Schalotten, Knoblauch und Ingwer. »Wozu machst du das?«, frage ich ihn. »Für die *Pho* meiner Mutter. Wir müssen sie jetzt vorbereiten, damit morgen früh alles für unseren Verkaufsstand fertig ist. Komm um 6:00 Uhr morgen früh wieder, dann ist sie fertig.«

Ich denke an Madame Van aus dem Metropole, die gesagt hat, dass vietnamesische Köche die Zubereitungstechnik der Franzosen übernommen und das Gemüse fortan für die Rinderbrühe auf dem Kohlegrill gegart haben. Ich frage, ob ich bleiben und zusehen kann. Er zeigt auf ein kleines Haus in der Nähe. »Da musst du meine Mutter fragen.«

Von der Hauptstraße aus gesehen käme man nie darauf, dass es dieses Viertel überhaupt gibt. Die kleinen Zwergenhäuschen mit Türen in unterschiedlichen Pastelltönen in Grün und Hellblau, aber auch Dunkelrot gruppieren sich um ein tiefes Wasserloch, das von einigen Tamarindenbäumen umgeben ist. Ich freue mich sehr, dass ich dieses verborgene Juwel entdeckt habe. Im Inneren des Hauses hockt eine ältere Dame auf dem Betonboden, sie schneidet auf einem hölzernen Hackklotz Zwiebeln, währenddessen teilt ein junges Mädchen ganze Eimerladungen von Frühlingszwiebeln. Ich erkläre den beiden, dass ich

Koch bin, aus Australien komme, und bitte sie darum, bei der Zubereitung der Brühe zuschauen zu dürfen.

»Aber klar doch!«, sagt die ältere Frau, dann schauen sich die beiden an und brechen in hysterisches Gelächter aus. Es ist recht außergewöhnlich, einem jungen männlichen Vietnamesen zu begegnen, der wissen will, wie die Straßenköche ihre Gerichte zubereiten. Die ältere Frau reicht mir ein winziges Schneidebrett, ein stumpfes, rostiges Hackbeil und ein rotes Plastiksieb voll mit frischem Roastbeef.

»Fang an zu schneiden!«, sagt sie und muss sich sehr beherrschen, um nicht in Gelächter auszubrechen. Unbeeindruckt greife ich nach den Arbeitsgeräten und zwänge mich zwischen die beiden. Sie wohnen im kleinsten Haus, das ich je in Vietnam gesehen habe. Die Mutter trägt eine Bandage am Rücken und erzählt, dass sie diese gleich nach dem Erwachen anlegen müsse. Kein Wunder, muss sie sich doch andauernd bücken, aber Platz für einen Tisch gäbe es sowieso nicht.

»Ich bereite dieses Gericht schon dreißig Jahre lang alleine zu, aber jetzt müssen mir meine Kinder dabei helfen. Wegen meines Rückens kann ich mittlerweile noch nicht einmal mehr den Topf auf die kleine Herdplatte heben.« Ihr Sohn kommt mit dem gegrillten Gemüse zurück. Sie nimmt es ihm ab und schält es, dann schneidet sie alles in dünne Scheiben. »Wenn man diese leckeren Gemüse grillt, entfaltet sich das ganze Aroma«, erklärt sie. »Ihre natürliche Süße tritt aus und die Brühe bekommt eine fantastische Farbe.« Ihr Sohn hebt einen Topf auf einen tönernen Grillkohleherd, die Mutter gibt Ochsenschwanz und Roastbeef dazu, danach folgen die gegrillten Schalotten, der Knoblauch und der Ingwer sowie ein Gewürzbeutel voller gerösteter Kassiarinde, Kardamon, Gewürznelken, Fenchelsamen, Koriandersamen, Pfefferkörnern und Sternanis. Jetzt kommt noch Wasser dazu. Sie lässt es aufkochen, verringert die Wärmezufuhr und lässt all seine märchenhaften Aromen sich über Nacht entfalten, während sie schlafen.

PHỞ BÒ
Nudelsuppe mit Rind

Einen großen Kochtopf mit kaltem Wasser füllen, 3 EL vom Salz hineinschütten und den Ochsenschwanz in das Wasser legen. Eine Stunde lang darin wässern, dann abgießen.

Zur Herstellung des Gewürzsäckchens jede Zutat einzeln bei schwacher bis mittlerer Temperatur 1–2 Minuten lang in einer Bratpfanne unter ständigem Schwenken rösten. Abkühlen lassen, dann grob zerkleinern. Die zerkleinerten Gewürze in das Musselinstück geben und den Stoff verknoten. Beiseitelegen.

Einen Grill oder eine Grillpfanne auf mittlere bis hohe Temperatur erhitzen und die ungeschälte Knoblauchknolle, die Zwiebeln und den Ingwer 15 Minuten lang grillen, bis sie rundum dunkel geworden sind, dabei öfter wenden. Etwas abkühlen lassen und die verkohlten Schalen entfernen, danach grob hacken. So werden Knoblauch, Zwiebeln und Ingwer süß-aromatisch.

Den Ochsenschwanz, die Rinderknochen, die Rinderbrust und 6 l kaltes Wasser in einen Suppentopf geben und zum Kochen bringen. Während die Brühe kocht, 15 Minuten lang ständig den Schaum von der Oberfläche schöpfen, dann die Wärmezufuhr auf ein Köcheln reduzieren. Die Fischsauce, den restlichen TL Salz, den Kandiszucker, den Knoblauch, den Ingwer und das Gewürzsäckchen dazugeben. Zudecken und 4 Stunden lang köcheln lassen. Die Brühe durch ein Musselintuch in einen anderen Topf passieren. Die Rinderbrust herausnehmen und zum Abkühlen beiseitestellen, danach dünn schneiden. Möglicherweise vorhandenes Fett von der Brühe schöpfen und wegwerfen.

Die Nudeln auf acht gleiche Portionen aufteilen. Jeweils eine Portion davon 20 Sekunden lang in kochendem Wasser blanchieren. Abgießen und in eine Servierschüssel geben. 3 oder 4 Scheiben Rinderbrust auf die Nudeln legen, danach 3 oder 4 Stücke rohes Rinderfilet. Die heiße Brühe dann so über die Nudeln und das Fleisch gießen, dass diese vollständig davon bedeckt sind. Jede Schüssel mit 1 EL Frühlingszwiebelscheiben, einer Prise Pfeffer und einem Korianderzweig garnieren. Am Tisch die Bohnensprossen, das Thai-Basilikum, den Chili und einen Spritzer Limettensaft dazugeben.

FÜR 8 PERSONEN

ZUTATEN

4 EL Salz

1 kg Ochsenschwanz, in 3 cm lange Stücke geschnitten

1 Knoblauchknolle, ungeschält

4 große Zwiebeln, ungeschält

150 g Ingwer, ungeschält

1 kg Rinderknochen

2 kg Rinderbrust

185 ml Fischsauce

80 g Kandiszucker

1,6 kg frische Reisnudeln, 1 cm breit (etwa 200 g pro Person)

400 g in dünne Scheiben geschnittenes Rinderfilet,

4 Frühlingszwiebeln, in Ringe geschnitten

frisch gemahlener, schwarzer Pfeffer

Korianderzweige (Cilantro) zum Garnieren

230 g Bohnensprossen

1 Bündel Thai-Basilikum

2 Vogelaugenchilis (Peperoncini), in Scheiben geschnitten

etwas frisch gepresster Limettensaft

GEWÜRZSÄCKCHEN

2 TL Koriandersamen

2 TL Sichuanpfefferkörner

2 TL Kreuzkümmelsamen

2 TL Fenchelsamen

8 Gewürznelken

5 Sternanise

1 großes Stück Kassiarinde, 2 x 10 cm groß

1 TL schwarze Pfefferkörner

1 großes quadratisches Musselintuch, 40 cm

TÔM CHIÊN QUẾ
Zimtkrabben aus der Pfanne

ZUTATEN

1 EL Fischsauce
1 TL Austernsauce
2 TL Zucker
¼ TL gemahlener Zimt
¼ TL gemahlener Kreuzkümmel
   (ich verwende gerne Ayam)
300 g rohe große Krabben (Shrimps),
   geschält und entdarmt,
   die Schwänze nicht entfernt
2 EL Pflanzenöl
1 großes Stück Ingwer, geschält und
   dünn geschnitten, 2 cm
2 TL Knoblauch, gehackt
2 Thai-Schalotten, gehackt
6 Frühlingszwiebeln, in 5 cm
   lange Stücke geschnitten
1 langer roter Chili,
   in Scheiben geschnitten
gedämpfter Jasminreis zum Servieren

ZUBEREITUNG

Die Fischsauce, die Austernsauce, den Zucker, den Zimt, den Kreuzkümmel und das Currypulver in einer Schüssel vermischen. Die Krabben dazugeben und gut schwenken. Dann abdecken und 10 Minuten lang zum Marinieren in den Kühlschrank stellen.

Das Öl in einer großen Bratpfanne bei hoher Temperatur erhitzen. Den Ingwer, den Knoblauch und die Schalotten dazugeben und 1 Minute lang braten, bis das Aroma aufsteigt. Die Krabben hineingeben und auf jeder Seite 1 Minute lang garen. Die Frühlingszwiebel und 2 EL Wasser hinzufügen und noch einmal eine Minute lang schwenken. Auf einen Servierteller geben und mit dem Chili garnieren. Mit gedämpftem Jasminreis servieren.

FÜR 4–6 PERSONEN ALS MENÜBESTANDTEIL

BÒ QUANH LỬA HỒNG

Gegrilltes Rindfleisch aus dem Tontopf

ZUBEREITUNG

Die Fischsauce, das Knoblauchöl, das Sesamöl, den Zucker und den Pfeffer in eine Schüssel geben und umrühren, bis sich der Zucker aufgelöst hat. Das Rindfleisch in der Marinade schwenken, zudecken und 20 Minuten lang stehen lassen.

Wasser in einem Kochtopf zum Kochen bringen, die Fadennudeln hineingeben und nochmals aufkochen lassen. Nach 5 Minuten die Wärmezufuhr abstellen und die Fadennudeln weitere 5 Minuten ziehen lassen. In ein Sieb schütten und unter kaltem Wasser abschrecken, dann abtropfen lassen. Bei diesem Rezept ist es am besten, die Nudeln mindestens 30 Minuten lang im Sieb zu belassen, denn so können die Nudeln trocknen und kleben ein wenig aneinander. Die Kräuter, die Gurke und die Bohnensprossen auf einen großen Teller legen. Den Kräuterteller, die Fadennudeln, das Reispapier und kleine Schüsseln mit Fischsauce auf den Esstisch stellen.

Das Fleisch wird in einem Tontopf zubereitet, wobei die Zutaten in zwei Portionen aufgeteilt werden müssen. Die Innenseite des Topfes mit dem Rindfleisch auskleiden, danach etwas Zwiebel und eine Scheibe Tomate hineingeben. Diesen Vorgang so lange wiederholen, bis die erste Hälfte der Zutaten aufgebraucht ist. Den Tontopf auf einen feuerfesten Teller in die Mitte des Tisches stellen. 3 EL Brennspiritus auf den Teller unter dem Topf gießen, den Rest für die Zubereitung der zweiten Portion zurückbehalten. Den Brennspiritus anzünden. Abwarten, bis dieser abgebrannt ist, was etwa 4 Minuten dauert. Das Fleisch sollte nur leicht durchgegart – und somit servierfertig sein.

Für die Zubereitung der Rollen 6 Blätter vom Reispapier in der Mitte durchschneiden. Eine große Schüssel mit warmem Wasser füllen und ein ganzes Reispapierblatt kurz hineintauchen, bis es etwas weicher geworden ist, dann flach auf einen Teller legen. Ein halbes Blatt vom Reispapier in das Wasser tauchen und es gerade in die Mitte des runden Blattes legen; die Rolle wird so stabiler. Etwas Rindfleisch, die Fadennudeln, die Bohnensprossen, die Gurke, die Zwiebel, die Tomate und die Gewürze in die Mitte des Reispapiers legen. Fest zusammenrollen und mit der Fischsauce zum Tunken servieren.

FÜR 4–6 PERSONEN ALS MENÜBESTANDTEIL

ZUTATEN

2 EL Fischsauce
2 EL Knoblauchöl (Seite 306)
1 TL Sesamöl
1 EL Zucker
1 TL frisch gemahlener, schwarzer Pfeffer
500 g Rinderfilet, pariert und in feine Scheiben geschnitten
500 g trockene Reisfadennudeln
1 Bund Perilla
1 Bund Vietnamesischer Koriander
1 Bund Minze
1 Bund Koriander (Cilantro)
1 libanesische Gurke, gestiftelt
50 g Bohnensprossen
24 getrocknete, runde Reispapierkreise, 22 cm Ø
125 ml Fischsauce zum Tunken (nuoc mam cham) (Seite 305)
1 Zwiebel, dünn geschnitten
1 Tomate, halbiert und dünn geschnitten
6 EL Brennspiritus, um unter dem Tontopf ein Feuer anzumachen (alternativ Reiswein mit hohem Alkoholanteil verwenden)

Die 150 Jahre alte Metzgerei von Frau Chan

SCHON SEIT ZWANZIG MINUTEN LAUFE ICH ziellos in der sengenden Hitze die Hang Bong Straße auf und ab und suche verzweifelt nach Madame Delphines Lieblingsmetzgerei. Ich bin beinahe drauf und dran, aufzugeben. Da nehme noch einen ordentlichen Schluck Wasser, schütte mir den Rest über den Kopf und schaue zu, wie der Dampf von meinen Schultern aufsteigt. Genau in dem Moment fällt mein Blick auf ein kleines Geschäft gegenüber, es wird flankiert von zwei Kunsthandwerksläden, und vor der Eingangstür stehen zwanzig Menschen Schlange. Auf dem Schild darüber steht geschrieben: »Quoc Huong«. Endlich, ich habe es gefunden! Auf dem Tresen stapeln sich in Bananenblätter eingewickelte Schweineterrinen, die Regale dahinter sind voll von getrocknetem Schweinefleisch und jeder nur erdenklichen Art von Eingelegtem. Tabletts mit Mayonnaise und Behälter mit Schweine- und Leberpasteten stehen auf Tabletts. Einige legen sich einen großen Vorrat an Pasteten zu, andere kaufen ein paar geräucherte Fischküchlein oder einen Snack aus getrocknetem Rindfleisch. Das Geschäft hat Charme. Im hinteren Bereich befindet sich eine Küche, dort stehen alte Öfen auf Bänken, daneben stapeln sich Bambuskörbe und Siebe in die Höhe, Behälter mit Gewürzen und Zutaten stehen auf jedem nur möglichen freien Platz am Boden. Auf tragbaren Gasöfen stehen Woks, aus denen es zischt und köchelt. Ich bin neugierig, was da so schmort.

Eine ältere Frau steht hinter der Theke und begrüßt jeden ihrer Kunden mit Namen. Es ist Frau Chan. Stolz erzählt sie, dass ihr Laden, ein kleiner Familienbetrieb, schon über 150 Jahre alt ist und von Generation zu Generation weitergegeben wird. Sie stellt mich ihren beiden Söhnen und den drei Töchtern vor. Ich fühle die Begeisterung, mit der alle diesen wunderbaren Laden betreiben.

Die älteste Tochter verrät mir, was in den Woks gart: Es ist getrocknetes Rindfleisch nach einem uralten Familienrezept. »Das Fleisch wird zuerst über Nacht in unserer geheimen Kräuter- und Gewürzmischung eingelegt. Dann köchelt die Brühe eine Stunde lang. Nach einem ersten Abkühlen schneiden wir das Fleisch sehr dünn, danach gart es weitere anderthalb Stunden lang im Wok. Abschließend wird es zwei Stunden lang bei niedriger Temperatur auf die Öfen gestellt und zum Schluss in unseren Kräutern geschwenkt.«

Sie reicht mir ein kleines Stück zum Probieren. Seine Beschaffenheit ist zart und weich, Saures und Süßes haben eine gute Balance und die Gewürze sind sehr gut ausgewogen. Sie erzählt, dass diese Sorte Rindfleisch zum baldigen Verzehr bestimmt ist. Man solle es unter grünen Papayasalat mischen oder einfach nur als Snack genießen und der darin enthaltenen Kräuter wegen sei es auch gut gegen Halsschmerzen.

Ihre Mutter reicht mir ein altes Familienfoto herüber, sie kichert wie ein Schulmädchen. »Das bin ich, da war ich erst ein paar Jahre alt«, sagt sie und zeigt auf ein kleines Mädchen auf dem Foto. »Und die Frau, die mich auf dem Arm hält, ist meine Tante. Sie ist jetzt 103 Jahre alt und noch immer rüstig. Da siehst du einmal, wie gesund du durch das richtige Essen bleiben kannst!«

Ich frage, ob die Familie vor 150 Jahren schon Pasteten oder Schweineterrinen zubereitet hat, oder ob diese mit den Franzosen ins Land gekommen sind. Sie weiß es nicht genau und ruft nach ihrer Tante. »Meine Tante meint, dass die Familie schon immer Terrinen und getrocknetes Fleisch gemacht hat, die Pastete jedoch erst sehr viel später dazukam, etwa zu der Zeit, als die Franzosen im Land waren.«

Pasteten – und sie begleitend Baguettes – sind in der vietnamesischen Küche zu einem derart wichtigen Bestandteil geworden, dass ich mir das Leben ohne sie nur schwer vorstellen kann …

In Vietnam gibt es anscheinend an jeder Straßenecke Pasteten. Dazu gehört immer ein weiteres kulinarisches Vermächtnis der Franzosen, ein Baguette.

PATÊ GAN GÀ HEO
Pastete mit Huhn- und Schweineleber

ZUBEREITUNG

Das Fett und die Sehnen von der Leber entfernen. Die Schweineleber so zurechtschneiden, dass sie zur Größe der Hühnerleber passt. Unter kaltem Wasser reinigen, gut mit Küchenkrepp abtrocknen und beiseitestellen.

Zwei TL von der Butter in einer großen Bratpfanne bei mittlerer Temperatur erhitzen. Wenn die Butter Blasen bildet, die Hälfte der Leber hineingeben und 1–2 Minuten lang anbraten, bis sie braun geworden ist. Dann alles wenden und auf der anderen Seite 1–2 Minuten lang braten, dabei darauf achten, dass die Leber innen noch rosa ist. Herausnehmen und auf einen Teller legen, diesen Vorgang noch einmal mit etwas Butter und der restlichen Leber wiederholen.

Einen weiteren EL Butter in die Pfanne geben und das Schweinehack vorsichtig 2 Minuten lang garen, bis es durchgebraten, aber noch nicht braun geworden ist. Herausnehmen und beiseitestellen. Die Pfanne mit Küchenkrepp auswischen, dann 2 TL Butter hineingeben und die Schalotten 5 Minuten lang vorsichtig anbraten, bis sie etwas karamellisiert sind. Die Wärmezufuhr erhöhen, dann die Leber und das Schweinefleisch hineingeben, den Brandy oder den Cognac hineinschütten und den Alkohol anzünden. Wenn die Flamme ausgeht, die Lebermasse in einen Mixer geben und sehr fein pürieren. Bei laufendem Motor die restliche Butter und die Sahne dazugeben.

Die Pastete mit dem Zucker, dem Salz und dem weißen Pfeffer würzen. Abschmecken und wenn nötig, noch einmal nachwürzen. In einen Behälter gießen und 2 Stunden lang in den Kühlschrank stellen, oder so lange, bis alles fest ist. Vor dem Servieren aus dem Kühlschrank nehmen und 30 Minuten lang bei Raumtemperatur stehen lassen. Mit Baguettes servieren.

FÜR 4–6 PERSONEN ALS MENÜBESTANDTEIL

ZUTATEN

200 g Schweineleber
200 g Hühnerleber
100 g weiche Butter
100 g Schweinehack
2 Thai-Schalotten, fein gehackt
2 Knoblauchzehen, fein gehackt
2 EL Brandy oder Cognac
4 EL Schlagsahne
1 TL Zucker
2 TL Salz
½ TL frisch gemahlener, weißer Pfeffer
vietnamesische Baguettes zum Servieren

In Hanoi stehen die Menschen stundenlang wegen des geschmorten Schweinebauchs von Frau Chan Schlange, dann nehmen sie ihn mit nach Hause und legen ihn mit etwas Pastete und Mayonnaise in ein frisch gebackenes Baguette.

THỊT BA RỌI ĐỎ

Roter geschmorter Schweinebauch

ZUTATEN

1 kg Schweinebauch ohne Knochen
½ TL chinesische, rote
    Lebensmittelfarbe
4 Knoblauchzehen, fein gehackt
2 EL Sojasauce
1 EL Fünf-Gewürze-Pulver
1 EL Salz
1 l Wasser junger Kokosnüsse

ZUBEREITUNG

Das Schweinefleisch in eine Schüssel geben. Die rote Lebensmittelfarbe mit einem EL kalten Wassers mischen und umrühren, damit sie sich auflöst. Das Schweinefleisch so lange damit bestreichen, bis alles eine schöne Farbe angenommen hat. Den Knoblauch, die Sojasauce, das Fünf-Gewürze-Pulver und das Salz miteinander mischen. Die Masse in das Fleisch einmassieren, dann zudecken und 1 Stunde lang zum Marinieren in den Kühlschrank stellen.

Das Kokosnusswasser in einem großen Kochtopf bei hoher Temperatur zum Kochen bringen. Das Schweinefleisch flach und mit der Haut nach unten auf eine Arbeitsfläche legen, fest vom schmalen Ende her nach oben hin zusammenrollen. Das Fleisch mit einem Bindfaden jeweils im Abstand von 2 cm zusammenbinden, dann in das kochende Kokosnusswasser legen. Den Topf zudecken, die Wärmezufuhr auf niedrige Temperatur zurückdrehen und 1 ½ Stunden lang köcheln lassen, bis das Fleisch zart ist. Während dieser Zeit das Fleisch in regelmäßigen Abständen wenden.

Wenn das Schweinefleisch gar ist, in der Flüssigkeit erkalten lassen und das Fleisch in so viele Scheiben schneiden, wie benötigt werden. Mit Reis, Fadennudeln und in einem frischen vietnamesischen Baguette servieren. Im Kühlschrank hält sich das Schweinefleisch bis zu 4 Tage.

FÜR 4–6 PERSONEN ALS MENÜBESTANDTEIL

Frau Chan hat in ihrer Fleischerei viele Variationen von cha lua *im Angebot. Einige duften nach Kassiarinde, in einigen sind Pfefferkörner enthalten und wieder andere müssen gebraten werden.* cha lua *wird auch als vietnamesische Mortadella bezeichnet. Man kann sie als Belag auf ein Baguette legen, als Aufschnitt oder zu gedämpften Reisnudeln essen.*

CHẢ LỤA

Schweineterrine

ZUBEREITUNG

Das Salz in einem trockenen Wok bei mittlerer Temperatur einige Minuten lang rösten. Das Schweinefleisch, die Fischsauce und das Salz in einen Mixer geben und so lange zerkleinern, bis sich eine feine Paste gebildet hat.

Das Bananenblatt 5 Minuten lang in Wasser einweichen, abtupfen und flach auf eine Arbeitsfläche legen. Das Blatt der Länge nach in zwei Hälften schneiden, dann den harten Stängel herausschneiden und wegwerfen. Ein Bananenblatt quer über das andere legen. Die Schweinefleischmasse in die Mitte legen und alle Ränder umschlagen, damit ein festes Paket entsteht. Mit Bindfaden verschnüren.

In einem Kochtopf gesalzenes Wasser zum Köcheln bringen. Das Paket ins Wasser legen und 1 Stunde lang darin garen. Aus dem Topf nehmen und abkühlen lassen, dann das Bananenblatt entfernen und vor dem Servieren das Schweinefleisch schneiden. Als Füllung in vietnamesischen Baguettes oder als Bestandteil einer Fleischplatte servieren. Im Kühlschrank hält sich die Terrine bis zu einer Woche frisch.

FÜR 4–6 PERSONEN ALS MENÜBESTANDTEIL

ZUTATEN

1 EL Meersalz

1 kg Schweinekeule, gehackt (den Metzger bitten, das Fleisch durch den Wolf zu drehen, damit es so fein wie möglich ist)

2 ½ EL Fischsauce

1 großes Bananenblatt

Meisterkoch Didier Corlou

ES IST 17:00 UHR AM NACHMITTAG UND DIE
Sonne geht unter. Das ist die beste Zeit für einen
Besuch bei einem Koch: Das Mittagessen ist vorbei
und die Vorbereitungen für das Abendessen sind fast
abgeschlossen. Der Abendhimmel leuchtet in einem
überwältigenden Dunkelrosa und eine der seltenen
kühlen Brisen liegt in der Luft, also gehe ich zu Fuß.
Ich bin unterwegs, um Didier Corlou zu treffen, einen
Meisterkoch, der eigentlich aus Frankreich, genauer
gesagt aus der Bretagne kommt.

Didiers Restaurant, das berühmte La Verticale,
liegt an der von Bäumen gesäumten Ngo Van So Straße, nicht weit entfernt vom Stadtzentrum. Beim Betreten bleibt mir angesichts dessen, was ich dort sehe,
der Mund offen stehen. Das Restaurant ist traumhaft
schön und befindet sich in einer vierstöckigen, klas-
sisch französischen Jugendstilvilla. Ein Gebäude mit
einer langen Geschichte und sehr viel Charme!

Beim Betreten des Vorraums nehme ich den
aromatischen Duft von Gewürzen wahr. Ich komme
mir vor wie in einer asiatischen Apotheke, denn ich
stehe inmitten von riesigen Zimtrollen, Krügen voller
Sternanis, Sichuanpfeffersorten und Koriandersamen.
Dort befindet sich auch ein Sortiment von gereiften
Fischsaucen, rosafarbigem *nuoc-mam*-Salz, *phu-
quoc*-Pfeffern, selbst gemachtem Ziegenkäse, eine
Ansammlung von Currypulver in Reagenzgläsern und
Regale voll mit Kochbüchern von Didier. Im Gebäude
befinden sich noch die Originalkacheln an den Wänden. Didiers Küche ist das einzige Moderne, das zu
sehen ist. Schon von Weitem sehe ich ihn, er wird von
einem Kamerateam gefilmt. Er hält inne und signali-
siert mir, dass es nicht mehr lange dauern wird.

Minuten später begrüßt er mich und fragt, ob ich
ein Glas Wein haben möchte. Er sieht erschöpft aus,
aber sein Elan ist ansteckend. Er hat einen starken
französischen Akzent und spricht mit Schallgeschwin-
digkeit. »In den vergangenen drei Tagen hatte ich
zwei Kamerateams aus Frankreich hier. Wir haben
die Märkte besucht, bei Straßenhändlern gegessen
und morgen fahre ich nach Quy Nhon, um mit Fisch-
lieferanten zu reden«, sagt er fast ohne Atempause.
»Ich habe vor ein paar Monaten erst mein neuestes
Restaurant, das Madame Hien eröffnet, es ist größer,
geschäftiger, immer geöffnet und ich muss dort noch
immer nach dem Rechten sehen, aber das ist gut so.
Ich habe einen Auftrag für das französische Konsulat
heute Abend und arbeite an einem neuen Menü. Also
… wie geht es dir?«

Wir reden ein wenig über das Leben im Allgemei-
nen, dann spreche ich das an, weswegen ich gekommen bin: Ich bitte ihn darum, mir zu erzählen, was
ihn nach Vietnam verschlagen hat.

»Ich bin jahrelang Chefkoch in den Pullmann Hotels in Frankreich gewesen, dann bin ich 1991 nach
Hanoi versetzt worden, um die neuen Restaurants
im Sofitel Metropole aufzubauen. Dort habe ich dann
15 Jahre lang gearbeitet und schließlich mein eigenes
Restaurant eröffnet. Anfangs machte ich die französische Küche in Vietnam bekannt, kreuzte französische
Saucen mit vietnamesischen Aromen, aber die Jahre
vergingen und die vietnamesische Küche entwickelte
sich weiter, und heute bin ich der Ansicht, dass die
vietnamesische Art zu kochen meine Weise französisch zu kochen beeinflusst.

Ich habe schon auf der ganzen Welt gearbeitet
und überall gekocht, aber nichts geht über Vietnam.
Gleich bei meiner Ankunft habe ich mich in das
Land verliebt. Die Leute hier sind so unglaublich
freundlich, es gibt so schöne Landschaften, Obst und
Gemüse sind ausgesprochen frisch, es gibt eine starke
Kultur und die Lebensmittel … also … wie soll ich
das denn sagen, es sind die besten auf der Welt! Ich
denke, dass sich beide Küchen recht ähnlich sind:

sowohl die französische als auch die vietnamesische Küche verwendet sehr gerne zarte Aromen, konzentriert sich auf frische Ware und verwendet ähnliche Dinge: Innereien, Aal, Frösche, Räucherschinken, geräucherte Wurst und sogar Schnecken. Beide Küchen harmonieren sehr gut miteinander.«

Ich frage ihn nach der *pho*-Nudelsuppe und ob sie französischen Ursprungs ist. Didier meint, dass er vor vielen Jahren eine Reihe Seminare zur *pho* gehalten und eine Broschüre herausgegeben hat, die das Thema des möglichen Ursprungslandes dieser Suppe zum Thema hat. Die *pho* ist eine Suppe, sie wird mit Nudeln, Consommé, fein geschnittenem Rindfleisch, und manchmal auch mit Zwiebeln gegessen. Zu jedem Essen bekommt man Fischsauce, Chili, frische Kräuter und Gewürze sowie einen Spritzer Zitronensaft. Ursprünglich gab es die *pho* nur zum Frühstück

Nachdem ich Didiers Broschüre auszugsweise gelesen habe, hat sich mein Respekt ihm gegenüber noch einmal verzehnfacht. Ich habe nie zuvor einen Menschen kennengelernt, der so sachkundig ist und der vietnamesischen Küche mit so viel Leidenschaft begegnet wie er. Ich könnte die ganze Nacht lang mit ihm plaudern, aber Didier muss wieder zurück in die Küche. Anstatt gleich fortzugehen, entschließe ich mich, zum Abendessen hierzubleiben. Ich steige die Wendeltreppe hinauf in den großen Speisesaal, werfe einen Blick auf die an der Wand hängenden gerahmten Schwarz-Weiß-Bilder von Didiers bretonischer Familie, seiner aus Hanoi stammenden Frau, ihren beiden Kindern und den vietnamesischen Schwiegereltern. Es fällt mir auf, dass sein neues Restaurant, das Madame Hien, nach seiner Schwiegermutter benannt ist. Ich sitze alleine in einer ruhigen Ecke.

Wie ich schon befürchtet hatte, ist die Herkunft der Suppe nicht bekannt …

und in Hanoi kam sie nur sonntags oder wenn jemand krank war auf den Tisch, heute wird sie aber zu allen Tageszeiten gegessen.

Wie ich schon befürchtet hatte, ist die Herkunft der Suppe nicht bekannt und niemand scheint genau zu wissen, ob sie eine vietnamesische Erfindung ist oder aus einer Mischung kulinarischer Traditionen hervorgegangen ist. Didiers Broschüre erläutert, dass Nguyen Dinh Rao, der Präsident des Gastronomieverbandes der Unesco in Hanoi darauf beharrt, dass die *pho* in Nam Dinh Stadt erfunden wurde. Er behauptet, dass zu Beginn des 20. Jahrhunderts dort eine Textilindustrie aufgebaut wurde und dass viele Arbeiter sowie die französischen und vietnamesischen Soldaten, die in die Stadt gekommen waren, etwas zu essen haben wollten, das nicht so rustikal war wie die traditionellen Suppen aus der Region. Eine Theorie besagt, dass das Wort *pho* eine Abwandlung des französischen Wortes *feu* ist, was Feuer bedeutet. Andere wiederum sind der Meinung, die *pho* sei vom französischen Gericht *le pot au feu* inspiriert worden.

Auf dem Tisch befinden sich nicht nur ein Weinglas, Messer und Gabel, es sind dort auch Essstäbchen, Salz, Pfeffer, gemahlener Chili, Sternanis und schwarzer Kardamon. Genau wie im Kochstil Didiers spiegeln sich in diesem Raum die Einflüsse von Vietnam und von Frankreich wieder. Die alten Kacheln und steinernen Säulen passen zu den roten Holzstühlen und zur zeitgenössischen vietnamesischen Kunst. Ich muss das Essen gar nicht erst bestellen, es wird in langsamer Reihenfolge an den Tisch gebracht: Rollen aus Kokosnussreispapier mit Schnittlauch und schwarzen Trüffeln; Artischocken aus Dalat mit Muscheln und einem Vinaigrettedressing, Seebrassenfilet in süßem Chili, Bok Choy mit frischem Sternanis sowie Schafskäse mit Trüffeln und Sprossen mariniert, in Likör aus Blütenstaub. Die Gerichte sind wirklich außergewöhnlich angerichtet, die Ausgewogenheit von Aromen und Texturen unglaublich und das koloniale Ambiente berauschend. Meiner Meinung nach stellt das die perfekte Verkörperung der Evolution in der vietnamesischen Küche dar.

Didier war mehr als fünfzehn Jahre lang Chefkoch des Sofitel Metropole in Hanoi gewesen. Während dieser Zeit hat ihn seine Arbeit auch nach Dalat geführt. Dort begann er sich für Kräuter, Gewürze und Gemüse zu begeistern.

ATISÔ CON SÒ
Artischocken aus Dalat mit Muscheln in Vinaigrette

ZUTATEN

3 Artischocken,
   Spitzen und Stiel abgeschnitten
2 EL Olivenöl
50 g Butter
2 Thai-Schalotten, fein gehackt
1 kg Muscheln (Vongole) mit Schalen
2 ½ EL Crème double
2 ½ EL Weißwein
1 EL Senf mit Körnern
10 Blätter glatte Petersilie, gehackt
1 EL Sherryessig
vietnamesische Baguettes
   zum Servieren

ZUBEREITUNG

In einem großen Kochtopf Wasser zum Kochen bringen. Die Artischocken hineingeben, mit einem Teller beschweren, damit sie im Wasser eingetaucht bleiben, und 45 Minuten lang garen lassen. Die Artischocken sind fertig, wenn ein Blatt leicht abgezupft werden kann.

In der Zwischenzeit eine Bratpfanne bei mittlerer Temperatur erhitzen, das Olivenöl und die Butter hineingeben. Sobald die Butter Blasen bildet, die Schalotten hineinlegen und 1 Minute lang braten, dann die Muscheln dazugeben und 1 Minute lang umrühren, damit sie von der Buttermischung ummantelt sind. Die Sahne, den Weißwein und den Senf dazugeben und mit Salz und Pfeffer würzen. Die Muscheln 4 Minuten lang garen, oder so lange, bis sie sich geöffnet haben. Alle geschlossenen Muscheln wegwerfen.

Die Muscheln aus der Sauce nehmen und beiseitestellen. Die Sauce so lange kochen lassen, bis nur noch die Hälfte übrig ist, dann die Petersilie und den Essig hineingeben und noch einmal 2 Minuten lang kochen lassen.

Die äußeren Blätter der Artischocke entfernen und wegwerfen, weil sie normalerweise zäh sind, dann die restlichen Blätter abzupfen und den Rand von vier hohen Schüsseln innen damit auskleiden. Die Muscheln jeweils in die Mitte der Schale legen und die Sauce darüberschütten. Die Artischockenherzen halbieren und als Beilage reichen. Mit Baguettes servieren.
FÜR 4 PERSONEN ALS VORSPEISE.

In diesem Gericht spiegelt sich Didiers Kochkunst wider: Es ist delikat und elegant; eine hervorragende französisch-vietnamesische Melange.

CỦ HŨ DỪA NẤM CỤC CUỐN

Palmherzrollen mit Schnittlauchblüte und Trüffel

ZUBEREITUNG

Von den Palmherzen sechs Scheiben von jeweils 2 cm Dicke schneiden und beiseitestellen. Die restlichen Palmherzen in feine Stifte schneiden und mit den geraspelten Trüffeln, dem Trüffelöl, dem Zitronensaft und dem Schnittlauch 10 Minuten lang zum Marinieren beiseitestellen, dann abschütten.

Eine große Schüssel mit warmem Wasser füllen und dann ein Reisblatt kurz in das Wasser tauchen, bis es gerade eben weich geworden ist, dann das überschüssige Wasser abtropfen lassen und flach auf einen Teller legen. Eine Trüffelflocke in die Mitte des Reispapiers legen und die Palmherzen sowie die Trüffelmischung darauf platzieren. Das Reispapier über der Füllung einschlagen, dann zu einer festen Rolle formen. Kurz vor Beendigung des Rollvorganges eine Schnittlauchblüte in das Reispapier einrollen, bis sie nur noch zur Hälfte herausschaut. Diesen Vorgang mit allen Rollen wiederholen.

Jedes Röllchen mit einem runden Stück Palmherz servieren, den Teller mit ein paar Schnittlauchblüten, etwas Meersalz und grünen Pfefferkörnern dekorieren.

FÜR 6 PERSONEN ALS VORSPEISE

ZUTATEN

600 g frische Palmherzen
   (oder aus der Dose)
40 g schwarze Trüffeln
   (6 Flocken abschneiden
   und den Rest fein raspeln)
1 EL Trüffelöl
Saft von 1 Zitrone
1 EL Schnittlauch, gehackt
6 trockene runde Reispapierblätter
   (22 cm Ø)
6 Schnittlauchblüten
6 Schnittlauchblüten,
   nur die Blütenblätter
Meersalz und grüne Pfefferkörner

Die erste Reaktion der meisten Menschen auf eine pho mit Lachs ist etwa so: »Machst du Witze?« Sie schmeckt aber wirklich gut und ist nicht so zeitaufwendig wie die Zubereitung einer traditionellen pho.
Nur Didier hat den Mut, mit einem solchen Gericht aufzuwarten!

PHỞ CÁ HỒI
Pho-Nudelsuppe mit Lachs

LACHSBRÜHE
4 Schalotten, ungeschält
50 g Ingwer, ungeschält
500 g Lachsgräten und -köpfe
3 Sternanis
1 Zimtstange
3 Stängel Zitronengras,
    der Länge nach halbiert
100 ml Fischsauce
2 EL Zucker
½ TL Salz

600 g Lachsfilet, Haut und Gräten
    entfernt (die Hälfte vom Lachs in
    6 gleich große Stücke geschnitten
    und der Rest fein geschnitten)
400 g dünne frische Reisnudeln
6 Frühlingszwiebeln, fein geschnitten
6 Korianderzweige (Cilantro)

ZUBEREITUNG
Für die Zubereitung der Lachsbrühe einen Grill auf mittlere bis hohe Temperatur erhitzen, die Schalotten und den Ingwer 15 Minuten lang garen, oder so lange, bis sie rundum dunkel geworden sind, dabei mehrmals wenden. Etwas abkühlen lassen und danach die schwarzen Schalen entfernen, die Zwiebeln grob hacken. So entfalten die Schalotten und der Ingwer ihr besonderes Aroma.

2 l Wasser, die Gräten und den Kopf vom Lachs, die Schalotten, den Ingwer, den Sternanis, die Zimtstange und das Zitronengras in einen Topf geben. Aufkochen lassen, und nach 5 Minuten die Wärmezufuhr auf ein leichtes Köcheln reduzieren. 25 Minuten lang köcheln lassen. Die Fischsauce, den Zucker und das Salz dazugeben und wieder zum Kochen bringen, allen Schaum, der an die Oberfläche steigt, abschöpfen und die Wärmezufuhr verringern und noch einmal 20 Minuten lang köcheln lassen. Die Temperatur wieder erhöhen und die 6 Lachsstücke zu der Flüssigkeit in den Topf geben. Drei Minuten lang kochen lassen, bis sie gerade eben gar sind, dann mit einem Schaumlöffel aus der Flüssigkeit holen, beiseitestellen und die Wärmezufuhr abstellen. Die Brühe durch ein Musselintuch in einen anderen Topf passieren. Die festen Bestandteile wegwerfen, den Zitronengrasstängel jedoch zurückbehalten. Die Brühe wieder auf mittlere Temperatur stellen.

1 l Brühe in einem Kochtopf bei niedriger Temperatur köcheln lassen und die Reisnudeln in zwei Partien jeweils 20 Sekunden lang blanchieren. Abschütten, dann die Nudeln auf sechs Suppenschüsseln aufteilen. Dazu um den Boden der Schüssel herum 8–10 Scheiben vom dünn geschnittenen Lachs legen, darauf die Nudeln, dann mit den Frühlingszwiebeln, dem Zitronengras und dem Korianderzweig garnieren. Die Brühe in ein Gefäß oder eine Teekanne gießen und diese bei Tisch den Gästen einschenken.
FÜR 6 PERSONEN ALS VORSPEISE

Stephan, Tin und die Grüne Mandarine

ICH HABE NOCH NIE SO ETWAS ERLEBT WIE HANOI AM SAMSTAGABEND.
Die Straßen wimmeln vor Menschen und Motorrädern. Es herrscht Anarchie: Die Motorradfahrer machen einfach, was sie wollen, sie fahren über die Bürgersteige, hupen und drängen Fußgänger vom Weg ab. Einer dieser Passanten bin ich.

Am Samstagabend findet der Nachtmarkt statt. Die Straßen um die Altstadt sind abgesperrt, jetzt können die Straßenhändler nach Belieben ihre Waren aufbauen. Gefälschte Guccistiefel werden neben *nem*-Rollen mit Krabben, Garnelen mit Schweinefleisch, und Froschschenkeln verkauft. Chili und Zitronengras werden in einem Wok neben einem Stand flambiert, der Propagandapostkarten verkauft. Eine Luftballonverkäuferin schiebt sich vorbei und ringt dabei mit Ballons, die so groß sind, dass ich mich frage, weshalb sie eigentlich noch nicht davon in die Luft gehoben wurde. Hier draußen ist eine Menge los und es gibt nichts, was es nicht gibt.

Ich schaffe es, mich aus den Menschenmengen zu befreien und steuere mein Ziel an. Ich habe eine Verabredung mit einem der führenden Restaurantbesitzer in Hanoi und wir wollen uns an einem beliebten Straßenstand treffen.

Stephan und seine Frau Tin sind schon da. Sie sitzen mit einem Bier in der Hand am Straßenrand. Mir fällt auf, dass beide elegant gekleidet sind. Sehr passende Garderobe, denke ich insgeheim, denn das Essen an den Straßenständen ist eine Theatervorstellung. An diesem Stand werden nur zwei Gerichte angeboten: *bo nuong vi*, mariniertes Rindfleisch, das am Tisch zubereitet wird, und *bo sot vang*, in Wein geschmortes Rindfleisch. Hierbei handelt es sich um das französisch inspirierte Gericht, das mir Madame Van empfohlen hat, ich wollte es schon die ganze Woche über probieren.

Ein Junge lässt einen tragbaren Gaskocher auf unseren Tisch plumpsen, zündet ihn an und stellt danach einen schweren Eisenteller darauf, den er erhitzt. Der Kellner bringt einen riesigen Teller mit fein geschnittenem Rindfleisch, das in Knoblauchöl, Sesamöl und Zitronengras mariniert wurde. Es kommt noch ein zweiter Teller, der mit frischen Minzeblättern, Sternfrucht, Bohnensprossen und Reispapier bestückt ist. Wir sitzen im Freien, plaudern, trinken und grillen das Fleisch. Über uns steigt eine dicke Wolke aus wohlriechendem Rauch auf.

Stephan ist französisch-vietnamesischer Abstammung. Er und Tin sind Besitzer des Restaurants Grüne Mandarine an der Hang Be Straße. Das Restaurant befindet sich in einem wunderschön restaurierten französischen Stadthaus. Ich wollte mich mit ihnen

treffen, um etwas über die Familiengeschichte von Stephan und dann auch noch etwas über sein sehr erfolgreiches Restaurant zu erfahren. »Mein Vater war Offizier bei der französischen Armee«, erzählt Stephan. »Er lernte meine Mutter in Hanoi kennen, und dort haben sie schließlich auch geheiratet. Als die Kolonialherrschaft endete, waren meine Eltern gezwungen, in die Bretagne zu gehen, und dort wurde ich dann geboren. Zu Hause sprachen wir nur französisch, man verbot uns, vietnamesisch zu sprechen. Nur wenn meine Eltern stritten und sich ein Wortgefecht lieferten, wurde vietnamesisch gesprochen. Deshalb glaubten wir, es handele sich um eine hässliche Sprache und wollten sie erst nicht lernen.

Schließlich führte mich meine Arbeit nach Hanoi. Zu dieser Zeit hatte ich bereits zwei Jahre in Vietnam gelebt und jede Sekunde davon genossen. Eines Abends besuchte ich mit meinen Freunden ein Restaurant, in dem es eine fantastische Küche gab. Das war für mich neu und aufregend. Das Essen schmeckte köstlich und das Restaurant war sehr gut geführt. Es war im Besitz von Tin und ihrer Familie, dort sind wir uns begegnet. Wir hegen beide die gleiche Leidenschaft für das Essen – und füreinander. Kurz danach haben wir geheiratet. Nachdem ich mich mehr und mehr für das Kochen begeisterte, habe ich meine Stelle gekündigt und immer öfter all die wunderbaren Gerichte zubereitet, die meine Eltern in

... habe ich meine Stelle gekündigt und immer öfter die wunderbaren Gerichte zubereitet, die meine Eltern in Frankreich zubereitet hatten ...

Wir wussten nichts über Vietnam und die Herkunft unserer Mutter, zudem hatte man uns verboten, danach zu fragen.

Das einzig Gute, das wir von Vietnam kannten, war das Essen. Meine Eltern kochten jeden Tag mit französischen Zutaten und bereiteten daraus authentische vietnamesische Gerichte zu. Als ich älter wurde, fragte ich mich, warum man es uns nicht erlaubte, vietnamesisch zu sprechen, wir aber dennoch jeden Tag vietnamesische Gerichte aßen. Ich wollte etwas über meine Herkunft erfahren und rebellierte. Bei Familientreffen fragte ich meine Onkel, Tanten und die Großeltern nach der Kultur und den Traditionen Vietnams. Wenn wir alle im Kreis der Familie zusammenkamen, wurde sehr deutlich, dass dort die vietnamesische Kultur stärker vertreten war als die französische. Warum also schwiegen alle?

Im Jahr 1993 nahm ich eine Arbeitsstelle als Biotechniker an. Wir gingen nach Vietnam, um die Menschen auf Hepatitis und HIV zu untersuchen. Meine Familie verbot mir, dorthin zu reisen, aber jeder tut doch immer gerade das, was verboten ist.

Frankreich zubereitet hatten. Ich habe sie neu interpretiert und aus Frankreich importierte Zutaten für vietnamesische Gerichte verwendet. Dann kam uns die Idee für die Grüne Mandarine. Tins Mutter streift jeden Morgen um 4:00 Uhr früh über die Märkte, um die Zutaten zu finden, die so frisch wie möglich sind. Wie die vietnamesische Küche als solche, so entwickelt sich auch die Grüne Mandarine immer weiter.

Der nächste Gang wird serviert und Stephan breitet die Arme weit aus, als ob er mich umarmen wollte. »Das Essen an den Straßenständen ist das Größte!«, sagt er, als der Kellner einen Korb mit frischen Baguettes und einzelne Schalen mit *bo sot vang* vor uns hinstellt. Die Sauce ist sämig und hat von Rotwein und Annatto einen kräftigen Farbton. Wir können dem Aroma von Sternanis, Zimt und Fünf-Gewürze-Pulver nicht widerstehen. Schnell greifen wir nach den Baguettes, reißen sie in Stücke und tunken sie in die Sauce. Das Rinderfilet ist saftig und zart, denn es wurde stundenlang gegart, deshalb schmeckt es raffiniert und sehr lecker. Wirklich ein königliches Gericht und wir speisen wie bei Hofe.

BÒ NƯỚNG VỈ
Gegrilltes Rindfleisch in Marinade, am Tisch zubereitet

ZUTATEN

500 g Rinderfilet, pariert und in sehr
  dünne Scheiben geschnitten
  (6 x 4 cm)
500 g trockene Reisfadennudeln
2 EL Frühlingszwiebelöl (Seite 305)
1 kleine Zwiebel, dünn geschnitten
1 TL geröstete Sesamsamen
1 Bund Perilla
1 Bund Vietnamesischer Koriander
1 Bund Minze
1 Bund Koriander (Cilantro)
50 g Bohnensprossen
2 Sternfrüchte, dünn geschnitten
18 trockene Reispapierkreise
  zum Einwickeln (22 cm Ø)
125 ml Fischsauce zum Tunken
  (nuoc mam cham) (Seite 305)

MARINADE

1 EL Sojasauce
2 EL Knoblauchöl
½ TL Sesamöl
1 Stängel Zitronengras,
  nur das Weiße, fein gehackt
3 Knoblauchzehen, gehackt
1 TL Fünf-Gewürze-Pulver
2 EL Zucker
1 TL Salz
1 TL frisch gemahlener,
  schwarzer Pfeffer

ZUBEREITUNG

Die Zutaten für die Marinade in eine Schüssel geben und rühren, bis der Zucker aufgelöst ist. Das Rindfleisch hinzufügen und schwenken, damit es von der Marinade ummantelt ist. Abdecken und 30 Minuten lang zum Marinieren in den Kühlschrank stellen.

In einem Topf Wasser zum Kochen bringen. Die Nudeln hineingeben und noch einmal aufkochen. Fünf Minuten lang kochen lassen, die Wärmezufuhr abschalten, die Nudeln noch einmal 5 Minuten lang im Wasser stehen lassen. Danach in ein Sieb gießen und unter kaltem Wasser abschrecken, dann abtropfen lassen. Am besten die Fadennudeln mindestens 30 Minuten vor dem Rollen zubereiten, so können sie etwas trocknen und kleben aneinander.

Eine Lage Rindfleisch auf einen Servierteller legen, das Frühlingszwiebelöl darübertröpfeln und mit den Zwiebeln und den Sesamsamen garnieren.

Die Kräuter, die Bohnensprossen und die Sternfrucht auf eine große Servierplatte legen. Den Esstisch mit dem Fleischteller, dem Kräuterteller, den Fadennudeln, dem Reispapier und kleinen Schüsseln mit Dipsauce decken. Einen Tischgrill daraufstellen. Das Rindfleisch auf ein Drahtgeflecht legen und bei hoher Temperatur 2 Minuten lang auf jeder Seite grillen, bis es gerade eben gar ist.

Für die Zubereitung der Rollen 6 der Reispapierscheiben in der Hälfte durchschneiden. Jeweils ein ganzes Blatt vom Reispapier so lange in warmes Wasser tauchen, bis es etwas weicher geworden ist, dann auf einen Teller legen. Ein halbes Blatt Reispapier ebenfalls ins Wasser tauchen und senkrecht über das runde Blatt legen. Dadurch wird die Rolle stabiler, sie bricht nicht durch und die Füllung fällt nicht heraus. Ein paar Stücke vom gegrillten Rindfleisch in die Mitte des Reispapiers legen und einige Stücke von der Sternfrucht waagerecht in 4 cm Abstand von oben aneinanderreihen. Unter das Rindfleisch etwas Perilla, Minze, Fadennudeln und Bohnensprossen legen.

Jetzt zu festen Rollen formen. Kurz vor der Fertigstellung einen Korianderzweig so hineinlegen, dass er an einem Ende herausschaut. Die Rollen in die Dipsauce tauchen.

FÜR 4–6 PERSONEN ALS MENÜBESTANDTEIL

Ehe ich morgens zum Markt eile, vertilge ich zum Frühstück schnell noch eine Schüssel pho bot vang, *die bestens zu einem kühlen Morgen passt. Blanchieren Sie die Nudeln in kleinen Portionen und nur fünf Sekunden lang, weil sie dadurch gleichmäßig warm und nicht matschig werden.*

PHỞ BÒ SỐT VANG

Rindfleisch in Rotwein geschmort

ZUBEREITUNG

Eine kleine Bratpfanne auf niedrige Temperatur erhitzen und den Kardamom 2 Minuten lang erhitzen, bis er aromatisch duftet. Diesen Vorgang mit der Zimtstange und dem Sternanis wiederholen, dabei jedes Gewürz einzeln rösten.

Die gerösteten Gewürze, 2 EL von der Fischsauce, den Knoblauch, das Fünf-Gewürze-Pulver und den weißen Pfeffer in eine große Schüssel geben. Gut vermengen, dann das Rindfleisch dazugeben und sorgfältig in der Marinade schwenken. Zudecken, und mindestens 2 Stunden lang zum Marinieren in den Kühlschrank stellen. Danach das Fleisch gut abtropfen lassen und die Marinade beiseitestellen.

Das Pflanzenöl in einer großen Pfanne mit schwerem Boden oder einem Suppentopf auf mittlere bis hohe Temperatur erhitzen, dann das Rindfleisch portionsweise dazugeben und jeweils so lange anbraten, bis es rundherum braun geworden ist. Jetzt alles Rindfleisch wieder in die Pfanne zurückgeben, danach die Tomatenpaste und das Annattoöl hineingeben und gründlich umrühren. Die beiseitegestellte Marinade, den Rotwein und die restliche Fischsauce hineingießen. Zum Kochen bringen, allen Schaum abschöpfen, dann 2 Stunden lang nur leicht köcheln lassen, bis das Fleisch zart ist. Die Karotten dazugeben und noch einmal 10 Minuten lang erhitzen, bis diese weich geworden sind.

Die Reisnudeln in Portionen von 100–150 g pro Person entsprechend der gewünschten Menge aufteilen. In einem Kochtopf Wasser erhitzen und jede Nudelportion 5 Sekunden lang blanchieren, abschütten, dann die Nudeln in eine Schüssel geben, das Rindfleisch und die Sauce darauflegen. Diesen Vorgang mit den restlichen Nudeln und dem Rindfleisch wiederholen. Mit der Zwiebel und dem Basilikum garnieren und etwas Salz und weißen Pfeffer nach Geschmack darüberstreuen.

FÜR 4–6 PERSONEN

ZUTATEN

1 schwarze Kardamomkapsel

1 Zimtstange

2 Sternanis

100 ml Fischsauce

3 Knoblauchzehen, gehackt

1 TL Fünf-Gewürze-Pulver

¼ TL frisch gemahlener, weißer Pfeffer

750 g Rinderbrust, pariert und in 2 x 5 cm große Scheiben geschnitten

2 EL Pflanzenöl

2 EL Tomatenmark (Konzentrat)

1 EL Annattoöl (Seite 306)

250 ml Rotwein

2 l hochwertige Rinderbrühe

2 Karotten, geschält und in Scheiben geschnitten

600 g frische Reisnudeln, 1 cm breit

1 Zwiebel, in feine Ringe geschnitten

1 Bund Thai-Basilikum, die Blätter entfernt

Salz und frisch gemahlener, weißer Pfeffer nach Geschmack

Diese vietnamesische Variante des Steaks mit Pommes frites esse ich sehr gerne. Man bekommt sie überall an den Straßenständen. Ganz besonders gerne sehe ich die vietnamesische Übersetzung, die die Verkäufer auf kleine Schilder schreiben: »Bo bit-tet«.

BÒ BÍT-TẾT KHOAI TÂY CHIÊN
Rindfleisch vom Kohlegrill mit Pommes frites

ZUTATEN
2 x 250 g Rinderfiletsteaks
2 sehr große, mehlig kochende
    Kartoffeln, geschält
1 l Pflanzenöl
Meersalz

MARINADE
1 Vogelaugenchili (Peperoncini),
    fein gehackt
2 Knoblauchzehen, zerquetscht
1 großes Stück Ingwer, geschält und
    gerieben, 2 cm
2 EL Fischsauce
1 EL Zucker
2 TL Pflanzenöl
1 Prise Meersalz

ZUBEREITUNG
Alle Zutaten für die Marinade in eine Schüssel geben und umrühren, damit sich der Zucker auflöst. Die Steaks hineingeben und gründlich in der Marinade wenden. Danach zugedeckt 2 Stunden lang zum Marinieren in den Kühlschrank stellen. Das Rindfleisch aus der Marinade nehmen, überschüssige Sauce abtropfen lassen.

In der Zwischenzeit die Kartoffeln in lange Stücke von etwa 1 cm Dicke schneiden. Waschen und abtropfen lassen. Einen Kochtopf mit Wasser zum Kochen bringen und die Kartoffeln 2 Minuten lang blanchieren. Abschütten und mit Küchenkrepp trocken tupfen. Beiseitestellen.

Einen Grill oder eine Grillpfanne auf mittlere bis hohe Temperatur erhitzen und die Steaks grillen, dabei einmal wenden. Ein Steak wird innerhalb von 6 Minuten blutig oder in 10 Minuten medium gebraten, dann vom Grill nehmen, mit Folie abdecken und das Fleisch 5 Minuten ruhen lassen.

Während die Steaks auf dem Grill liegen, in einem Wok Öl auf 180 °C erhitzen, oder so lange, bis ein Brotstückchen nach dem Hineinwerfen innerhalb von 15 Sekunden bräunt. Die Kartoffeln in zwei Portionen aufteilen und jeweils 5–7 Minuten lang frittieren, bis sie knusprig goldbraun geworden sind. Herausnehmen und auf Küchenkrepp abtropfen lassen. Das Meersalz darüberstreuen und zu den Steaks servieren.
FÜR 2 PERSONEN

Auf dieses Gericht sind Stephan und Tin stolz, weil es vietnamesische und französische Zubereitungstechniken und Aromen in sich vereint.

CÁ HẤP CHANH DÂY
Gedämpfter Murray-Dorsch mit Passionsfruchtsauce

ZUTATEN

4 x 200 g Murray-Dorsch, ohne Haut
    (oder Filets von einem anderen
    festen weißfleischigen Fisch,
    ohne Haut)
½ Bund Dill
Meersalz
frisch gemahlener, schwarzer Pfeffer
28 Blätter Wasserspinat
370 g gedämpfter Jasminreis, warm
300 g Passionsfrucht, gepresst,
    mit den Samen
80 g Zucker
Saft von 1 Zitrone

ZUBEREITUNG

Um den Fisch und die Blätterpakete formen zu können, braucht man 4 runde Ausstechformen mit einem Durchmesser von 4 cm und 8 mit einer Größe von 12 cm.

Zum Dämpfen und Formen der Fischfilets, zunächst die kleineren 4 eingefetteten runden Ausstechformen in die Mitte der größeren ebenfalls eingefetteten Ausstechformen stellen. Das Fischfilet zwischen die beiden Formen legen, sodass es einen Kreis bildet. Etwas Dill, Salz und Pfeffer über den Fisch streuen. Diesen Vorgang mit den restlichen drei Filets wiederholen.

Einen großen Bambusgartopf mit Backpapier auslegen und ein paar Löcher in das Papier hineinstechen. Die Fischfilets in den Ausstechformen in den Gartopf stellen und diesen zudecken. Den Gartopf über einen Wok oder einen Kochtopf mit kochendem Wasser stellen und 8 Minuten lang dämpfen. Herausnehmen und beiseitestellen.

In der Zwischenzeit den Spinat 30 Sekunden lang in kochendem Wasser blanchieren, dann in Eiswasser abschrecken und abtropfen lassen. Die Spinatblätter auf die restlichen 12 cm großen Ausstechformen aufteilen, wobei sich die Blätter etwas überlappen und die Form eines Sternes bilden sollten. Den warmen gedämpften Reis in vier Portionen aufteilen und in die mit Spinat ausgelegten Formen geben. Dann die Blätter um den Reis herumlegen und fest andrücken, damit ein sauberes Paket entsteht. Beiseitestellen.

Die Passionsfurcht, den Zucker und den Zitronensaft in einem kleinen Kochtopf miteinander vermengen. Auf mittlerer Temperatur 5 Minuten lang erhitzen, bis sich der Zucker aufgelöst hat und die Sauce ein wenig eingedickt ist. Beiseitestellen.

Jeweils ein Spinatpäckchen auf einen Servierteller legen, dann die Ausstechformen entfernen. Den gedämpften Fisch auf den Spinat legen und vorsichtig die Ausstechform entfernen. Einen EL von der Passionsfruchtsauce darübergießen und mit einem Dillzweig garnieren.
FÜR 4 PERSONEN

MERINGUE CHANH DÂY
Meringue et passion

ZUBEREITUNG

Den Ofen auf 150 °C vorheizen. Ein Backblech mit Backpapier auslegen.

Für die Zubereitung der Baisers mit einem Mixer das Eiweiß schlagen, bis es weiß geworden ist und sich Häubchen gebildet haben, danach langsam 130 g vom Zucker hineingeben. So lange rühren, bis die Masse glänzt und steif geworden ist.

Die Masse in vier »Häufchen« auf das vorbereitete Blech setzen, wobei dazwischen jeweils ein Abstand bleiben sollte. Mit einer Spachtel zu sauberen Bällchen formen. Die Baisers können auch mit einer großen Spritzdüse zu den vier »Häufchen« gespritzt werden. In den Ofen stellen und bei ca. 100 °C 45 – 50 Minuten lang backen. Aus dem Ofen herausnehmen und abkühlen lassen.

Für die Zubereitung der Passionsfruchtsauce den Passionsfruchtsaft und 20 g vom Zucker in einen Kochtopf geben, gelegentlich umrühren, bis sich der Zucker aufgelöst hat. Zwei Minuten lang köcheln lassen, oder so lange, bis die Sauce etwas eingedickt ist. Umgießen und zum Abkühlen in den Kühlschrank stellen.

Die Milch in einem kleinen Kochtopf erwärmen. In der Zwischenzeit die Eigelb und die restlichen 20 g Zucker schlagen, bis die Mischung hell geworden und eingedickt ist. Das Mehl dazugeben und gut rühren, dann in einen kleinen Kochtopf geben. Bei sehr niedriger Temperatur langsam die warme Milch zu der Eigelbmasse geben, ständig rühren, bis alles eingedickt ist. Den Topf von der Wärmezufuhr nehmen und die Sauce sofort mit Folie zudecken, beiseitestellen, bis die Masse Raumtemperatur hat. Wenn die Sauce abgekühlt ist, den Mascarpone und 2 EL von der Passionsfruchsauce dazugeben und umrühren, bis alles vermengt ist. Eine Spritztülle damit füllen.

Mit einem Löffel vorsichtig ein kleines Loch am Boden der Baisers aushöhlen und dann die Passionsfruchtsauce in das Loch spritzen. Die gefüllten Baisers auf einen Servierteller platzieren. Die restliche Passionsfruchtsauce mit 3 EL Wasser anrühren, damit sie wieder etwas dünnflüssiger wird und die Sauce um die Baisers herumgießen. So gewünscht, vor dem Servieren mit Puderzucker bestreuen.

FÜR 4 PERSONEN

ZUTATEN

2 Eier, getrennt
170 g sehr feiner Streuzucker
125 ml durchgesiebter
    Passionsfruchtsaft
    (etwa 8 Passionsfrüchte)
125 ml Milch
1 EL Weizenmehl
100 g Mascarpone
Puderzucker zum Bestreuen
    (nach Wunsch)

Hier ist eines der bekanntesten Desserts aus dem Restaurant Grüne Mandarine. Das ist wohl der außergewöhnlichste Nachtisch mit Schokolade, den ich je erlebt habe; deshalb mag ich ihn so sehr!

SÔ CÔ LA CHIÊN
Gebratene Schokoladentrüffel mit rosa Pfeffer

TRÜFFEL

100 g dunkle Schokolade, gehackt
30 ml Crème double
20 g Butter
1 TL gemahlene rosa Pfefferkörner

TEIG

2 Eier
50 g Zucker
100 g Weizenmehl
25 g Kakaopulver,
    noch etwas mehr
    zum Bestäuben
Pflanzenöl zum Frittieren

ZUBEREITUNG

Für die Zubereitung der Trüffel, die Schokolade in einer hitzebeständigen Schüssel über einem Wasserbad erhitzen. Die Crème double, die Butter und den rosa Pfeffer dazugeben und vermengen, bis eine glatte Masse entsteht. Die Schüssel von der Wärmezufuhr nehmen und ein Stück Frischhaltefolie auf die Oberfläche drücken, damit sich keine Haut bildet.

Die Schokoladenmasse 20 Minuten lang in den Kühlschrank stellen, damit sie etwas fester wird. Danach die Schokolade zu kleinen Bällchen rollen, die etwa die Größe einer Murmel haben, oder mittels eines Kugelausstechers formen und diese Kugeln dann auf ein mit Backpapier belegtes Blech legen. Das Backblech mit den Schokoladebällchen 1 Stunde lang in den Kühlschrank stellen.

Für die Zubereitung des Teiges die Eier, den Zucker, das Mehl und das Kakaopulver in eine Schüssel geben. Gut miteinander vermengen, dabei darauf achten, dass keine Klumpen mehr vorhanden sind und dann langsam 50 ml Wasser dazugießen. Gut mischen, damit sich ein glatter, mittelfester Teig bildet. Zudecken und 10 Minuten lang bei Raumtemperatur ruhen lassen.

Einen mittelgroßen Kochtopf zur Hälfte mit dem Öl füllen und auf 180 °C erhitzen, oder so lange, bis ein Brotstückchen nach dem Hineinwerfen innerhalb von 15 Sekunden braun wird. Mit einem eingeölten Esslöffel die Trüffeln einzeln und nacheinander in den Teig tauchen, dann in das heiße Öl geben, den Löffel nach der anderen Seite des Topfes wegziehen. So entsteht die lang gezogene Form einer Träne. Die Trüffeln 30 Sekunden lang frittieren, dann vorsichtig auf Küchenkrepp legen und abtropfen lassen. Diesen Vorgang mit den restlichen Trüffeln wiederholen.

Vor dem Servieren etwas Kakaopulver auf die Schokoladentrüffeln streuen.

FÜR 4–6 PERSONEN

Dalat

Indochinas »französische Alpen«

ICH BEFINDE MICH ÜBER DEN WOLKEN UND SCHWEBE ÜBER
weichen Schäfchenwolken. Wenn ich doch nur hinausspringen, meine
Arme ausbreiten und mich auf sie legen könnte. Die Maschine geht
in den Sinkflug über, langsam ziehen sich die Wolken zurück und
geben den Blick auf eine Landschaft frei, wie ich sie in Vietnam noch
nie gesehen habe. Ein lebhafter grüner Flickenteppich mit sanften
Hügeln, eine Landschaft mit Kiefernwäldern, Villen im französischen
Stil und Seen. Ich komme mir vor, als sei ich im Frühling in den
französischen Alpen gelandet. Die Türen gehen auf und ein kühler
Luftstoß strömt in das Flugzeug hinein, ich wühle in meiner Tasche
herum und suche nach meiner Jacke. Nach der drückenden Hitze der
vergangenen Woche empfinde ich die Temperaturen hier als eine große
Erleichterung! Ich bin im Hochland von Vietnam angekommen, in der
Stadt Dalat, der »Stadt des ewigen Frühlings«. Die Bezeichnung Dalat
leitet sich von den Ureinwohnern dieser Region, der in den Bergen
lebenden Volksgruppe, ab und bedeutet »Strom des Volkes der Lat«.

OBEN: *Gäste beim Essen im Garten des Dalat Hotel zu Beginn des 20. Jahrhunderts* RECHTS, IM UHRZEIGERSINN VON OBEN: *Der Bahnhof von Dalat zu Beginn des 20. Jahrhunderts; der Bahnhof von Dalat heute; Gäste kommen mit dem Flugzeug beim Dalat Palace an.*

IM UHRZEIGERSINN VON OBEN:
*Eine von den Franzosen Anfang
des 20. Jahrhunderts erbaute Villa;
ein vietnamesischer Soldat in der
französischen Armee; vietnamesische
Arbeiter und der französische
Arbeitgeber.*

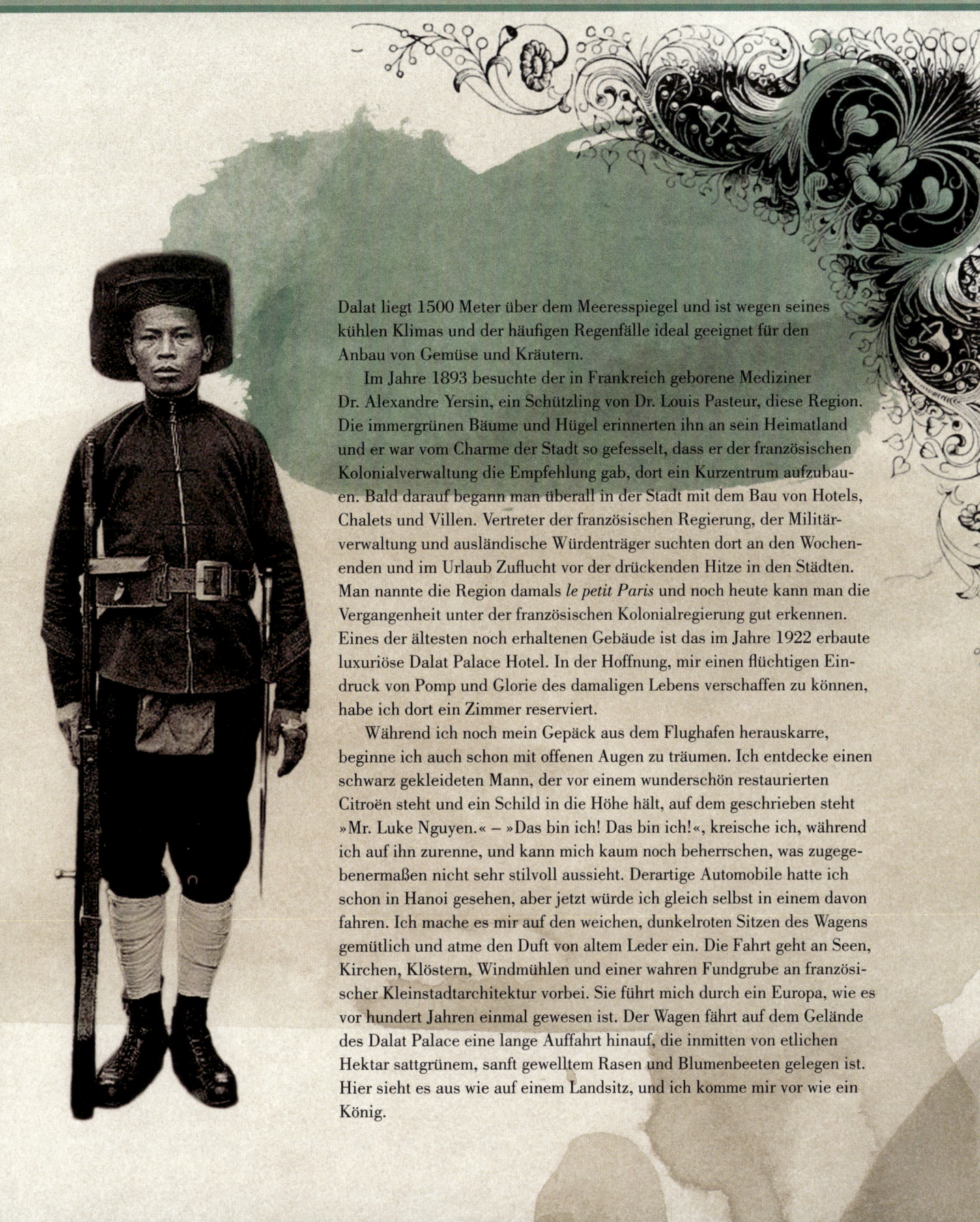

Dalat liegt 1500 Meter über dem Meeresspiegel und ist wegen seines kühlen Klimas und der häufigen Regenfälle ideal geeignet für den Anbau von Gemüse und Kräutern.

Im Jahre 1893 besuchte der in Frankreich geborene Mediziner Dr. Alexandre Yersin, ein Schützling von Dr. Louis Pasteur, diese Region. Die immergrünen Bäume und Hügel erinnerten ihn an sein Heimatland und er war vom Charme der Stadt so gefesselt, dass er der französischen Kolonialverwaltung die Empfehlung gab, dort ein Kurzentrum aufzubauen. Bald darauf begann man überall in der Stadt mit dem Bau von Hotels, Chalets und Villen. Vertreter der französischen Regierung, der Militärverwaltung und ausländische Würdenträger suchten dort an den Wochenenden und im Urlaub Zuflucht vor der drückenden Hitze in den Städten. Man nannte die Region damals *le petit Paris* und noch heute kann man die Vergangenheit unter der französischen Kolonialregierung gut erkennen. Eines der ältesten noch erhaltenen Gebäude ist das im Jahre 1922 erbaute luxuriöse Dalat Palace Hotel. In der Hoffnung, mir einen flüchtigen Eindruck von Pomp und Glorie des damaligen Lebens verschaffen zu können, habe ich dort ein Zimmer reserviert.

Während ich noch mein Gepäck aus dem Flughafen herauskarre, beginne ich auch schon mit offenen Augen zu träumen. Ich entdecke einen schwarz gekleideten Mann, der vor einem wunderschön restaurierten Citroën steht und ein Schild in die Höhe hält, auf dem geschrieben steht »Mr. Luke Nguyen.« – »Das bin ich! Das bin ich!«, kreische ich, während ich auf ihn zurenne, und kann mich kaum noch beherrschen, was zugegebenermaßen nicht sehr stilvoll aussieht. Derartige Automobile hatte ich schon in Hanoi gesehen, aber jetzt würde ich gleich selbst in einem davon fahren. Ich mache es mir auf den weichen, dunkelroten Sitzen des Wagens gemütlich und atme den Duft von altem Leder ein. Die Fahrt geht an Seen, Kirchen, Klöstern, Windmühlen und einer wahren Fundgrube an französischer Kleinstadtarchitektur vorbei. Sie führt mich durch ein Europa, wie es vor hundert Jahren einmal gewesen ist. Der Wagen fährt auf dem Gelände des Dalat Palace eine lange Auffahrt hinauf, die inmitten von etlichen Hektar sattgrünem, sanft gewelltem Rasen und Blumenbeeten gelegen ist. Hier sieht es aus wie auf einem Landsitz, und ich komme mir vor wie ein König.

Dalat Palace

DER CITROËN KOMMT VOR DEM DALAT PALACE HOTEL ZUM STEHEN, ich steige aus und betrete einen roten Teppich. In der Lobby werde ich von vier Angestellten herzlich begrüßt, sie bieten mir unterschiedliche asiatische und europäische Tees an. Das Dekor des Hotels sieht prunkvoll und elegant aus: In der Lobby stehen verstreut Plüschsessel herum, ein reich geschmückter Kronleuchter hängt von der Decke herunter und sogar die Fliesen am Fußboden muten wie Kunstwerke an. Ich brauche nicht einzuchecken und werde gleich eine prächtige Treppe hinauf zu meinem Zimmer geleitet, im Hintergrund ist *La vie en rose* von Edith Piaf zu hören.

Mein Zimmer ist mit Fenstertüren ausgestattet, durch die der Blick auf den malerischen Xuan Huong See geht. Eine Dusche gibt es nicht, dafür aber eine Badewanne mit Tatzenfüßen. Ich stelle mir vor, was ich hier vor hundert Jahren gemacht hätte. Damals wäre ich wohl den ganzen Tag in der Badewanne gelegen, hätte mit meinem Füllfederhalter Nachrichten an Freunde und Verwandte geschrieben und diese danach mit heißem Wachs versiegelt ... Das Briefeschreiben muss aber noch warten. Ich gehe hinunter in das berühmte Hotelrestaurant, das Le Rabelais, und nehme an einem mit gebügeltem Leinen und Kristallgläsern gedeckten Tisch Platz. Die Kellnerin trägt, wie es auch schon vor hundert Jahren üblich gewesen ist, eine rüschenbesetzte, ovale Schürze und ein Häubchen. Sie reicht mir das »Menü von 1926«. Diese Speisekarte entspricht einem Original, das man im Museum von Dalat gefunden hat und das nun von den Köchen des Hotels liebevoll nachgekocht wird …

»Junges Kaninchen mit Apfel, foie gras, eingelegten Schalotten und Pilzen; Consommé vom Brot, mit Rindfleisch und Portweinsauce; gebratenes Huhn mit roten Bohnen, Schinken und grünem Salat der Saison; Käseplatte; Früchtekuchen mit Himbeersauce.

So viel kann ich überhaupt nicht alleine essen, also fällt meine Wahl auf ein Menü à la carte und ich bestelle ein Gericht namens »das Beste aus Dalat, von den Hügeln bis zu den Gärten«. Ich bin neugierig und will wissen, was hier angebaut wird.

Das Essen wird serviert. Es ist absolut köstlich: Spargelsuppe, geräuchertes Rillette von der Ente, mit Schafskäse gefüllte Kürbisblüten sowie Artischocken und Avocado-Reispapierrollen mit Brombeerchutney. Alles ist wunderschön angerichtet, es sind Blüten darübergestreut. Der Chefkoch, in gestärkter weißer Kleidung und mit einer sehr hohen Kochmütze, kommt aus der Küche, um zu fragen, wie es mir schmeckt. Sein Name ist Linh und er arbeitet schon seit über fünfzehn Jahren in der Küche des Rabelais. Er erzählt, dass Dalat zu Beginn des 20. Jahrhunderts

für seine ergiebigen Jagdreviere berühmt gewesen ist, in denen es Wildschweine, Schwarzbären, Rehe und Hirsche, Panther, Tiger, Elefanten und Pfauen gab, und dass einmal die Hotelgäste auf dem Balkon vor dem Restaurant gestanden hätten und aus purem Zeitvertreib auf die Tiere geschossen hätten. Leider war die Jagd in Dalat so beliebt, dass es die meisten Tiere heute dort nicht mehr gibt.

Mein Interesse gilt aber nicht der Jagd. Ich will mehr über die frischen Kräuter und das Gemüse erfahren, die hier in Dalat überall so üppig gedeihen, welche Sorten von den Franzosen eingeführt wurden und welchen Einfluss auf die Zubereitung von Speisen sie sonst noch hatten. Ich frage bei Linh, dem Koch nach, wo er seine Zutaten kauft. Er meint, er habe viele Lieferanten, einer davon liefere ihm aber alle europäischen Kräuter, wie etwa Thymian, Salbei und Rosmarin. Es handele sich um einen kleinen Bauernhof, der etwas außerhalb am Stadtrand gelegen sei und Goldener Garten genannt werde.

Die Sonne scheint, die Luft ist aber so kühl, dass ich mir einen Schal um den Hals wickele, mir im Hotel ein Motorrad borge und mich auf den Weg in die Berge mache. Meine Entdeckungsreise durch das französische Dalat beginnt.

IM UHRZEIGERSINN VON OBEN:
*Das Speisezimmer im Dalat Palace;
das Dalat Palace zu Beginn des
20. Jahrhunderts; der Oldtimer des
Palace, ein Citroën.*

Der Dijonsenf ist eine sehr gute Sache, er stammt aus Frankreich und die Vietnamesen verwenden ihn heutzutage gerne und in vielen Gerichten. Hier wird Senf mit den asiatischen Aromen von Soja und Fischsauce kombiniert. Dadurch kommt eine überraschende und wundervolle Kombination zustande.

BÒ CUỐN MÙ TẠT

Gegrilltes Rindfleisch mit Spargelrollen und Senf

ZUBEREITUNG

Das Rindfleisch in 10 dünne Scheiben schneiden (5 x 8 cm). Die Sojasauce, die Fischsauce, das Sesamöl, den Knoblauch, den Zucker, das Salz und den Pfeffer in einer Schüssel miteinander vermengen und umrühren, bis sich der Zucker aufgelöst hat. Das Rindfleisch dazugeben und in der Marinade schwenken, bis es davon ummantelt ist. Dann zudecken und bei Zimmertemperatur 20 Minuten lang stehen lassen.

In der Zwischenzeit Wasser in einem Topf zum Kochen bringen, den Spargel hineingeben und 2 Minuten lang blanchieren. Abschütten, dann den Spargel in Eiswasser legen, um den Garprozess zu unterbrechen. Erneut abschütten und beiseitestellen. Diesen Vorgang mit den Karotten wiederholen.

Die Rindfleischscheiben auf ein Hackbrett legen und jede mit Senf bestreichen. Danach jeweils 1 Stück Spargel, Karotte und Frühlingszwiebel auf jede Scheibe legen. Das Fleisch so zusammenrollen, dass sich das Gemüse im Inneren befindet. Auf diese Weise insgesamt 10 Rollen herstellen.

Einen Grill oder einen Kohlegrill auf mittlere Temperatur erhitzen. Die Rindfleischrouladen mit dem Pflanzenöl beträufeln, und dann 3 Minuten lang auf beiden Seiten grillen. Mit Sesamsamen garnieren und mit einer kleinen Schüssel Sojasauce und den Chilischeiben zum Tunken servieren.

FÜR 4–6 PERSONEN ALS GEMISCHTE VORSPEISE

ZUTATEN

500 g Rinderlende

1 EL Sojasauce

1 EL Fischsauce

2 TL Sesamöl

3 Knoblauchzehen, gehackt

2 EL Zucker

1 TL Salz

1 TL frisch gemahlener, schwarzer Pfeffer

10 Stangen grüner Spargel, geschält

2 Karotten, geschält und auf die Länge der Spargel zurecht geschnitten (10 Stück)

2 ½ EL Dijonsenf

10 Frühlingszwiebeln, nur das Weiße

1 EL Pflanzenöl

1 TL geröstete Sesamsamen

helle Sojasauce und zerkleinerten roten Chili zum Tunken

Aus der grünen Mango kann man hervorragende Salate zaubern. Sie ist etwas säuerlich, nicht sehr süß im Geschmack und hat eine fantastische Konsistenz. Kaufen Sie kleinere und vergewissern Sie sich, dass diese grün und fest sind. Grüne Papaya oder grüne Äpfel sind eine gute Alternative.

GỎI CUA LỘT XOÀI SỐNG

Salat aus grüner Mango und Pomelo mit Butterkrebsen

ZUTATEN

1 Pomelo

1 grune Mango, geschält und gestiftelt (siehe Hinweis)

1 Handvoll Perillablätter, zerkleinert

1 Handvoll Blätter Vietnamesischer Koriander, zerkleinert

1 Handvoll Minzeblätter, zerkleinert

1 Frühlingszwiebel, in feine Ringe geschnitten

1 EL gebratener Knoblauch (Seite 306)

2–3 EL Fischsauce zum Tunken (nuoc mam cham) (Seite 305)

1 l Pflanzenöl zum Frittieren

4 Butterkrebse

100 g Kartoffelstärke

1 EL gehackte, geröstete Erdnüsse (Seite 307)

2 EL geröstete Thai-Schalotten (Seite 307)

1 Vogelaugenchili (Peperoncini), in Scheiben geschnitten

ZUBEREITUNG

Die Pomelo schälen und dann mit der Hand in große Stücke reißen. Die Pomelo und die grüne Mango, die Kräuter, die Frühlingszwiebel und den gebratenen Knoblauch in eine Schüssel geben. Mit der Fischsauce beträufeln und beiseitestellen.

Das Öl in einem Wok auf 180 °C erhitzen, sodass ein Brotstückchen nach dem Hineinwerfen innerhalb von 15 Sekunden bräunt. Die Krebse mit Küchenkrepp abtupfen, dann jeden zur Hälfte durchschneiden und mit Kartoffelstärke bestreuen. Die Krebse portionsweise 4 Minuten lang frittieren, nach 2 Minuten vorsichtig im Öl wenden, bis sie knusprig gebraten sind. Herausnehmen und auf Küchenkrepp legen, damit das überschüssige Öl davon aufgesaugt wird.

Den Salat auf einer Platte anrichten. Die Butterkrebse darauflegen und mit den Erdnüssen, den gebratenen Schalotten und dem Chili garnieren.

FÜR 4–6 PERSONEN ALS BESTANDTEIL EINES MENÜS.

Hinweis: Die grüne Mango zuerst schälen, dann das Fleisch um den Kern herum entfernen und in dünne Scheiben schneiden, diese dann fein stifteln. Sie können aber auch eine geriffelte Gemüsereibe dazu verwenden. Sie wird *kom kom* genannt und ist in Asialäden erhältlich.

Wachteln schmecken wirklich sehr lecker. Sie haben viel Aroma, sind nicht teuer und unglaublich vielseitig. Das Geheimnis einer perfekt zubereiteten Wachtel liegt darin, sie während des Garens immer feucht zu halten, vergessen Sie also nicht, sie während der Zubereitung mit Wasser einzupinseln.

CHIM CÚT NẤU CAM
Wachtel in Orangensaft und Kokosnusswasser

ZUTATEN

6 Wachteln
40 g Butter
250 ml Wasser junger Kokosnüsse
    (oder Hühnerbrühe)
125 ml Shaoxing Reiswein
2 EL Fischsauce
4 EL Orangensaft
½ TL geriebene Schale
    einer unbehandelten Orange
3 Knoblauchzehen, gehackt
2 EL Zucker
6 entkernte Pflaumen
1 EL Kartoffelstärke
2 EL Grand Marnier

ZUBEREITUNG

Den Ofen auf 180 °C vorheizen, die Wachteln mit der Brust nach oben auf ein Hackbrett legen und mit einer Schere oder einem scharfen Messer zu beiden Seiten des Rückgrates entlang auf schneiden, so ähnelt die Form später einem Schmetterling. Das Rückgrat entfernen. Die Wachteln mit der Haut nach oben auf das Brett legen, den Brustkorb auf der Arbeitsfläche fest andrücken, damit die Wachteln eine flache Form bekommen.

Die Butter, das Kokosnusswasser, den Reiswein, die Fischsauce, den Orangensaft und die geriebene Schale, den Knoblauch und den Zucker in einen Kochtopf geben und zum Kochen bringen. Die Wachteln nebeneinander in eine feuerfeste Schale legen (sie dürfen keinesfalls übereinanderliegen), die Pflaumen dazugeben, dann mit der Sauce aus dem Kochtopf übergießen. Die Wachteln gelegentlich mit der Mischung einpinseln und 45 Minuten lang braten.

Die Schale aus dem Ofen nehmen und bei hoher Temperatur auf eine Kochplatte stellen. Die Wachteln auf einen Servierteller legen. Kartoffelstärke in die Backform rieseln lassen, 1 Minute lang ständig rühren, dann die Wärmezufuhr verringern und 2 Minuten lang leicht köcheln lassen, bis die Sauce eingedickt ist. Den Grand Marnier unter die Sauce rühren, dann über die Wachteln gießen und servieren.

FÜR 4–6 PERSONEN ALS MENÜBESTANDTEIL

Zunächst kam mir der Gedanke seltsam vor, vietnamesisches Reispapier mit Räucherlachs zu füllen, doch es schmeckt wirklich sehr gut. Ich war sehr überrascht, als ich erfuhr, dass die Franzosen schon seit Beginn des 20. Jahrhunderts Räucherlachs in Reispapier zubereitet haben.

CÁ HỒI CUỐN THÌ LÀ
Räucherlachs und Dill in Reispapierrollen

ZUBEREITUNG

In einem Kochtopf Wasser zum Kochen bringen, die Reisnudeln dazugeben und noch einmal zum Kochen bringen. Fünf Minuten lang köcheln lassen, dann die Wärmezufuhr abstellen und die Fadennudeln nochmals 5 Minuten lang im Wasser stehen lassen. In ein Sieb schütten und mit kaltem Wasser abschrecken, danach trocknen lassen. Bei diesem Rezept ist es am besten, die Fadennudeln mindestens 30 Minuten vor dem Rollen abzugießen und im Sieb stehen zu lassen. So können die Nudeln etwas trocknen und kleben aneinander.

Zur Herstellung der Rollen 6 Reispapierblätter zur Hälfte mit einer Küchenschere durchschneiden. Eine große Schüssel mit warmem Wasser füllen und ein ganzes Blatt Reispapier kurz ins Wasser eintauchen, bis es etwas weicher geworden ist, dann flach auf einen Teller legen. Ein halbes Blatt Reispapier in das Wasser tauchen und senkrecht über die Mitte des runden Blattes legen. Dadurch wird die Rolle stabiler, die Füllung kann nicht mehr durchbrechen und herausfallen.

Eine Scheibe Räucherlachs waagerecht auf die Mitte des Reispapieres, etwa 4 cm vom oberen Rand entfernt, legen. Unterhalb des Lachses ein paar Perilla- und Minzeblätter, den Salat, die Zwiebel, die Gurke und die Fadennudeln platzieren.

Zuerst die beiden seitlichen Ränder des Reispapiers zur Mitte hin über die Füllung ziehen, dann das untere Ende des Papiers hochnehmen und über die Füllung legen. Vom unteren Ende fest nach oben hin aufrollen, damit die Rolle stabil wird. Kurz vor Fertigstellung einen Dillzweig hineinlegen und diesen so positionieren, dass er an einem Ende herausragt. Die restlichen Rollen nach diesem Muster formen. Mit der Fischsauce zum Tunken servieren.

ERGIBT 12 REISPAPIERROLLEN

ZUTATEN

80 g trockene Reisfadennudeln
18 trockene runde Reispapierblätter
    (22 cm Ø)
12 Scheiben Räucherlachs (300 g)
1 Bund Perilla, nur die Blätter
1 Bund Minze, nur die Blätter
120 g (1 Tasse)
    zerkleinerter Eisbergsalat
1 rote Zwiebel, dünn geschnitten
1 libanesische Gurke (Mini-Gurke)
    in lange Streifen geschnitten
1 Bund Dill, nur die Spitzen
Fischsauce zum Tunken
    (nuoc mam cham) (Seite 305),
    zum Servieren

Während meines Aufenthaltes in Dalat habe ich sehr viel über genießbare Blüten gelernt. Im Dalat Palace Hotel bietet der Chefkoch Linh Gästen, die einmal Blüten aus der Region probieren wollen, ein fantastisches »Blütenmenü« an. In Vietnam werden allgemein sehr gerne Kürbisblüten gegessen. Zucchiniblüten sind eine gute Alternative.

BÔNG BÍ DỒN TÔM
Gefüllte Kürbisblüten

ZUBEREITUNG

Die Garnelen in einem Mörser zu einer Paste verarbeiten. In eine Schüssel geben und die Hälfte vom Dill, die Fischsauce, den Knoblauch sowie Salz und Pfeffer hineingeben. Alles mit den Händen 2 Minuten lang vermengen, bis es gut durchgemischt ist. Jeweils 1 TL von der Paste nehmen und die Kürbisblüten einzeln damit füllen.

Einen Wok oder eine Fritteuse zu einem Drittel mit Öl füllen und auf 180 °C erhitzen, oder bis ein Brotstückchen, nachdem es in das Öl geworfen wurde, innerhalb von 15 Sekunden bräunt. In der Zwischenzeit das Eiweiß in eine Schüssel geben und kräftig schlagen. Die Kartoffelstärke in eine andere Schüssel geben. Vorsichtig jede gefüllte Kürbisblüte so in die Eiweißmasse tauchen, dass sie komplett davon bedeckt ist. Abtropfen lassen, und dann jede Blüte mit so viel Kartoffelstärke bestreuen, bis diese trocken ist. Überschüssige Kartoffelstärke herunterschütteln, danach die Blüten in drei Portionen nacheinander 3–4 Minuten lang frittieren, bis sie knusprig gebraten sind, dabei darauf achten, dass sie nicht schwarz werden. Herausnehmen und zum Trocknen auf Küchenkrepp legen.

Die Kürbisblüten auf eine Servierplatte legen und mit dem restlichen Dill und den Veilchen nach Wunsch garnieren. Mit den Limettenspalten zum Ausdrücken servieren.

FÜR 4–6 PERSONEN ALS GEMISCHTE VORSPEISE

ZUTATEN

- 350 g rohe Krabben (Shrimps), geschält, entdarmt und grob gehackt
- ½ Bund Dill, nur die Spitzen
- 1 EL Fischsauce
- 1 Knoblauchzehe, fein gehackt
- 1 Prise Salz und Pfeffer
- 12 Kürbisblüten, mit Stängeln, die Stempel entfernt (oder Zucchiniblüten)
- Pflanzenöl zum Frittieren
- 2 Eiweiß
- 155 g Kartoffelstärke
- 6 Veilchenblüten zum Garnieren (nach Wunsch)
- 1 Limette, in Spalten geschnitten

Machen Sie einen Abstecher zum Markt oder statten Sie einem Metzger, der Taubenfleisch verkauft, einen Besuch ab. Kommen Sie aber nicht auf die Idee, Stadttauben zu fangen und zuzubereiten.

BỒ CÂU RÔTI
Tauben Roti

ZUTATEN

2 Thai-Schalotten, gehackt
3 Knoblauchzehen, gehackt
1 EL Shaoxing Reiswein
1 EL helle Sojasauce
1 EL Fischsauce
½ TL Fünf-Gewürze-Pulver
2 EL Zucker
1 TL Salz
1 TL gemahlener schwarzer Pfeffer
2 Tauben, küchenfertig
4 EL Pflanzenöl
1 kleine Zwiebel, fein geschnitten
1 Stück Ingwer, geschält und fein
   gehackt, 5 cm lang
500 ml Wasser junger Kokosnüsse
20 g Butter
Brunnenkresse zum Garnieren
Sojasauce und in Scheiben
   geschnittener roter Chili
   zum Tunken

ZUBEREITUNG

Die Schalotten, den Knoblauch, den Reiswein, die Sojasauce, die Fischsauce, das Fünf-Gewürze-Pulver, den Zucker, das Salz und den Pfeffer in einer großen Schüssel miteinander vermengen. Die Tauben hineingeben, bis sie vollständig von der Marinade bedeckt sind, dann abdecken und 1 Stunde lang zum Marinieren in den Kühlschrank stellen. Das Taubenfleisch gut abtropfen lassen, die Marinade beiseitestellen.

Das Fleisch mit einem großen Messer in vier Teile schneiden. Dazu an beiden Seiten des Rückgrates entlangschneiden und danach das Rückgrat entfernen. Die Beine mittels eines Schnittes durch das Beingelenk abtrennen, dann die Brust mit einem Schnitt längs durch den Brustknochen in zwei Teile schneiden.

In einer großen Bratpfanne Öl auf mittlere Temperatur erhitzen, dann die Zwiebeln und den Ingwer dazugeben und 2 Minuten lang anbraten. Bei Bedarf das geviertelte Taubenfleisch in zwei Portionen aufteilen und nacheinander auf jeder Seite 4 Minuten lang braten. Das Kokosnusswasser und die beiseitegestellte Marinade in die Pfanne geben, zum Kochen bringen und alle Verunreinigungen abschöpfen.

Die Wärmezufuhr bis auf ein leichtes Köcheln reduzieren und das Taubenfleisch so lange garen, bis es weich ist, was etwa 20 Minuten in Anspruch nehmen sollte. Die Butter dazugeben, umrühren und noch einmal 5 Minuten lang köcheln. Das Taubenfleisch auf einen Servierteller legen und mit der Wasserkresse garnieren. Mit einer kleinen Schüssel Sojasauce und den zerkleinerten Chili zum Tunken servieren.

FÜR 4–6 PERSONEN ALS MENÜBESTANDTEIL

Wein aus dem zentralen Hochland

ICH SITZE AUF MEINEM MOTORRAD UND habe eben erst die Stadt hinter mir gelassen, als ein Sturm aufkommt. Große, schwere Regentropfen schmerzen beim Aufprall auf meine Haut. Die staubige Straße wird rasch zu einer Matschpiste, deshalb suche ich eiligst Schutz. Ich halte an einer Stelle an, die ein ausgeprägt deutsch-französisches Erscheinungsbild hat, man könnte auch meinen, im Elsass zu sein, und zu meiner Überraschung handelt es sich dabei um ein Weingut. Ich kann es kaum glauben: ein Weingut in Vietnam!

Ich bin neugierig und möchte gerne eine Weinprobe machen, deshalb suche ich nach der Kellertür, aber es gibt keine. Ich öffne die schweren Holztüren und rufe »Xin chao«, aber alles liegt dunkel und verlassen da. Plötzlich taucht ein älterer Herr hinter mir auf und jagt mir einen Schrecken ein.

»Nach wem suchen Sie?«, fragt er mit dem starken Akzent, der in Dalat gesprochen wird.

»Ich würde gerne ein paar vietnamesische Weine verkosten«, erkläre ich.

Er legt seinen nassen Mantel und die Sandalen ab, wischt ein wenig roten Schlamm von seinen Füßen, schaltet danach ein paar Lampen an und bittet mich herein. Wir setzen uns auf eine hohe Bank und er fragt, woher ich komme.

Als er erfährt, dass ich aus Australien komme, sagt er: »Also, wenn Sie diese Weine probieren, denken Sie bitte nicht an die großartigen australischen Rotweine.« Er öffnet ein paar Flaschen und fährt fort. »Der Geschmack der Vietnamesen ist noch nicht so weit entwickelt.« Wein ist nicht das Erste, das einem beim Gedanken an asiatische Länder einfällt und das gilt auch für Vietnam. Die Vietnamesen trinken normalerweise Hochprozentiges,

das aus Reis, Mais oder Maniok destilliert wird. Das Getränk wird in winzige Gläser geschenkt, und schnell heruntergekippt.

»Vor zwanzig Jahren gab es in Vietnam überhaupt keinen Wein. Erst vor Kurzen kamen die Franzosen wieder nach Dalat zurück und erkannten, dass das kühle Klima und die gute rote Erde perfekt geeignet sind für den Anbau von Reben. Die Franzosen taten sich mit den Vietnamesen zusammen und brachten ihnen bei, wie man Wein herstellt. Zunächst stellten sie ihn aus den in Dalat angebauten Erdbeeren her. Und dann begannen sie damit, Wein aus Trauben zu keltern.

Unser Winzer hat in Frankreich Jahre damit zugebracht, sich das dazu notwendige Wissen anzueignen und ist jetzt nach Dalat zurückgekommen, um Weine wie diejenigen aus Bordeaux anzubauen. Die Vietnamesen sind aber an stärkere Alkoholsorten wie Whisky, russischen Wodka und selbst destillierte Liköre gewöhnt. Sie trinken sie zur Verdauungsförderung und zu medizinischen Zwecken, daher muss sich ihr Geschmack für erleseneren Wein erst noch entwickeln.«

Ich verkoste einige der Weine, und wenn ich auch zugeben muss, dass sie vom Geschmack her nicht sehr überzeugen, gefällt mir doch die Tatkraft und Entschlossenheit, mit der man sich bei Vang-Weine daranmacht, die Vietnamesen an das Produkt zu gewöhnen.

Ich habe über Jahre hinweg die Entwicklung der vietnamesischen Küche verfolgt und dabei auch erlebt, wie schnell sich die Vietnamesen für Wein begeisterten. Fürs Erste werde ich aber noch die erlesenen Weine aus Frankreich genießen, die man in Vietnam zu kaufen bekommt.

Dieses Rezept geht zurück auf die Zeit um das Jahr 1880. Fangen Sie mit der Zubereitung für dieses Gericht am Vortag an, dann kann das Kaninchenfleisch lange genug in der Marinade liegen.

THỎ NẤU RƯỢU ĐỎ

Kaninchen in Rotwein

ZUTATEN

1 ganzes Zuchtkaninchen (1,5 kg)

2 EL Pflanzenöl

20 g Butter

6 Knoblauchzehen, gehackt

8 Zweige Thymian

2 Sternanis

4 Gewürznelken

100 g geräucherter Speck, in 1 cm großc Würfel geschnitten

100 g Hühner- und Schweineleberpastete (Seite 75)

4 Karotten, geschält und in 2 cm dicke Scheiben geschnitten

vietnamesische Baguettes zum Servieren

MARINADE

750 ml Pinot Noir

1 braune Zwiebel, gehackt

2 frische oder getrocknete Lorbeerblätter

2 Zweige Salbei

2 Zweige Thymian

2 Zweige Rosmarin

4 EL helle Sojasauce

1 EL Zucker

1 EL Fischsauce

6 Knoblauchzehen

ZUBEREITUNG

Für die Zubereitung zuerst den Kopf abschneiden und dann das Kaninchen in 7 Stücke schneiden. Hierzu die Läufe abtrennen, dann jeden noch einmal halbieren. Den Rumpf der Breite nach in 3 Stücke teilen. Die Leber des Kaninchens beiseitestellen und in Würfel schneiden.

Die Zutaten für die Marinade in eine große Schüssel geben und gut vermischen. Das Kaninchenfleisch hineingeben und in der Marinade mehrmals wenden, damit es von der Masse ummantelt ist, dann zudecken und über Nacht zum Marinieren in den Kühlschrank stellen. Das Kaninchen gut abtropfen lassen und die Marinade beiseitestellen.

Einen großen Kochtopf auf mittlere Temperatur stellen, dann das Öl und die Butter dazugeben. Wenn die Butter zu schäumen beginnt, den Knoblauch und den Thymian dazugeben und so lange braten, bis alles aromatisch duftet. Den Sternanis, die Gewürznelken und den Speck dazugeben und etwa 4 Minuten lang braten, bis der Speck braun geworden ist. Die Wärmezufuhr auf hohe Temperatur drehen, das Kaninchen portionsweise dazugeben und so lange braten, bis sich die Poren rundum geschlossen haben. Die Hühner- und die Schweineleberpastete dazugeben und 2 Minuten lang umrühren. Alle Zutaten vollständig mit der Marinade bedecken. Sollte das nicht der Fall sein, noch etwas Rotwein bzw. Brühe oder Wasser dazugeben. Aufkochen lassen, allen Schaum abschöpfen und die Wärmezufuhr bis auf ein Köcheln reduzieren. Zudecken und 1 Stunde lang garen lassen. Die Karotten 10 Minuten lang in kochendem Wasser garen, bis sie weich geworden sind, dann abschütten und beiseitestellen. Das Kaninchen aus dem Topf nehmen und beiseitestellen. Die Flüssigkeit durch ein Sieb passieren und die festen Bestandteile wegwerfen. Den Topf auf mittlere Temperatur erwärmen und noch einmal für 10 Minuten zum Kochen bringen, oder so lange bis sich die Sauce um ein Drittel reduziert hat. Während die Sauce kocht, das Kaninchen und die Karotten erneut für 2 Minuten in den Topf geben, das Kaninchen wenden, damit es von der Sauce ummantelt ist. Auf einen Servierteller legen und mit der Sauce übergießen. Mit Baguettes servieren.

FÜR 4–6 PERSONEN ALS MENÜBESTANDTEIL

LƯỠI BÒ RƯỢU ĐỎ

Rinderzunge in Rotwein

ZUBEREITUNG

Die Zunge in einen großen Topf geben, mit Wasser übergießen und zum Kochen bringen. Die Wärmezufuhr bis auf ein Köcheln reduzieren, dann allen Schaum von der Oberfläche abschöpfen. Fünfzig Minuten lang köcheln lassen, bis das Fleisch zart ist (die Kochzeit beträgt pro Kilogramm etwa 1 Stunde). Die Zunge aus dem Wasser nehmen. Etwas abkühlen lassen, dann die Außenhaut mit einem scharfen Messer entfernen. Den im hinteren Bereich befindlichen Knochen durch einfaches Ziehen entfernen. Etwaige noch vorhandene kleinere Knochen oder Knorpel herauslösen und wegwerfen. Die Zunge in 2 cm große Würfel schneiden.

Den Rotwein, den Knoblauch, das Salz und den Pfeffer in einer Schüssel miteinander vermengen. Die Zunge hineingeben und in der Marinade schwenken, danach abdecken, beiseitestellen und 20 Minuten lang marinieren. Abschütten und die Marinade auffangen.

Einen großen Kochtopf auf mittlerer Temperatur erhitzen. Wenn der Topf heiß ist, das Öl hineingießen und dann die Zunge 3 Minuten unter ständigem Rühren anbraten, bis sie braun geworden ist. Die Schalotten, die Sojasauce, die Fischsauce, das Tomatenmark und den Zucker dazugeben. Umrühren, dann die Karotten und die beiseitegestellte Marinade dazugeben.

Das Kokosnusswasser in den Topf geben und zum Kochen bringen. Allen Schaum von der Oberfläche abschöpfen, dann die Wärmezufuhr bis auf ein Köcheln reduzieren und zugedeckt 1½–2 Stunden lang köcheln lassen, oder so lange, bis alles weich ist. Mit Baguette servieren.

FÜR 6–8 PERSONEN ALS MENÜBESTANDTEIL

ZUTATEN

1 Rinderzunge (800 g)

250 ml Pinot Noir

3 Knoblauchzehen, gehackt

1 großzügige Prise Salz und frisch gemahlenen, schwarzen Pfeffer

2 EL Pflanzenöl

8 Thai-Schalotten, geschält und halbiert

1 EL Sojasauce

1 EL Fischsauce

1 EL Tomatenmark

2 EL Zucker

4 Karotten, geschabt und in Stücke geschnitten

350 ml Wasser junger Kokosnüsse

vietnamesische Baguettes zum Servieren

Es überrascht mich nicht, dieses Gericht in Restaurants in Dalat auf der Speisekarte zu finden, denn überall in diesem fruchtbaren Landstrich werden Rotwein, Thymian und Lorbeerblätter angebaut.

GÀ NẤU RƯỢU CHÁT

Coq au vin

ZUBEREITUNG

Die Lorbeerblätter, den Thymian, den Rotwein und die Hälfte von der Fischsauce in einer großen Schüssel miteinander verrühren. Die Keulen dazugeben und mehrmals in der Marinade schwenken, danach abdecken und 2 Stunden lang zum Marinieren in den Kühlschrank stellen. Wenn es über Nacht im Kühlschrank steht, entfaltet sich das Aroma noch besser.

Die getrockneten Pilze in eine Schüssel geben, 20 Minuten lang im Wasser einweichen, dann abschütten.

Eine Bratpfanne auf mittlere Temperatur erwärmen, dann die Hälfte von der Butter dazugeben. Wenn die Butter anfängt, Blasen zu bilden, die Schalotten und die Pilze dazugeben und 5 Minuten lang sautieren, bis alle Schalotten braun geworden sind. Aus der Pfanne nehmen und beiseitestellen.

Das Huhn abtropfen lassen und trocken tupfen, die Marinade beiseitestellen. Das Öl und die restliche Butter in eine große Bratpfanne geben und das Hühnerfleisch auf beiden Seiten so lange anbraten, bis es eine schöne goldbraune Farbe angenommen hat. Das Mehl darüberstreuen, bis das Huhn komplett davon bedeckt ist. Dann die beiseitegestellte Marinade darübergießen, die Schalotten, die Pilze, das Kokosnusswasser, das Tomatenmark und die restliche Fischsauce dazugeben. Aufkochen lassen, eventuell vorhandenen Schaum von der Oberfläche abschöpfen. Die Wärmezufuhr auf ein Köcheln verringern und 1 Stunde lang weiterköcheln lassen, bis die Hühnerkeulen zart geworden sind. Mit dem Koriander garnieren und mit Baguettes servieren.

FÜR 4–6 PERSONEN ALS MENÜBESTANDTEIL

ZUTATEN

2 Lorbeerblätter
2 Zweige Thymian
400 ml Rotwein
2 EL Fischsauce
1,5 kg Hühnerunterkeulen
20 getrocknete Shiitakepilze
80 g Butter
6 Thai-Schalotten,
    geschält und ganz
1 EL Pflanzenöl
1 EL Weizenmehl
500 ml Wasser junger Kokosnüsse
2 TL Tomatenmark
3 EL Korianderblätter (Cilantro),
    gehackt
vietnamesisches Baguette
    zum Servieren

Fräulein Huong
in ihrem Goldenen Garten

ICH GEHE EINEN SCHMALEN, GEWUNDENEN
Pfad entlang zum Goldenen Garten. Etwa zwanzig
Frauen hocken auf der Erde, alle sind schwarz
gekleidet und tragen bei der Feldarbeit kegelförmige
Hüte auf den Köpfen. Die Frauen haben jeweils einen
Bambuskorb um die Hüfte gebunden und bahnen sich
den Weg durch die sattgrünen Felder. Sie arbeiten
schnell und sorgfältig, ernten grüne Pflanzen vom
Acker, schnüren diese zu Bündeln, die danach zum
Markt gebracht werden. Der Anblick, der sich mir
da bietet, bringt mich zum Schmunzeln. Die Frauen
hocken am Boden und bewegen sich währenddessen
vorwärts. Sie sehen deshalb aus wie menschliche
Krabben, die über das Feld trippeln.

Huong, die Vorarbeiterin, arbeitet schon seit
mehr als zehn Jahren im Garten. Sie führt mich
herum, und ich bitte sie, mir diejenigen Kräuter und
Gemüsesorten zu zeigen, die von den Franzosen nach
Vietnam gebracht worden sind.

»Sie werden überrascht sein, wie viele Arten nach
Vietnam eingeführt worden sind«, sagt sie zu mir.
»Von den traditionellen Samen einmal abgesehen, die
französische Züchter vor hundert Jahren nach Dalat
gebracht haben, kamen auch neuartige aus Europa
und Japan zu uns. Die Franzosen haben die Samen
von Kohl, Tomaten, Karotten, Rote Beete, Brokkoli,
Blumenkohl, Paprika, Stachelgurke, Kartoffeln,
Spargel, Lauch, Kohlrabi, Kürbis, Artischocke,
Zucchini und Sellerie mitgebracht.«

Im Treibhaus zeigt mir Huong eine Reihe
qualitativ hochwertiger und biologisch angebauter
Kräuter, wie etwa Thymian, Rosmarin, Dill,
Schokoladenminze, Salbei, Basilikum und Rucola,
die ebenfalls von den Europäern eingeführt wurden.
Sie erzählt, dass der überwiegende Teil dieser Kräuter
ausschließlich an Hotels und erstklassige Restaurants
in ganz Vietnam geliefert wird.

Während wir zurück zu meinem Motorrad gehen,
fällt mir auf, dass ihre Kolleginnen unter dem
Vordach des Treibhauses auf einer offenen Flamme
etwas kochen, also steuere ich darauf zu, um es
mir genauer anzusehen. In einem Aluminiumtopf
köcheln Schweinerippen mit Artischocken, eine Frau
schwenkt Palmherzen und Kirschtomaten in einem
Dressing aus Perilla und Zitrone. Eine weitere schält
weich gekochte Wachteleier und legt sie auf ein
Bündel dampfenden Spargels.

Bei all diesen Gerichten handelt es sich um
traditionelle vietnamesische Rezepte, die ich schon
als Kind gegessen habe. Bis zu diesem Augenblick
kam es mir aber nie in den Sinn, dass für all diese
Rezepte Gemüse verwendet werden, die ursprünglich
nicht aus Vietnam stammen, sondern die von den
Franzosen eingeführt wurden. Allmählich verstehe
ich, welchen Einfluss die Franzosen auf unsere
Küche ausgeübt haben, und wie umfangreich das
kulinarische Vermächtnis ist, das sie uns hinterlassen
haben.

Palmherzen habe ich in jüngster Zeit oft verwendet, weil ich das leicht süße Aroma und die feste Konsistenz sehr mag. Sie können Palmherzen frisch oder gegart verwenden.

GỎI CỦ HŨ DỪA

Palmherzen und Tomatensalat mit vietnamesischen Kräutern

ZUBEREITUNG

Für die Zubereitung des Mandarinendressings den Zucker und den Mandarinensaft in eine Schüssel schütten und rühren, bis sich der Zucker aufgelöst hat. Den Essig, die Fischsauce, das Olivenöl, den Knoblauch und den Chili dazugeben und gut umrühren.

Die Palmherzen zunächst unter kaltem Wasser abspülen und alle äußeren zähen Fasern entfernen. Danach in eine Schüssel mit kaltem Wasser legen und 1 Stunde lang einweichen, abtropfen lassen und in 10 x 1 cm große Streifen schneiden.

Die Palmherzen, die Tomaten, die Zwiebel, die Perilla, die vietnamesische Minze und 4 EL vom Mandarinendressing in eine Schüssel geben. Auf einen Servierteller legen und mit dem gebratenen Knoblauch garnieren.

FÜR 4–6 PERSONEN ALS MENÜBESTANDTEIL

Hinweis: Übrig gebliebenes Dressing kann in einem Krug im Kühlschrank 2 Tage lang aufbewahrt und für einen grünen Salat verwendet werden.

ZUTATEN

500 g frische Palmherzen
    (bzw. aus der Dose)
6 Kirschtomaten, der Länge nach
    in vier Teile geschnitten
½ rote Zwiebel, dünn geschnitten
5 Perillablätter, dünn geschnitten
5 Blätter Vietnamesischer Koriander,
    dünn geschnitten
1 EL gebratener Knoblauch
    (Seite 306)

MANDARINENDRESSING

2 EL sehr feiner Streuzucker
100 ml Mandarinensaft
2 EL Weißweinessig
2 EL Fischsauce
1 EL Olivenöl, extra vergine
1 Knoblauchzehe, gehackt
1 Vogelaugenchili (Peperoncini),
    fein geschnitten

In Vietnam serviert man klare Suppen als Ausgleich zu den kräftigeren Aromen anderer Gerichte. Diese Bouillon ist leicht, also hervorragend zur Kühlung des Körpers geeignet.

CANH ATISÔ SUỜN HEO

Suppe mit Schweinerippen und Artischocken aus Dalat

ZUTATEN

Saft 1 Zitrone

2 Artischocken (600 g), mit dem Stiel

400 g Schweinerippen, in 2 cm große Scheiben geschnitten

2 EL Fischsauce

2 TL Zucker

1 TL Salz

1 Prise grob gemahlener, schwarzer Pfeffer

gedämpfter Jasminreis zum Servieren

ZUBEREITUNG

Eine große Schüssel mit kaltem Wasser füllen und den Zitronensaft hineingießen. Den Stiel der Artischocke entfernen, dessen zähe Haut abschalen, und ihn in 4 cm lange Stücke schneiden. Die Artischocken vierteln und die äußeren, zähen Blätter entfernen. Die Artischocke sofort nach dem Zurechtschneiden in das Zitronenwasser tauchen, damit sie sich nicht braun färbt.

Einen großen Kochtopf mit 2,5 l Wasser füllen. Die Schweinerippen, die abgetropften Artischocken, die Fischsauce, den Zucker, das Salz und den Pfeffer dazugeben. Aufkochen lassen, 10 Minuten lang allen Schaum abschöpfen. Die Wärmezufuhr auf ein sanftes Köcheln reduzieren, dann mit einem Deckel zudecken und 45 Minuten lang köcheln lassen, bis die Artischocken und die Schweinerippen zart sind. Allen Schaum abschöpfen, dann die Suppe auf Servierschüsseln aufteilen. Mit gedämpftem Jasminreis servieren.

FÜR 4–6 PERSONEN ALS MENÜBESTANDTEIL

*In den sattgrünen Bergen von Dalat gibt es Kohl in allen Formen,
Größen und Farben. Die Einheimischen verwenden diese vielseitige
Gemüsesorte für unzählige Gerichte.*

BẮP CẢI XÀO
Knoblauchkohl aus dem Wok

ZUBEREITUNG

Den Kohl 2 Minuten lang in kochendem Wasser blanchieren,
abgießen, dann in eine Schüssel mit Eiswasser legen. Noch einmal
gut abtropfen lassen.

Einen Wok auf mittlere Temperatur erhitzen, dann das Öl
dazugeben und die Schalotten sowie den Knoblauch 1 Minute
lang sautieren, bis sie aromatisch duften. Den Kohl dazugeben
und 2 Minuten lang schwenken, bis er auf beiden Seiten gebräunt
ist. Die Fischsauce, den Zucker und den Pfeffer dazugeben und
noch einmal 2 Minuten lang im Wok schwenken. Die Tomaten,
den Knoblauch-Schnittlauch und die Frühlingszwiebel dazugeben
und noch einmal 2 Minuten lang schwenken. Mit gedämpftem
Jasminreis servieren.

FÜR 4–6 PERSONEN ALS MENÜBESTANDTEIL

ZUTATEN

500 g Kohl, in mundgerechte Stücke
    geschnitten
2 EL Pflanzenöl
2 Thai-Schalotten, gehackt
3 Knoblauchzehen, gehackt
1 EL Fischsauce
1 TL Zucker
1 Prise frisch gemahlener,
    schwarzer Pfeffer
4 Kirschtomaten, halbiert
3 Knoblauch-Schnittlauch (Thai Soi),
    in 4 cm lange Stücke geschnitten
1 Frühlingszwiebel,
    in 4 cm lange Stücke geschnitten
gedämpfter Jasminreis zum Servieren

*Dieses Gericht könnte ich morgens, mittags und abends essen.
Damit es aber wirklich gut gelingt, müssen der Spargel und die
Wachteleier perfekt zubereitet sein. Der Spargel muss frisch und die
Wachteleier noch etwas flüssig sein. Bitte achten Sie darauf, dass letztere
vor dem Kochen Zimmertemperatur haben.*

TRỨNG CÚT MĂNG TÂY
Spargel mit Wachteleiern

ZUBEREITUNG

Zwei Kochtöpfe mit Wasser zum Kochen bringen. Einen davon
zum Köcheln bringen, dann langsam die Wachteleier in das
Wasser tauchen (dies kann auch mit einem Löffel geschehen) und
2 Minuten lang darin liegen lassen. Herausnehmen und in kaltem
Wasser abschrecken und das Wasser abschütten. Im anderen Topf
den Spargel in kochendem Wasser 2 Minuten lang blanchieren,
kurz unter kaltem Wasser abschrecken, um den Garvorgang zu
unterbrechen und danach abtropfen lassen.

Die Wachteleier schälen und halbieren. Den Spargel auf eine
Servierplatte legen und die Eier darauf platzieren. Mit Fischsauce
beträufeln und mit Baguettes servieren.

FÜR 2 PERSONEN

ZUTATEN

6 Wachteleier, bei Raumtemperatur
8 grüne Spargel, geputzt
2 EL Fischsauce zum Tunken
    (nuoc mam cham) (Seite 305)
vietnamesische Baguettes
    zum Servieren

Ein Bauernmarkt und mehr

ES IST 5:00 UHR FRÜH UND MEINE HÄNDE WERDEN TAUB, ALS ICH durch den Nebel auf dem Weg zum Markt bin. Bauern kommen mit Lastwagen an und stellen Kisten ab. Frisches Gemüse kullert auf die Straße vor dem Markt. Händler kreischen und schreien die Bauern an, man feilscht um den niedrigsten Preis. Es sieht aus, als hätten sie Streit, aber das ist einfach nur ihre Art der Geschäftsabwicklung.

Große rostige Waagen mühen sich damit ab, Berge von Passionsfrüchten, Avocados, Artischocken, Kohl, Kohlrabi, Stachelgurken und Kürbissen abzuwiegen. Die Lebensmittelhändler wollen auch mit von der Partie sein, also beteiligen auch sie sich am Schauspiel, verkaufen warmen Reis mit roten Bohnen, herzhaften Reisbrei mit Schweinefleisch und dampfende Schüsseln voller Nudelsuppe. Hier werden aber nicht nur Früchte und Gemüse angeboten. Neben frisch geschlachteten Büffeln, Schweinen und Ziegen werden auch eimerweise Rosen, Orchideen, Sonnenblumen und Blüten verkauft, deren farbiges Leuchten den grauen Morgen aufheitert. Kunstvoll arrangierte Erdbeeren reihen sich ein in den Augenschmaus. Ich bin überrascht, dass in Vietnam Erdbeeren angebaut werden, also bleibe ich stehen und probiere eine. Ich habe so meine Zweifel an der Qualität, denn sie sind nicht so rot wie diejenigen zu Hause in Australien. Zudem sind sie auch länglich und nicht rund. Aber ich werde eines Besseren belehrt: Das sind die köstlichsten Erdbeeren, die ich je gegessen habe. Sie haben den perfekten Reifegrad, sind fest und saftig, schön süß und haben genau den richtigen Säuregehalt. Ich bitte den Bauern, mir mehr

über die Erdbeeren zu erzählen und darüber, wie sie nach Dalat gekommen sind. Liebevoll schaufelt er ein paar in seine Hand und schnuppert an ihnen. »Dalat wird die Stadt des ewigen Frühlings genannt, und der ist bekanntlich die beste Jahreszeit für Erdbeeren.« Erklärt er. »Deshalb können wir hier die besten der Welt anbauen! Es gibt viele Sorten in den unterschiedlichsten Formen und Größen, aber wir bauen hier die lange, keilförmige Sorte an. Unsere Erdbeeren schmecken nicht nur gut, sie helfen auch gegen Nierensteine, Entzündungen, Halsschmerzen und Fieber. Sie haben viele Ballaststoffe, Vitamin C und naja, ihre Wirkung als Aphrodisiakum ist nachgewiesen!« Er zwinkert mir frech zu und schaut hinüber zu den Bäuerinnen neben uns. »Ich glaube, die Franzosen haben sie zu Beginn des 20. Jahrhunderts nach Dalat gebracht«, meint er. »Sie haben Erdbeeren nicht nur sehr gerne gegessen, von den Damen des französischen Adels ist auch bekannt, dass diese regelmäßig in Erdbeersaft gebadet haben, um eine strahlende Haut zu bekommen.

Die Franzosen lebten aber auch wirklich äußerst ausschweifend und extravagant! Wer bei klarem Verstand würde auf die Idee kommen, eine derart wunderbare Frucht für ein Bad zu verschwenden. Ich kann gar nicht anders, ich muss an all die Erdbeerdesserts denken, die deshalb nie zubereitet wurden …

Die Obstbäder geraten aber augenblicklich in Vergessenheit, meine Aufmerksamkeit richtet sich stattdessen auf eine Wendeltreppe, die in den zweiten Stock hinaufführt. Eine perfekte Gelegenheit, den Markt aus der Vogelperspektive zu beobachten.

In diesem Land gibt es so viele unglaublich schöne Landschaften, aber während ich mich hier oben nach vorne lehne und den farbigen Regenbogen aus Limonen, Mandarinen, grünem Chili, rotem Paprika, weißem Reis, roten Schalotten, Karotten, Koriander und Bittermelone bewundere, denke ich darüber nach, was für ein schönes Gemäldemotive das eigentlich abgeben würde. Es ist aber nicht nur der Strudel an atemberaubenden Farben. Auch die Art

und Weise, wie jeder Standbesitzer die Erzeugnisse auf kunstvolle Art und Weise aufgestapelt und zur Schau gestellt hat, macht das Ganze zu einem Augenschmaus.

Im zweiten Stock kann man essen, hier stehen mehr als zwanzig Stände, an denen Gerichte aus ganz Vietnam verkauft werden. Ich bin froh darüber, in aller Frühe hier zu sein, denn ich bin rechtzeitig vor Ort, um zusehen zu können, wie hier Lebensmittel zubereitet und für den bevorstehenden Tag gekocht werden. Die Köche legen Geld in einen Eimer, der an einem langen Seil befestigt ist. Dann lassen sie den Eimer an den Stand unter ihnen hinunter und rufen dem Eigentümer ihre Bestellung an Kräutern und Gemüsen zu. Das Geld wird herausgenommen und die Bestellung in den Eimer gelegt, dann zieht der Koch das Seil hoch, nimmt seine Ware heraus und los geht's: Hacken, zerkleinern, in Würfel schneiden, duftende Kräuter von den Stängeln zupfen. Das ist die unterhaltsamste, aufregendste und theatralischste Art und Weise, einzukaufen und zu kochen, die ich je erlebt habe.

Unter den Woks wird Feuer angezündet, tief atme ich den Duft von sautiertem Knoblauch, Chili und Zitronengras ein. Alles bewegt sich, überall berauschen die schönsten Farben und ich genieße jeden Augenblick. Teller und Schüsseln beginnen zu klappern, der Verkauf beginnt: Hühner-Roti, Schweinekoteletts und dicke Bohnen; Katzenwels in Karamellsauce, warmes Rindfleisch mit Wasserkressesalat und karamellisierten Schweinebauch und Wachteleier.

Der Morgennebel lichtet sich und weicht einem frischen und sonnigen Morgen. Die Einwohner der Stadt kommen, um für den Tag einzukaufen. Von oben beobachte ich, wie penibel die Vietnamesen bei der Auswahl der Lebensmittel sind und wie gründlich sie nach einem perfekten Chili und den frischesten Bohnen suchen. Sie kaufen heute nur kleine Mengen ein. Morgen ist auch noch ein Tag. Dann werden sie wieder zum Markt gehen und alles beginnt von Neuem.

Dalat

Bevor die Franzosen ins Land kamen, hießen Salate in Vietnam »Goi«, nach deren Ankunft »Xa Lat«. Damit waren Salate gemeint, die mit einem Vinaigrettedressing zubereitet wurden.

BÒ XÀO XÀ LÁCH SOONG

Salat mit warmem Rindfleisch und Wasserkresse

ZUBEREITUNG

Für die Zubereitung des Vinaigrettedressings alle Zutaten in eine Schüssel geben und umrühren, damit sich der Zucker auflöst. Die Brunnenkresse, die Zwiebel und die Tomate in eine Schüssel geben und die Vinaigrette über den Salat gießen. Beiseitestellen.

Einen Wok auf mittlere Temperatur erwärmen, dann das Öl hineinschütten und den Knoblauch so lange braten, bis er duftet. Die Wärmezufuhr steigern, das Rindfleisch in zwei Portionen nacheinander hineingeben und unter ständigem Rühren 1–2 Minuten lang braten, bis es braun geworden ist. Mit Salz und Pfeffer würzen. Das Rindfleisch in die Salatschüssel geben, dann mit der Fischsauce zum Tunken übergießen. Gut vermengen, auf einen Servierteller legen und mit dem Chili garnieren.

FÜR 4–6 PERSONEN ALS MENÜBESTANDTEIL

ZUTATEN

1 Bund Brunnenkresse, nur die Blätter

1 kleine Zwiebel, in feine Ringe geschnitten

1 Tomate, in dünne Scheiben geschnitten

2 EL Pflanzenöl

3 Knoblauchzehen, fein gehackt

300 g Rinderfilet, pariert und in dünne Scheiben geschnitten

1 Prise Salz

½ TL grob gemahlener, schwarzer Pfeffer

2 EL Fischsauce zum Tunken (nuoc mam cham) (Seite 305)

1 Vogelaugenchili (Peperoncini), in Scheiben geschnitten

VINAIGRETTEDRESSING

2 ½ EL Weißweinessig

1 EL Knoblauchöl (Seite 306)

2 TL Zucker

In Dalat wird sehr viel Spargel angebaut und er ist qualitativ so hochwertig, dass man ihn roh verzehren könnte. Besonders hier, wo die Abende immer recht kühl sind, verwendeten die Franzosen für wärmende Suppen Spargel.

SÚP MĂNG TÂY CUA
Spargelsuppe mit Krebsfleisch

ZUTATEN

8 Stangen grüner Spargel, geputzt

1 EL Pflanzenöl

1 Thai-Schalotte, fein geschnitten

200 g gekochtes Krebsfleisch

200 g Enokipilze,
    gesäubert und geteilt

1 TL Salz

1,5 l Fischbrühe (Seite 309)

2 EL Fischsauce

2 EL Kartoffelstärke,
    aufgelöst in 125 ml Wasser

2 Frühlingszwiebeln,
    dünn geschnitten

2 EL Korianderblätter (Cilantro),
    zerkleinert

½ TL frisch gemahlener,
    weißer Pfeffer

ZUBEREITUNG

In einem Topf Wasser zum Kochen bringen, die Spargelstangen hineingeben und 2 Minuten lang blanchieren. Abschütten, dann den Spargel in Eiswasser geben, um den Garprozess zu unterbrechen. Das Wasser wegschütten und den Spargel klein schneiden.

Das Öl in einer Pfanne auf mittlere Temperatur erhitzen. Dann die Schalotten 2–3 Minuten lang anbraten, bis sie weich geworden sind. Den Spargel, das Krebsfleisch, die Enokipilze und das Salz hineingeben. Zwei Minuten lang umrühren. Beiseitestellen.

Den Fischfond in einem großen Topf bei niedriger Temperatur köcheln lassen. Die Fischsauce und die Kartoffelstärke hineingeben. Umrühren, bis der Fond eingedickt ist, dann den Spargel, die Krebsfleischmasse und die Zwiebeln dazugeben. Umrühren und noch einmal 2 Minuten lang erhitzen. Die Suppe auf Servierschüsseln aufteilen, mit dem Koriander garnieren und weißen Pfeffer darüberstreuen.

FÜR 4–6 PERSONEN ALS MENÜBESTANDTEIL

MĂNG TÂY XÀO NẤM
Spargel aus dem Wok mit asiatischen Pilzen

ZUBEREITUNG

Einen Wok auf mittlere Temperatur erhitzen. Das Öl hineingießen und den Knoblauch 1 Minute lang braten, bis er duftet, dann den Spargel dazugeben und 2 Minuten lang rühren. Alle Pilze dazugeben und 1 Minute lang unter Rühren erhitzen, dann die Fischsauce, die Austernsauce, den Zucker und 1 EL Wasser dazugeben. Eine weitere Minute lang schwenken, bis die Pilze weich geworden sind, dann mit dem Salz und dem Pfeffer würzen.

In eine Servierschüssel geben und mit dem Chili und den Sesamsamen garnieren. Mit gedämpftem Jasminreis servieren.

FÜR 4–6 PERSONEN ALS MENÜBESTANDTEIL

ZUTATEN

2 EL Pflanzenöl

3 Knoblauchzehen, fein gehackt

200 g grüner Spargel, geschält und in 4 cm lange Stücke geschnitten

70 g Austernpilze

70 g Mu-Err Pilze

70 g Enokipilze, gesäubert und klein geschnitten

70 g Shiitake Pilze

1 ½ EL Fischsauce

2 TL Austernsauce

½ TL Zucker

Prise Salz und frisch gemahlener, schwarzer Pfeffer

1 Vogelaugenchili (Peperoncini), in Scheiben geschnitten

¼ TL geröstete Sesamsamen

gedämpfter Jasminreis zum Servieren

Dieses Rezept wird eigentlich mit Hühnereiern zubereitet. An den Markt-ständen von Dalat bereiten es die Köche aber mit Wachteleiern zu. Ich habe es ausprobiert, und es schmeckte köstlich. Wenn möglich verwenden Sie dafür junges Kokosnusswasser, das Produkt aus der Dose ist zu süß.

THỊT KHO TRỨNG CHIM CÚT

Karamellisierter Schweinebauch mit Wachteleiern

ZUTATEN

1 kg Schweinebauch ohne Knochen
    (siehe Hinweis)
220 g Zucker
1,5 l Wasser junger Kokosnüsse
125 ml Fischsauce
5 frische Frühlingszwiebeln,
    nur das Weiße, zerquetscht
1 TL Salz
2 TL frisch gemahlener,
    weißer Pfeffer
12 Wachteleier
6 Vogelaugenchilis (Peperoncini),
    ganz
gedämpfter Jasminreis zum Servieren

ZUBEREITUNG

Den Schweinebauch in 4 x 2 cm große Stücke schneiden und beiseitestellen. Für die Zubereitung des Karamells den Zucker und 2 EL Wasser in einem großen Topf auf hohe Temperatur erwärmen. Unter gelegentlichem Rühren 5–6 Minuten lang erhitzen, bis der Zucker eine kräftige, goldbraune Farbe angenommen hat, dann vorsichtig das Schweinefleisch in den Topf geben. Umrühren, damit das Fleisch von dem Karamell ummantelt wird.

Das Kokosnusswasser dazuschütten und langsam zum Kochen bringen, dabei alles Fett und den Schaum abschöpfen, die an die Oberfläche treten. Die Wärmezufuhr bis auf ein Köcheln reduzieren, dann die Fischsauce, die Frühlingszwiebeln, das Salz und den weißen Pfeffer dazugeben. Eine Stunde lang garen lassen, bis das Fleisch zart ist.

In der Zwischenzeit Wasser in einem Kochtopf zum Kochen bringen. Die Wärmezufuhr so reduzieren, dass alles nur noch köchelt, dann vorsichtig die Wachteleier in das Wasser tauchen und 5 Minuten lang kochen. (Die Wachteleier können auch mit einem Löffel in das köchelnde Wasser gegeben werden.) Aus dem Wasser herausnehmen und schälen. Die geschälten Eier und die Chilis in den Topf mit dem Schweinefleisch geben und noch einmal 5 Minuten lang erhitzen. In eine Schüssel geben und mit gedämpftem Jasminreis servieren.

FÜR 4–6 PERSONEN ALS MENÜBESTANDTEIL

Hinweis: Wenn Ihnen Schweinebauch zu fett ist, ersetzen Sie die Hälfte davon durch Schweinenacken.

Unter den vielen Gemüsesorten, die mit den Franzosen nach Dalat kamen, war auch die Artischocke und ich muss schon sagen: Hier habe ich die allerbesten gegessen. Sie werden einfach gedämpft und dann mit Mayonnaise als leichte Zwischenmahlzeit verzehrt.

ATISÔ HẤP

Gedämpfte Artischocken mit einer Tunke aus Knoblauchmayonnaise

ZUBEREITUNG

Die Spitzen der Artischocken abschneiden und diese dann aufrecht in einen Bambusgartopf stellen. In einem Wok oder in einem großen Kochtopf Wasser zum Kochen bringen und die Knoblauchzehen, die Zitronenscheiben und die Zitronenblätter hineingeben. Den Deckel auf den Gartopf legen, diesen über das kochende Wasser im Wok stellen und die Artischocken 35–45 Minuten lang dämpfen, bis sich die äußeren Blätter leicht entfernen lassen.

Zum Verzehr zuerst die äußeren Blätter der Artischocke abziehen, weil diese normalerweise zäh sind. Dann die zarten Blätter von der Artischocke entfernen und das saftige, weiße Ende in die Knoblauchmayonnaise tunken, dabei fest in den Händen halten, in den Mund nehmen und durch die Zähne ziehen. So kann man den weichen, breiigen und köstlich schmeckenden Teil des Blattes entfernen. Den Rest des Blattes wegwerfen.

Mit einem Messer das Artischockenstroh herauskratzen. Jetzt ist nur noch das Herz übrig, der wahre Leckerbissen.

FÜR 4–6 PERSONEN ALS MENÜBESTANDTEIL

ZUTATEN

2 Artischocken (600 g)
2 Knoblauchzehen, zerquetscht
1 Zitrone, in Scheiben geschnitten
4 Kaffirlimettenblätter
Knoblauchmayonnaise (Seite 310)
  zum Servieren

Die Vietnamesen bereiten Fisch gerne mit den Gräten zu, weil das Fleisch, das die Gräten umgibt, aromatischer ist und süßer schmeckt. Den Katzenwels mögen sie auch sehr gerne, denn sein Fleisch ist fein und zart. Sie können aber auch je nach Belieben Barramundi oder Lachs verwenden.

CÁ TRÊ KHO TIÊU
Katzenwels in Karamellsauce

ZUTATEN

400 g Katzenwels, ganz
2 EL Sojabohnenöl
75 g sehr feiner Streuzucker
2 Knoblauchzehen, gehackt
1 großes Stück Ingwer,
    geschält und gestiftelt, 2 cm
1 Vogelaugenchili (Peperoncini),
    in Scheiben geschnitten
2 EL Fischsauce
2 Frühlingszwiebeln, in Ringe
    geschnitten
1 Prise zerquetschter,
    schwarzer Pfeffer
gedämpfter Jasminreis zum Servieren

ZUBEREITUNG

Den Fisch auf ein Hackbrett legen. Mit einem Hackmesser die Flossen, den Schwanz und den Kopf entfernen. Beginnend am Schwanz, den Fisch in 2 cm große Teile hacken.

Das Öl und den Zucker in einem Tontopf miteinander verrühren, dann zudecken und bei mittlerer Wärmezufuhr 5 Minuten lang kochen, dabei gelegentlich umrühren, bis sich eine schwere, dunkle Karamellsauce gebildet hat.

Den Fisch dazugeben, diesen rundum mit der dunklen Karamellsauce übergießen, dann den Knoblauch, den Ingwer und den Chili dazugeben und darauf achten, dass der Fisch nicht beschädigt wird. Die Fischsauce und 3 EL vom Wasser dazugeben und zum Kochen bringen. Die Wärmezufuhr bis auf ein Köcheln verringern und 5 Minuten lang weiterköcheln lassen, bis der Fisch gar ist. Mit der Frühlingszwiebel garnieren und den zerquetschten Pfeffer darüberstreuen. Mit gedämpftem Jasminreis servieren.

FÜR 4–6 PERSONEN ALS MENÜBESTANDTEIL

Dicke Bohnen sind eine Gemüsesorte, die aus Europa stammt. Bis zur Entdeckung Amerikas war dies die einzig bekannte Bohnensorte in der alten Welt. Sie wurden um das Jahr 1880 herum durch die Franzosen nach Vietnam gebracht und ich bin sehr froh, dass dem so war, denn ich glaube, dass es sich um die fleischigste und leckerste Bohnensorte handelt, die es im Land gibt. Vom fantastischen Geschmack abgesehen, haben dicke Bohnen zudem viel Protein und jede Menge Ballaststoffe.

SƯỜN HEO NẤU ĐẬU

Schweinekoteletts mit dicken Bohnen

ZUBEREITUNG

Die Schweinekoteletts auf ein Hackbrett legen und das Fleisch vom Knochen entfernen, dann in 1 cm große Stücke schneiden.

Die Schalotten, den Knoblauch, die Sojasauce, die Fischsauce, die Kartoffelstärke, den Zucker und den Pfeffer in eine Schüssel geben und umrühren, damit sich der Zucker auflöst. Das Schweinefleisch dazugeben und gründlich darin schwenken, danach zudecken und 1 Stunde lang zum Marinieren in den Kühlschrank stellen.

Einen Kochtopf auf mittlere Temperatur stellen. Wenn dieser heiß geworden ist, das Öl und die Butter dazugeben. Das Schweinefleisch aus der Marinade nehmen, diese beiseitestellen und dann das Fleisch auf allen Seiten anbraten. Das Tomatenmark dazugeben, umrühren und danach die Karotten und die Bohnen hineingeben, erneut umrühren. Die beiseitegestellte Marinade sowie das Kokosnusswasser hineingießen. Wieder zum Kochen bringen, allen Schaum von der Oberfläche abschöpfen. Die Wärmezufuhr bis auf ein leichtes Köcheln verringern und 15 Minuten lang köcheln lassen, bis das Fleisch zart und das Gemüse gar ist.

Mit Salz und Pfeffer würzen, mit dem Korianderzweig garnieren und eine kleine Schüssel Sojasauce, den geschnittenen Chili zum Tunken und frische Baguettes dazureichen.

FÜR 4–6 PERSONEN ALS MENÜBESTANDTEIL

ZUTATEN

500 g Schweinekoteletts
2 Thai-Schalotten, gehackt
2 TL gehackter Knoblauch
1 EL helle Sojasauce
1 EL Fischsauce
1 EL Kartoffelstärke
1 TL Zucker
½ TL frisch gemahlener, schwarzer Pfeffer
2 EL Pflanzenöl
50 g Butter
1 EL Tomatenmark
100 g Karotten, klein gewürfelt
200 g aus der Hülse entfernte und geschälte, dicke (Fava-)Bohnen
250 g Wasser junger Kokosnüsse
1 Prise Salz und gemahlener, schwarzer Pfeffer
Korianderzweige (Cilantro)
helle Sojasauce und in Scheiben geschnittenen roten Chili zum Tunken
vietnamesische Baguettes zum Servieren

*In Vietnam kennt man Flügelbohnen unter der Bezeichnung
»Drachenbohnen«. Sie haben eine fantastische Beschaffenheit und schmecken
ein wenig wie Kaiserschoten oder Spargel. Die gerösteten Kokosnussscheiben
verleihen dem Salat ein wundervolles, nussiges Röstaroma.*

BÒ XÀO ĐẬU RỒNG

Warmes Rindfleisch mit Flügelbohnensalat und Kokosnussscheiben

ZUTATEN

2 EL Fischsauce

3 EL Pflanzenöl

1 TL Zucker

½ TL frisch gemahlener,
schwarzer Pfeffer

200 g Rinderfilet,
pariert und dünn geschnitten

300 g Flügelbohnen (Goabohnen), die
Spitzen und alle Fäden entfernt

1 Zwiebel, in kleine Spalten
geschnitten

1 Knoblauchzehe, fein gehackt

1 Thai-Schalotte, fein gehackt

3 EL leichte Kokosnussmilch

5 Perillablätter, klein geschnitten

5 Blätter Vietnamesischer Koriander,
klein geschnitten

5 Blätter langer Koriander,
klein geschnitten

1 EL gerösteter Sesamsamen

3 EL Fischsauce zum Tunken
(nuoc mam cham) (Seite 305)

30 g geröstete Kokosnuss

ZUBEREITUNG

Einen EL Fischsauce, 1 EL Öl, den Zucker und den Pfeffer in eine Schüssel geben. Umrühren, damit sich der Zucker auflöst. Das Rindfleisch dazugeben und schwenken, bis es von der Marinade ummantelt ist, dann abdecken und bei Raumtemperatur 20 Minuten lang stehen lassen.

In einem Topf Wasser zum Kochen bringen. Die Flügelbohnen in 1 cm lange Stücke schneiden, dann in das kochende Wasser geben und 2 Minuten lang garen. Abschütten und 2 Minuten lang in Eiswasser geben, bis alles abgekühlt ist. Danach noch einmal abgießen. In eine Schüssel geben und beiseitestellen.

Einen Wok auf hohe Temperatur erwärmen, dann das restliche Öl, die Zwiebel, den Knoblauch und die Schalotte hinzugeben und 2 Minuten lang braten, bis sie duften, dabei umrühren. Das Rindfleisch hineingeben und 2 Minuten lang rühren, dann die Kokosnussmilch und die restliche Fischsauce hineingießen und 1 weitere Minute lang unter ständigem Rühren erhitzen.

In die Schüssel zu den Flügelbohnen geben. Die zerkleinerten Gewürze und die Sesamsamen in die Schüssel streuen und mit der Fischsauce zum Tunken übergießen. Alle Zutaten gut schwenken, dann in eine Servierschüssel geben. Mit den gerösteten Kokosnussscheiben garnieren.

FÜR 4–6 PERSONEN ALS MENÜBESTANDTEIL

Baguettes und Bánh Mì

IN DER HOFFNUNG, EINEN BLICK HINTER die Kulissen des Alltags von Dalat werfen zu können, biege ich von der Hauptstraße ab und gehe durch die engen Gassen und Wege. Ich komme an einer offenen Tür vorbei, aus der mir ein Schwall Hitze entgegenschlägt. Ich bleibe stehen und sehe fünf Männern in weißen Unterhemden zu, denen der Schweiß in Strömen herunterläuft, als sie frisch gebackene Baguettes aus dem Ofen in riesige geflochtene Bambuskörbe legen. Sie binden die Körbe auf dem Sozius eines wartenden Motorrades fest, dessen Motor gestartet wird und das daraufhin schnell davonfährt.

Ich bin durch Zufall in der größten und geschäftigsten Bäckerei von Dalat gelandet. Hinter einem hölzernen Arbeitstisch stehen drei Frauen, die in rasanter Geschwindigkeit Schweinerollen für die in einer langen Schlange vor ihnen Wartenden zubereiten. Goldbraune Baguettes, noch warm vom Ofen, werden blitzartig aufgeschnitten und dann großzügig mit Pastete und Mayonnaise bestrichen, danach folgt der Belag aus Schweineterrine, Schweinebauch, eingelegtem Gemüse, Gurke und Koriander. Etwas Chili darübergestreut, ein Spritzer Sojasauce und alles ist fertig. Andere wiederum warten auf die vielen süßen Kuchen und das Gebäck, die dort ebenfalls angeboten werden. Es handelt sich samt und sonders um französische Klassiker wie Schokoladeneclairs, Puddingtörtchen, Mille-Feuilles und Buttercroissants. Eine süße Erinnerung an den kulinarischen Einfluss der Franzosen.

Schnell reihe ich mich in die Wartenden ein, in der Hand einen Geldschein über 10 000 Dong. Nicht zu fassen, das alles kostet weniger als einen Euro. Das Anstehen um ein Baguette erinnert mich an die Zeit, als ich noch ein Schuljunge war. Jeder Tag begann im Restaurant meiner Eltern in Cabramatta. Vor Schulbeginn halfen wir bei den Vorbereitungen, fegten und wischten den Boden, stellten die Stühle von den Tischen herunter. Meine Eltern waren damals in der Küche und bereiteten Saucen, Brühen und andere Zutaten für den bevorstehenden Tag zu. Sie waren zu beschäftigt, um uns Brote für die Schule zu machen, stattdessen bekamen ich eine Dollarmünze und wurde in eine nahe gelegene Bäckerei geschickt, frisch gebackenes Baguette mit Schweinefleisch zu kaufen. Wenn ich dann um die Mittagszeit die Zähne in meine leckere Schweinerolle grub, warfen mir die Schulkameraden neidische Blicke zu und bissen missmutig in ihre mit Vegemite (in Australien erhältlicher Brotaufstrich) oder Erdnussbutter bestrichenen Brote. Ab und zu ließ ich mich aber auf einen Handel ein. Ich tauschte mein Baguette gegen ihre Brote, und sie erledigten dafür meine Hausaufgaben. Das war eine sehr gute Sache, denn Brot mit Vegemite schmeckte mir durchaus …

Ich gebe der Frau das Geld hinüber und sie überreicht mir eine Schweinerolle *(bánh mì thit)*, heutzutage eines der beliebtesten und auf der ganzen Welt bekannten vietnamesischen Gerichte, und überdies noch die perfekte Verbindung von französischen und vietnamesischen Zutaten und Aromen.

Im Laufe der Zeit haben die Vietnamesen das traditionelle französische Baguette verfeinert und an den eigenen Geschmack und die im Lande übliche Zubereitungsart angepasst.

Das vietnamesische Baguette ist weicher und knuspriger als das französische. Es wurde verfeinert, damit der Belag besser zur Geltung kommen kann. Heute findet man in Vietnam Baguettes an fast allen Straßenecken und Restaurants. Sie werden morgens zu weich gekochten Eiern und Omelettes, zu Mittag mit einer Reihe leckerer Füllungen gegessen, und am Abend in Currys oder die Sauce von Geschmortem getunkt.

Baguettes zählen mit zum Besten, was die Franzosen nach Vietnam gebracht haben! Sie sind für die Vietnamesen zu einem Grundnahrungsmittel geworden.

BÁNH MÌ
Vietnamesisches Baguette

ZUTATEN

160 g Reismehl
675 g Weizenmehl, zusätzlich etwas
  zum Bestäuben
2 TL Backpulver
500 ml lauwarmes Wasser
1 EL Trockenhefe
1 ½ TL Zucker
1 ½ TL Salz
Wasser zum Besprühen

ZUBEREITUNG

Das Reismehl, 150 g Mehl und das Backpulver in eine Schüssel geben und beiseitestellen.

Das Wasser in eine Rührschüssel schütten. Etwas Hefe auf das Wasser streuen, dann 7 Minuten lang, oder so lange, bis die Hefe zu schäumen beginnt, beiseitestellen. Den Zucker und die Reismehlmischung dazugeben und umrühren. Das Salz und das restliche Mehl hineingeben und mit dem Knethaken 4 Minuten lang kneten. Den Teig auf eine mit Mehl bestäubte Arbeitsfläche legen und noch einmal 1 Minute lang durchkneten. In eine leicht eingeölte Schüssel geben, mit Plastikfolie zudecken und den Teig 1 ½ Stunden, oder so lange stehen lassen, bis sich das Volumen verdoppelt hat.

Arbeitsfläche und Hände mit etwa 1 EL Mehl bestreuen. Den Teig auf die Arbeitsplatte legen und in zwei Hälften teilen, dann noch einmal in vier gleich große Stücke teilen. Jede Portion zu einer großen Kugel formen, dann vorsichtig mit den Handflächen daraufdrücken, bis eine ovale Form entsteht. Mit einem feuchten Küchentuch zudecken und 10 Minuten lang beiseitestellen.

Mit einem Nudelholz eine Teigportion zu einem spitzen Oval ausrollen, dessen Maße etwa 20 cm in der Länge und 15 cm in der Breite betragen sollten. Die Hände mit Mehl bestäuben und den oberen Bereich zur Mitte hin rollen, dann den unteren Rand hinaufrollen, bis beide in der Mitte aufeinandertreffen. Jetzt einen Zylinder formen, während dieses Vorganges den Teig leicht dehnen. Mit dem restlichen Teig wiederholen. Die Baguettes auf zwei Backbleche legen. Zudecken und noch einmal 30 Minuten lang gehen lassen, bis sie doppelt so groß geworden sind.

Den Ofen auf 220 °C vorheizen.

Die Baguettes der Länge nach mit einem scharfen Messer leicht einritzen. Danach 10 Minuten lang backen, nach 5 Minuten mit etwas Wasser besprühen. Die Bleche umdrehen und noch einmal 10 Minuten lang backen und nach 5 Minuten erneut mit Wasser besprühen.
ERGIBT 8 BAGUETTES

BÁNH MÌ XÍU MẠI

Baguette mit gedämpften Schweinefleischbällchen

ZUBEREITUNG

Für die Zubereitung der Schweinefleischbällchen die Garnelen in einem Mörser mit dem Stößel zu einer Paste verarbeiten. Die Masse in eine Schüssel zu den restlichen Zutaten für die Schweinefleischbällchen geben und mit den Händen gut durchmischen. Die Mischung zu 12 golfballgroßen Kugeln formen. Jedes Schweinefleischbällchen in eine Teetasse oder eine kleine Reisschüssel legen. Jeweils einige der Teetassen in einen Gartopf stellen und diesen verschließen. Den Topf über einen Wok oder einen Topf mit stark kochendem Wasser stellen und 15 Minuten lang dämpfen. Das Wasser, das sich in den Tassen oder Schüsseln sammelt beiseitestellen.

Für die Zubereitung der Sauce einen großen Kochtopf auf mittlere Temperatur erwärmen. Wenn der Topf heiß ist, das Öl, den Knoblauch sowie die Schalotten dazugeben und 2–3 Minuten lang sautieren, bis alles aromatisch duftet. Das Kokosnusswasser, den Zucker, die Sojasauce, die Fischsauce, das Annattoöl, das Sesamöl und das Tomatenmark dazugeben. Großzügig mit dem schwarzen Pfeffer würzen. Zum Kochen bringen und dann die Wärmezufuhr so verringern, dass alles nur noch köchelt. Die Kartoffelstärke in 1 EL Wasser auflösen, danach langsam unter die Sauce geben und so lange rühren, bis sie eindickt. Vorsichtig die gedämpften Schweinefleischbällchen und deren Saft in den Kochtopf geben und noch einmal 5 Minuten lang köcheln lassen. Die Schweinefleischbällchen aus dem Topf nehmen und die Sauce beiseitestellen.

Die Baguettes der Länge nach, aber nicht komplett durchschneiden. Die Gurke in lange Stäbchen schneiden. Das Grün von den Frühlingszwiebeln entfernen, das Weiß der Länge nach halbieren und in lange Stäbchen schneiden. In jedes Baguette zunächst etwas eingelegte Karotte und danach ein paar Gurkenstäbchen geben, dann 3 Schweinefleischbällchen (in der Hälfte durchschneiden und etwas zerdrücken, damit sie in die Baguettes passen), ½ Frühlingszwiebel, einen Korianderzweig und etwas Chili darauflegen und 1 EL von der Sauce darüberträufeln.

ERGIBT 4 STÜCK

ZUTATEN

4 vietnamesische Baguettes, aufgeschnitten
2 libanesische Gurken (Mini-Gurken)
2 Frühlingszwiebeln
200 g eingelegte Karotten (Seite 311)
4 lange Zweige Koriander
2 Vogelaugenchilis (Peperoncini), fein geschnitten

SCHWEINEFLEISCHBÄLLCHEN

150 g rohe Riesengarnelen (Shrimps) gepuhlt und entdarmt
300 g Hackfleisch vom Schwein
100 g Wasserkastanien, gewürfelt
2 Wachteleier
3 Knoblauchzehen, gehackt
2 Thai-Schalotten, gehackt
4 Frühlingszwiebeln, gehackt
1 EL Fischsauce
1 EL Sojasauce
2 EL Zucker
1 TL grob gemahlener, schwarzer Pfeffer

SAUCE

1 EL Pflanzenöl
3 Knoblauchzehen, gehackt
2 Thai-Schalotten, gehackt
250 ml Wasser junger Kokosnüsse
2 TL Zucker
2 TL Sojasauce
2 TL Fischsauce
1 TL Annattoöl (Seite 306)
1 TL Sesamöl
1 TL Tomatenmark
1 EL Kartoffelstärke

Schon seit meiner Kindheit habe ich diese vietnamesisch-französische Version der scharfen Fleischpastete gegessen und damals geglaubt, dass pâté chaud eine vietnamesische Bezeichnung sei. Erst als ich erwachsen war, kam ich dahinter, dass diese knusprigen Fleischpasteten ursprünglich aus Frankreich stammen. Für dieses Rezept habe ich Schweinefleisch verwendet.

BÁNH BA TÊ SÔ
Pâté chaud

ZUTATEN

25 g getrocknete
    oder frische Mu-Err Pilze
25 g getrocknete Glasnudeln
300 g Hackfleisch vom Schwein
3 Thai-Schalotten, gehackt
1 EL Fischsauce
2 TL helle Sojasauce
1 TL frisch gemahlener,
    schwarzer Pfeffer
8 Scheiben Blätterteig (TK-Ware,
    20 × 20 cm)
2 Eigelb, aufgeschlagen

ZUBEREITUNG

Die getrockneten Pilze in eine Schüssel geben, mit Wasser übergießen, bis sie davon bedeckt sind und 20 Minuten darin einweichen, dann abgießen und dünn schneiden. Die Glasnudeln in eine andere Schüssel geben, mit Wasser übergießen, bis sie davon bedeckt sind und 20 Minuten darin einweichen, dann abgießen und mit einer Küchenschere in 4 cm lange Stücke schneiden. Den Backofen auf 160 °C (Gas Stufe 2–3) vorheizen. Zwei große Backbleche leicht einfetten.

Das Schweinefleisch in eine Schüssel geben und die Pilze, die Glasnudeln, die Schalotten, die Fischsauce, die Sojasauce und den Pfeffer hineingeben. Gründlich vermengen.

Mit einem scharfen Messer oder einem Ausstecher aus dem Teig handtellergroße Kreise schneiden (etwa 10 cm Ø). Aus einem Teigblatt 4 Kreise schneiden.

Eine kleine Handvoll der Schweinefleischmasse nehmen und zu einer etwa golfballgroßen Kugel formen. Das Fleischbällchen in die Mitte des Blätterteigkreises legen. Die Ränder des Teiges mit Eiweiß einpinseln, dann eine weitere Lage aus Blätterteig darauflegen. Mit einer Gabel den Teig am Rand entlang aufeinanderdrücken und verschließen. Den Vorgang wiederholen, insgesamt 16 Pasteten herstellen. Die Pasteten auf die Backbleche legen und vorsichtig mit Eigelb einpinseln, so bekommen sie nach dem Backen eine schöne goldgelbe Farbe. Die Pasteten oben mit einer Gabel einstechen, damit der Dampf austreten und der Blätterteig aufgehen kann. So lange backen, bis alle goldbraun sind, was 20 Minuten in Anspruch nimmt. Sofort servieren.

FÜR 6–8 PERSONEN ALS BESTANDTEIL EINES FRÜHSTÜCKSBUFFETS ODER ALS ZWISCHENMAHLZEIT

Herr Pierre, der Kaffee und die Honigbienen

ICH SITZE AUF DEN STUFEN DES DORFKINOS und warte auf Pierre Morère. Einheimische haben mir erzählt, dass seine Großeltern einst Besitzer der größten Kaffeeplantagen von Dalat gewesen waren. Während ich warte, zähle ich, wie man das eben so macht, die Cafés. Es sind mehr als fünfzehn, und das nur von dem Platz aus gesehen, an dem ich sitze. Es fasziniert mich, dass der Kaffee ein derart großer Teil unserer vietnamesischen Kultur sowie unseres Alltagslebens geworden ist und dass der größte Teil des vietnamesischen Kaffees hier in Dalat angebaut wird. Vietnam ist mittlerweile tatsächlich zum zweitgrößten Kaffee-Exporteur der Welt geworden, und liegt damit nicht weit hinter Brasilien.

Ein alter beiger Tarago kommt vor mir zum Stehen und ein Mann mit strahlend blauen Augen lehnt sich aus dem Fenster. »Bist du Luke?«, fragt er mich mit einem französischen Zungenschlag eingefärbten Vietnamesisch. »Spring rein!«

Zwanzig Fahrminuten außerhalb der Stadt fahren wir durch ein weites, regenreiches Anbaugebiet.

»Das alles hier ist der Nationalpark, mein Hinterhof«, sagt Pierre stolz, während wir die Auffahrt zu seinem Haus hinauffahren. Pierre hat in seiner Küche eine Produktionsstätte installiert, sein »Labor«, in der er seine eigenen Butterkekse herstellt, die er dann vermarktet. Er macht einen Tee, den wir zu seinen Keksen trinken und erzählt mir seine Geschichte.

»Meine Großeltern gehörten zu den Ersten, die den Kaffee der Sorte Arabica nach Vietnam brachten. Sie kamen im Jahr 1919 von Frankreich nach Dalat. Sie fanden ein kleines und fruchtbares Stück Land in den Bergen, stellten zwanzig Einheimische aus den Dörfern mit ethnischen Minderheiten an und bauten zusammen mit ihnen ein Imperium auf, in dem sie einige der besten Kaffeesorten Vietnams anbauten. Bis zum Jahr 1924 hatten sie zudem noch eine Plantage aufgebaut, die Kautschuk für die Reifen der Firma Michelin produzierte und ernteten darüber hinaus auch noch wilden Honig, züchteten Büffel, Schweine, Kühe und Schafe.

Das Geschäft ging in die Hände meiner Eltern, und die hatten ihrerseits vor, es an mich weiterzugeben. Als Frankreich aber seine Kolonie verlor, war meine gesamte Familie gezwungen, nach Europa zurückzukehren. Meine Familie war am Boden zerstört; Vietnam war ihr Zuhause, vier Generationen hatten dort gelebt. Sie liebten Vietnam, die Menschen dort, und brachten den Angestellten großen Respekt entgegen. Schließlich verließen wir in den späten 1950er-Jahren das Land, aber mit dem Älterwerden verspürte ich immer stärker das Bedürfnis, wieder in mein Geburtsland zurückzukehren. Mir fehlten die Lebensart, das Wetter, die Menschen und natürlich das Essen. Im Jahr 1999 kehrte ich nach Dalat zurück, um fortzuführen, womit meine Großeltern angefangen hatten und was meine Eltern zurückgelassen hatten. Ich suchte monatelang und stellte Nachforschungen an, wo sich das Land befunden hatte, auf dem sich die Plantagen meiner Familie befunden hatten. Dadurch kam ich auch wieder mit den Menschen in Kontakt, die für meine Großeltern gearbeitet hatten. Ich konnte es kaum glauben! Genau wie meine Großeltern, kaufte auch ich Land, gründete eine Firma namens

Jangada, um Arabica-Kaffee anzubauen und Honig zu produzieren. Das war meine Bestimmung. Jetzt beschäftige ich Dutzende Einheimische aus den Bergen und baue heute den besten Kaffee von Dalat an, produziere französische Butterkekse und den reinsten Honig. Staunend höre ich Pierre zu. Ich bin sehr beeindruckt von seiner Entschlossenheit, seiner Vision, seiner Leidenschaft und seiner Liebe zu Vietnam und den Menschen. Ich kann es gar nicht fassen, dass er genau die Menschen wiedergefunden hat, die früher einmal über lange Jahre hinweg für seine Großeltern gearbeitet hatten. Freudig erklärt er sich bereit, mich

ner anderen ethnischen Minderheit in Vietnam vor. »Dieser Kaffee kommt von unserer Plantage«, sagt Ca Bang, während sie mir Kaffee eingießt. »Normalerweise trinken wir ihn nicht mit Milch oder Zucker, weil er schwarz besser schmeckt und schon von Natur aus süß ist.«

Ha Bang erzählt, dass Pierres Großvater ihm beigebracht hat, wie man einen derart guten Kaffee anbaut und produziert. »Wir haben die Anbaumethode seitdem nicht verändert«, sagt er. »Wir machen es so wie früher, alles mit der Hand. Wir ernten nur einmal im Jahr, pflücken eine Tonne Beeren und breiten sie

»Warte nur, bis du meinen Honig probiert hast, komm mit, ich zeige ihn dir.«

zu ihnen zu bringen.

Wir beladen den Kleintransporter mit Kisten voller Butterkekse und fahren in nördliche Richtung zu einem Dorf, in dem Einheimische wohnen, die einer ethnischen Minderheit angehören. Dieses Dorf befindet sich eine halbe Fahrstunde entfernt, liegt in den sanften Hügeln des Regenwaldes im Dschungel, wo der Stamm der Chel zu Hause ist. Dutzende spärlich gekleideter Kinder jagen hinter dem Kleinlaster her, als wir auf den schmalen, staubigen Straßen durch das Dorf fahren, in dem einzelne Holzhütten stehen. Der Tradition entsprechend ist jede mit pastellgrüner oder blauer Farbe gestrichen, daran hat sich seit Jahrhunderten nichts geändert.

Pierre stellt mich einem älteren Ehepaar namens Ha Bang und Ca Bang vor, die mich behutsam am Arm nehmen und freundlich in ihr Haus bitten. Wir kommen an einem Kupferkessel vorbei, der im Hof über einem offenen Feuer steht, und betreten einen schwach beleuchteten Raum. Ha Bang sitzt neben mir an einem langen staubigen Tisch und legt seine Hand auf meine. Seine Handflächen sind rau von der schweren Arbeit, die tiefen Falten auf seiner Stirn erzählen viele Geschichten, hinzu kommt noch seine dunkle Hautfarbe und die ausgeprägten Gesichtszüge: Meiner Meinung nach ähnelt er mehr einem Indianer als einem Vietnamesen, denn das kommt bei kei-

im Dorf aus, damit sie etwa zehn bis fünfzehn Tage lang trocknen. Wir mahlen die getrockneten Beeren in großen Steinmörsern, damit wir die Schalen entfernen können, dann rösten wir die Beeren zweimal in großen, heißen Woks. Wir geben keine Butter, kein Öl oder Fischsauce dazu.« Fischsauce? Ich habe überhaupt nicht gewusst, dass die Vietnamesen Kaffee in Fischsauce geröstet haben! Ich nippe an dem dunklen Kaffee und kann die Mühe und die Arbeit schmecken, die darin steckt. Ca Bang hat recht. Auch wenn ich meinen Kaffee normalerweise mit Milch und Zucker trinke, brauche ich das jetzt einfach nicht. Er schmeckt so wunderbar aromatisch, ist stark, hat eine schöne Farbe und ist überhaupt nicht bitter.

Ha Bang merkt, dass mir sein Kaffee sehr gut schmeckt. »Warte nur, bis du meinen Honig probiert hast!«, sagt er stolz. »Komm mit, ich zeige ihn dir.«

Nicht weit hinter dem Haus führt Ha Bang mich zu einem Bienenstock. Pierre legt seinen weißen Schutzanzug an, setzt zur Sicherheit den Imkerhut auf und zieht einen Einsatz mit einer gut gefüllten Wabe heraus. Er zeigt uns die Honigwabe und erklärt, dass die Bienen Honig produzieren, indem sie den Pollen der Kaffeepflanzen sammeln. Innerhalb von Sekunden schwärmen Bienen um uns herum und ich bekomme es mit der Angst zu tun. Ich reagiere auf Bienenstiche allergisch.

»Keine Angst«, sagt Pierre, denn ich renne in der Gegend herum, fuchtele mit den Händen über meinem Kopf herum und kann das nur schwer glauben.

»Wenn du vor den Bienen flüchtest, verfolgen sie dich und lassen nicht locker, bis sie dich erwischt haben.« Ich danke ihm für seine tröstenden Worte, höre sofort auf und versuche, meine Arme wieder unter Kontrolle zu bringen. Schließlich fängt Pierre etwas Honig in einem Glas auf und reicht es mir. Er stellt den Einsatz mit der Honigwabe zurück zur Königin, und deren Armee macht sich wieder an die Arbeit.

Ich stecke den Finger in das Glas, um ein wenig davon zu kosten. Der Honig ist bernsteinfarben, warm im Mund und wunderbar süß. Pierre packt ein paar Kisten voll Honig und stellt sie in seinen Kleinlaster zu den Keksen, die er nach Nha Trang bringen will. Er verrät mir, dass er dort ein kleines Geschäft hat, in dem er seine Erzeugnisse an Touristen verkauft, die aus den größeren Städten angereist kommen.

»Momentan verkaufe ich Butterkekse, Kaffee und Honig, so wie es meine Familie vor sechzig Jahren getan hat. Mein Vater und meine Mutter haben auch noch Kühe, Büffel und Schafe gezüchtet. Das habe ich auch noch vor. Nächste Woche bekomme ich zwanzig Schafe und hoffe, in einem Jahr doppelt so viele zu haben, weil ich Lammfleisch an Hotels und Restaurants in Vietnam verkaufen will. Danach plane ich, Kuhmilch und Büffelkäse herzustellen und damit einmal mehr die französische Küche und Kultur dem vietnamesischen Volk näherzubringen. Ich bin so froh, hier zu sein. Endlich bin ich zu Hause.«

VORHERIGE SEITE: *Pierre entfernt eine Bienenwabe aus dem Stock*
UNTEN: *Pierres Eltern mit Hütejungen*

GỎI CÁ HỒI XÀ LÁCH SOONG

Salat aus Palmherzen und Wasserkresse mit gegrilltem Lachs

ZUTATEN

200 g Lachsfilet,
   ohne Haut und Gräten
1 Bund Brunnenkresse, nur die
   Blätter
200 g frische Palmherzen,
   gewaschen und in Scheiben
   geschnitten
   (oder aus der Dose)
100 g Bohnensprossen
1 Stück Zitronengras, 5 cm lang,
   nur das Weiße, fein gehackt
½ kleine Zwiebel, in Scheiben
   geschnitten
1 Handvoll Perillablätter, zerkleinert
1 Handvoll Minzeblätter, zerkleinert
1 Handvoll Blätter Vietnamesischer
   Koriander, zerkleinert
2 TL gerösteter Knoblauch (Seite 306)
2–3 EL Fischsauce zum Tunken
   (nuoc mam cham) (Seite 305)
1 EL zerquetschte geröstete Erdnusse
   (Seite 307)
1 EL geröstete Thai-Schalotten
   (Seite 307)
1 Vogelaugenchili (Peperoncini),
   klein geschnitten

LACHSMARINADE

1 TL eingelegter, gemahlener Chili
1 Knoblauchzehe, zerquetscht
2 TL sehr feiner Streuzucker
1½ EL Fischsauce
Prise Salz

ZUBEREITUNG

Für die Herstellung der Marinade die Zutaten in eine Schüssel geben und gut rühren, damit sich der Zucker auflöst. Den Lachs hineingeben und wenden, bis er von der Marinade ummantelt ist, dann abdecken und 30 Minuten lang zum Marinieren in den Kühlschrank stellen. Den Lachs gut abtropfen lassen und die Marinade weggießen.

Eine Grillpfanne auf mittlere bis hohe Temperatur erhitzen und den Lachs zuerst mit der Haut nach unten jeweils 2–3 Minuten lang grillen, bis er außen eine schöne Farbe hat, in der Mitte aber noch zartrosa ist. Aus der Pfanne nehmen und den Lachs 5 Minuten lang stehen lassen, dann das Fleisch in eine große Schüssel zerpflücken.

Die Wasserkresse, die Palmherzen, die Bohnensprossen, das Zitronengras, die Zwiebel, die Kräuter, den gebratenen Knoblauch und die Fischsauce dazugeben. Alles gut vermengen, dann auf einen Servierteller legen. Vor dem Servieren mit den Erdnüssen, den gerösteten Schalotten und dem Chili garnieren.

FÜR 4–6 PERSONEN ALS MENÜBESTANDTEIL

Die Vietnamesen essen gerne klare, feine Brühen, sie sollen einen Ausgleich zu den kräftigeren Aromen der anderen Gerichte schaffen und eine Mahlzeit abrunden. Asiatischer Sellerie schmeckt mild, ist frisch und harmoniert bei dieser Brühe wunderbar mit Limette.

CANH CHUA NGỌT
Asiatische Selleriebrühe mit Barramundi

ZUBEREITUNG

Die Blätter von den Selleriestängeln entfernen und zur späteren Verwendung aufbewahren, dann die Stängel grob zerkleinern. Die Selleriestangen, die Frühlingszwiebel und die Chilis in einem Mörser zu einer Paste verarbeiten. Beiseitestellen.

Den Barramundi in 5 cm breite Stücke schneiden. Eine Bratpfanne auf mittlere Temperatur erhitzen, dann das Öl hineingießen und die Fischfilets mit der Haut nach unten 3 Minuten lang braten, bis die Haut kross geworden ist. Herausnehmen und an einen warmen Platz stellen.

Die Selleriepaste, die Fischbrühe, die Fischsauce und den Zucker in einen großen Topf geben und zum Kochen bringen. Die Wärmezufuhr auf niedrige Stufe verringern und dann vorsichtig die Fischfilets mit der Haut nach oben hineinlegen. Fünf Minuten lang köcheln lassen, dann die Tomaten und die Sellerieblätter dazugeben.

Den Fisch mit der Haut nach oben in Servierschüsseln geben, die Suppe darübergießen. Mit den Bohnensprossen und einer Limettenspalte garnieren.

FÜR 4–6 PERSONEN ALS MENÜBESTANDTEIL

ZUTATEN

6 asiatische Selleriestangen

6 Frühlingszwiebeln, nur das Weiße, gehackt

2 Vogelaugenchilis (Peperoncini), gehackt

700 g Barramundifilets mit der Haut, die Gräten entfernt

2 EL Pflanzenöl

2 l Fischbrühe (Seite 309)

125 ml Fischsauce

1 TL Zucker

2 große reife Tomaten, in Spalten geschnitten

1 große Handvoll Bohnensprossen

2 Limetten, in Spalten geschnitten

In der Nähe von Ha Bangs Haus werden Avocado und Pomelos angebaut, sie inspirierten mich zu diesem Rezept und passen beide fantastisch zum Hummer. Dieses Gericht ist glamourös, aber dennoch einfach zuzubereiten. Das perfekte Gericht, wenn Sie Gäste erwarten.

GỎI BƯỞI TÔM HÙM
Salat aus Pomelo, Avocado und Hummerschwanz

ZUTATEN

4 kleine Hummerschwänze,
    die Schalen unversehrt
    (jeweils etwa 250 g)
Meersalz
frisch gemahlener, schwarzer Pfeffer
1 EL Pflanzenöl
1 Pomelo
1 Avocado
½ Bund Brunnenkresse,
    nur die Blätter
10 Perillablätter, zerkleinert
10 Blätter Vietnamesischer
    Koriander, zerkleinert
10 Minzeblätter, zerkleinert
3 EL Fischsauce zum Tunken
    (nuoc mam cham) (Seite 305)
1 EL gerösteter Knoblauch (Seite 306)

ZUBEREITUNG

Den Ofen auf 220 °C (Gas Stufe 7) vorheizen. Die Hummerschwänze mit einem Hackmesser der Länge nach zerteilen und den Darm entfernen. Den Hummer mit Salz und Pfeffer würzen.

Das Öl in einem feuerfesten Topf bei hoher Temperatur erhitzen. Die Hummerschwänze mit den Schnittflächen nach unten in den Topf geben und 2 Minuten lang schmoren, bis sie Farbe angenommen haben. Den Hummer wenden, dann den Topf in den Ofen stellen und 5–10 Minuten lang braten, oder so lange, bis er gerade eben gar ist.

In der Zwischenzeit die Pomelo schälen und dann mit den Händen in grobe Stücke reißen. Die Avocado schälen und in 2 cm lange Würfel schneiden. Die Pomelo, die Avocado, die Brunnenkresse und die zerkleinerten Kräuter in eine Schüssel geben. Mit der Fischsauce beträufeln, vorsichtig schwenken. Den Salat auf Servierschüsseln aufteilen und mit dem gerösteten Knoblauch garnieren. Mit den Hummerschwänzen servieren.

FÜR 4–6 PERSONEN ALS MENÜBESTANDTEIL

Das Räuchern von Lebensmitteln ist wirklich ganz einfach. Sie werden dadurch schmackhafter und bekommen mit wenig Aufwand ein wunderbares Aroma. Sie können die Ente auch unter einem Haubengrill zubereiten.

VỊT XÔNG KHÓI

Ente in grünem Tee geräuchert

ZUBEREITUNG

Den Pfeffer, die Sojasauce, die Fischsauce und das Sesamöl in eine große Schüssel geben und alles gut vermengen. Das Entenfleisch dazugeben und mehrmals wenden, dann abdecken und 30 Minuten lang zum Marinieren in den Kühlschrank stellen.

Das Entenfleisch aus der Marinade nehmen und abtropfen lassen. Eine Bratpfanne auf mittlere Temperatur erhitzen, dann das Öl hineingeben und die Entenbrust mit der Haut nach unten 3 Minuten lang anbraten. Aus der Pfanne nehmen und beiseitestellen.

Ein Stück Aluminiumfolie auf den Boden eines Wok legen, dann die Kassiarinde, den Sternanis, den grünen Tee, den braunen Zucker und den Reis darauflegen. Ein kleines Drahtgestell so in den Wok stellen, dass er sich über den Aromaten befindet und den Wok mit einem Deckel schließen. Die Temperatur auf hohe Stufe drehen und erhitzen, bis vom Wok Rauch aufsteigt, dann die Entenbrust mit der Haut nach oben auf das Gestell legen. Die Temperatur auf mittlere Stufe herunterdrehen, den Wok zudecken und das Entenfleisch 10 Minuten lang räuchern. Die Wärmezufuhr abstellen und die Ente 5 Minuten lang im Wok ruhen lassen.

Das Entenfleisch in dünne Scheiben schneiden und auf Servierteller legen. Mit den Frühlingszwiebeln, dem Koriander und dem Chili garnieren. Mit den Baguettes und einer kleinen Schüssel Sojasauce und dem klein geschnittenen Chili servieren.

FÜR 4–6 PERSONEN ALS MENÜBESTANDTEIL

ZUTATEN

½ TL schwarzer Pfeffer, zerquetscht
1 EL helle Sojasauce
2 TL Fischsauce
1 TL Sesamöl
2 Entenbrüste, ohne Knochen, mit Haut
2 EL Pflanzenöl
1 Stück Kassiarinde
2 Sternanis
40 g vietnamesischer grüner Tee
100 g brauner Zucker
100 g Jasminreis
2 Frühlingszwiebeln, der Länge nach in feine Scheiben geschnitten
1 Handvoll Korianderblätter (Cilantro)
2 lange rote Chilis, gestiftet
2 vietnamesische Baguettes
helle Sojasauce und in Scheiben geschnittener roter Chili zum Tunken

Ich war überrascht, als ich erfuhr, dass die Butterkekse von Pierre bei den einheimischen Vietnamesen am beliebtesten waren. Sie kommen sogar aus Hanoi angereist, um sie zu kaufen.

BÁNH BƠ
Butterkekse

ZUTATEN

125 g Butter, bei Raumtemperatur
115 g sehr feiner Streuzucker
⅛ TL Salz
¼ TL Vanillemark
225 g Weizenmehl

ZUBEREITUNG

Die Butter in eine große Schüssel geben und mit einem Holzlöffel schlagen, bis sie schaumig ist. Dies kann auch mit einem Mixer geschehen. Den Zucker, das Salz und die Vanille hineingeben und so lange rühren, bis alles gut vermengt ist. Jetzt das Mehl dazugeben, mit den Händen alle Zutaten kneten, bis sich ein Teig bildet. Den Teig in eine Schüssel geben, mit Plastikfolie abdecken und 1 Stunde lang in den Kühlschrank stellen.

Den Ofen auf 180 °C vorheizen. Zwei Backbleche mit Backpapier auslegen. Den Teig auf eine Stärke von 5 mm ausrollen. Mit einer 5 cm großen runden Ausstechform Plätzchen ausstechen und im Abstand von 2 cm auf die vorbereiteten Bleche legen. 10 Minuten lang backen, bis sie goldbraun geworden sind. Ein wenig abkühlen lassen und dann auf ein Drahtgestell legen.
ERGIBT ETWA 3 DUTZEND STÜCK

DI TÍCH KIẾN TRÚC

GA ĐÀ LẠT

ĐÃ ĐƯỢC XẾP HẠNG DI TÍCH QUỐC GIA
NGÀY 28-12-2001

LETTRES

Saigon
Paris des Ostens

MEIN ERSTER AUFENTHALT IN SAIGON IST MEHR ALS
14 Jahre her. Damals war ich der Erste aus meiner Familie
gewesen, der nach über 30 Jahren nach Vietnam zurückkehrte.
Tante Neun, die Schwester meiner Mutter, holte mich an diesem
Tag vom Flughafen ab. Würde ich sie wohl noch erkennen?

Bis zu jenem Tag war ich noch niemandem aus dem
vietnamesischen Zweig meiner Familie begegnet, deshalb
erinnere ich mich auch noch genau daran. Sobald ich durch
die Ausgangstüren des Flughafens ging, schlug mir eine Wand
aus tropischer Schwüle entgegen. Man kann sich nur schwer an
die Hitze in Saigon gewöhnen, sie umfängt einen wie ein fester,
schwerer Mantel. Meine Schultern hingen schlaff herunter und der
undurchdringlichen Dunstglocke aus Luftfeuchtigkeit wegen flirrte
es mir vor den Augen, aus der Entfernung konnte ich aber gerade
eben noch eine Gruppe Menschen erkennen, die mir zuwinkte und
beim Näherkommen hörte ich, dass sie meinen Namen riefen.

»Tante Neun?, rief ich voller Hoffnung. Die Gruppe reagierte
damit, geschlossen auf mich zuzustürmen, umarmte mich, tätschelte
mir das Gesicht und gab mir vietnamesische Küsse, kleine, sanfte
Atemstöße auf die Wangen. Tante Neun stellte sich vor und danach
folgten etwa zwanzig Familienmitglieder, Onkel, Tanten, Cousinen

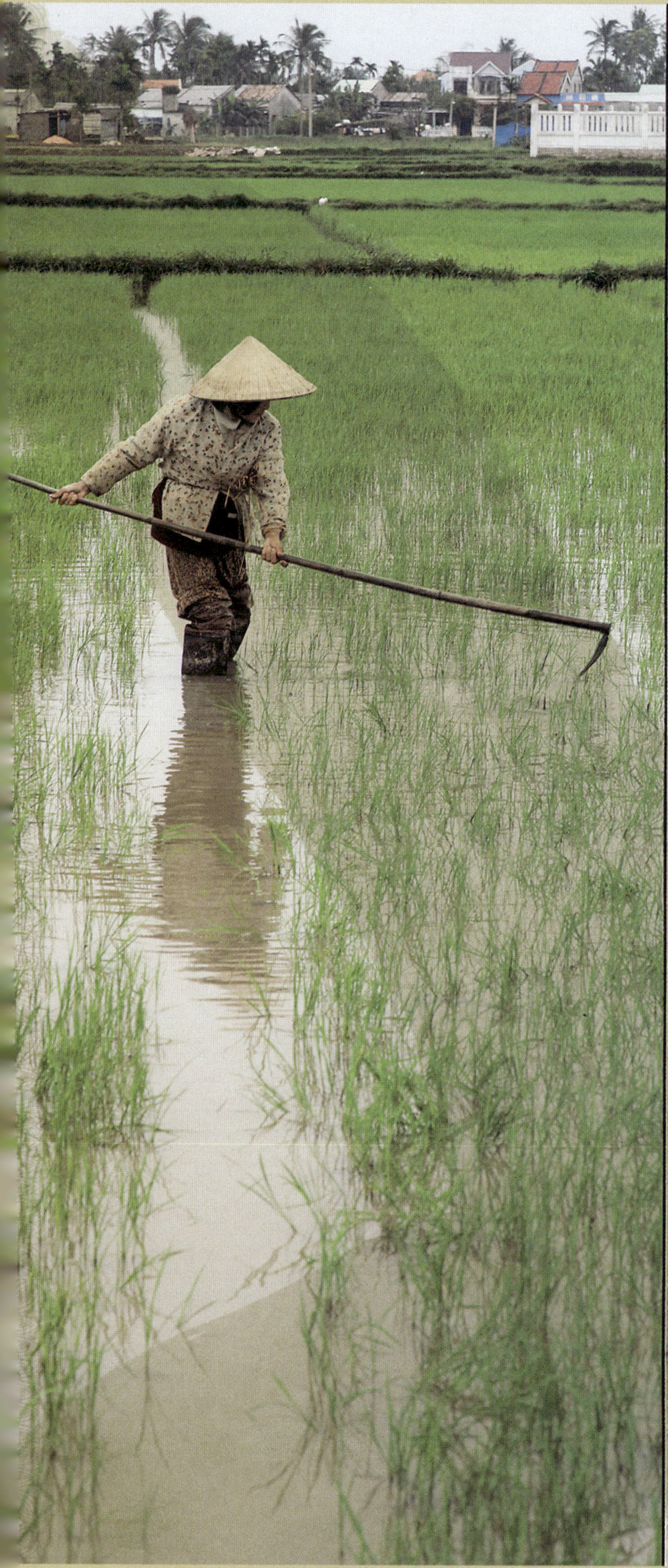

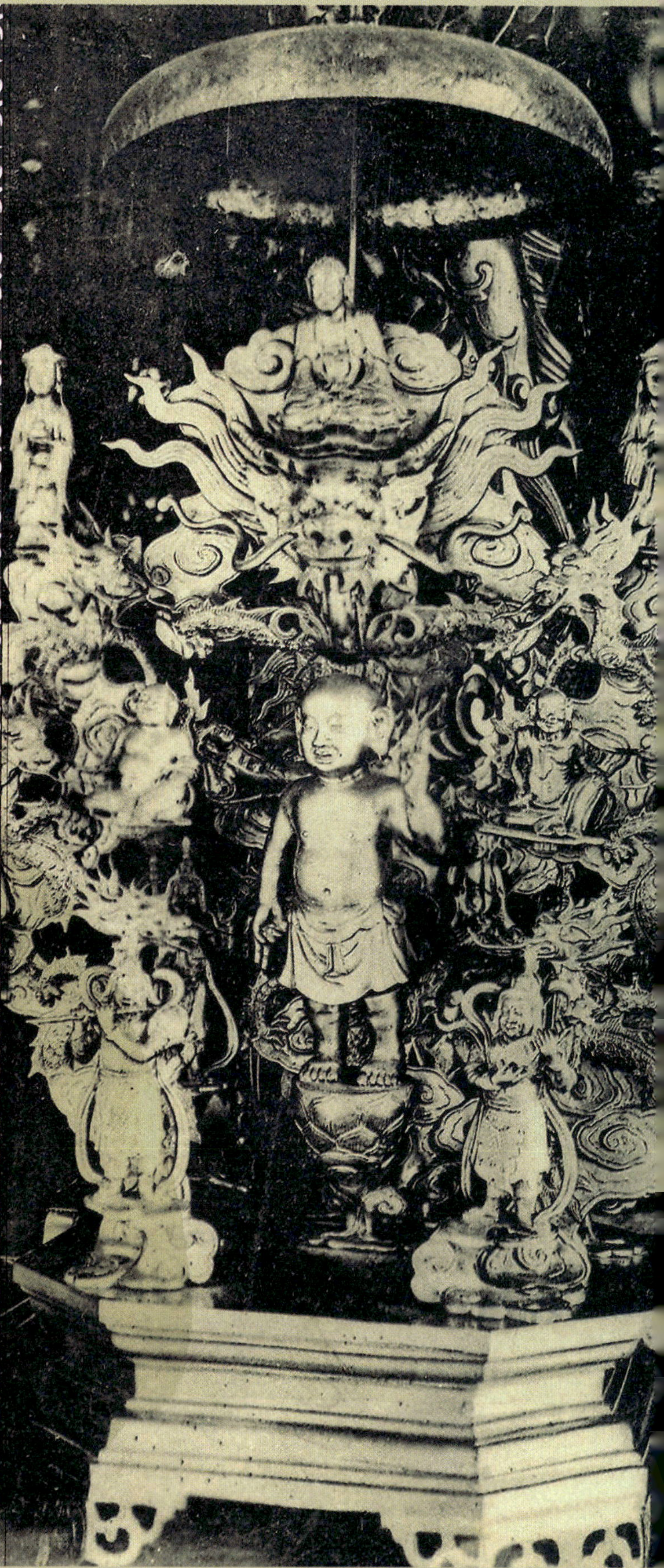

und Großeltern. Aber kurz nach der Begrüßung hatten sie sich auch schon in alle Winde zerstreut und waren nach Hause gefahren.

Ich sprang auf den Rücksitz des Motorrads meiner Tante und wir steuerten auf die Stadtmitte von Saigon zu. Vietnam war genau so, wie ich es mir vorgestellt hatte: Büffel pflügten die Felder, Bauern arbeiteten auf leuchtend grünen Reisfeldern, Fahrradfahrer und Motorradfahrer standen auf baumbestandenen Alleen im Stau, voll besetzte Rikschas fuhren vorbei, Frauen trugen den eleganten *ao dai*, Gruppen Einheimischer saßen am Straßenrand. Sie trugen kegelförmige Hüte und aßen Gerichte, die sie bei den Straßenhändlern gekauft hatten.

Ich hatte eigentlich keinen Hunger, aber der Duft von gegrilltem Zitronengras verführte uns dazu, anzuhalten. Es ist immer eine Herausforderung, zum ersten Mal an einem Straßenstand etwas zu essen: die niedrigen, kleinen Plastikstühle, das Fehlen eines Kühlschranks, die Zubereitung von Lebensmitteln am Straßenrand. Aber aus irgendeinem Grund war mir diese Art der Zubereitung nicht fremd. Ich setzte mich in den Rauch und neben die Flammen, aß über Kohle gegrillte Schweinekoteletts, nach Zitronengras duftendes und in Betelblätter gewickeltes Rindfleisch. Ich fühlte mich behaglich und geborgen, gerade so, als ob ich gerade eben nach Hause gekommen wäre. Ich weiß noch, dass ich darüber nachdachte, wie

> *Es verblüffte mich, ein derart dekadentes französisches Gebäude mitten in der vietnamesischen Stadt zu sehen.*

An diesem ersten Tag fiel mir auf, dass viele der Gebäude europäisch aussahen. Meine Tante zeigte auf ein Hotel namens Majestic, das im Jahre 1925 von den Franzosen erbaut wurde. Sie erzählte, dass meine Eltern sich seinerzeit, als sie Anfang 20 gewesen waren, dort zum Rendezvous getroffen hätten. Es verblüffte mich, ein derart dekadentes französisches Gebäude mitten in einer vietnamesischen Stadt stehen zu sehen. Ich war wild entschlossen, noch mehr über die Vergangenheit von Saigon zu erfahren und fragte meiner Tante Löcher in den Bauch. Auf der Fahrt durch den Bezirk Nr. 1 erklärte mir meine Tante, dass Saigon während der französischen Herrschaft die Hauptstadt der französischen Kolonie Cochinchina – und von 1955 bis 1975 die Hauptstadt des unabhängigen Staates Südvietnam gewesen war. Im Jahre 1976 wurde Saigon offiziell, nach Ho Chi Minh, in Ho Chi Minh Stadt umbenannt, wobei das Stadtzentrum aber auch heute noch Saigon genannt wird. Wir fuhren durch die Stadtmitte weiter in Richtung Bezirk Nr. 3.

sehr ich Saigon auch zu jener Zeit schon geliebt habe und dass ich noch viele Male dorthin zurückkommen würde. Schon damals war ich fasziniert von der Geschichte der Stadt, insbesondere von der Zeit der französischen Besetzung sowie vom Einfluss, den dieser auf die vietnamesische Kultur ausgeübt hatte.

Jetzt stehe ich vierzehn Jahre später wieder auf den Straßen von Saigon und, obwohl sich diese dramatisch und in beängstigend schnellem Tempo verändert haben, bin ich erleichtert, dass die bedeutenden Gebäude noch stehen und ich mich in der Stadt wie zu Hause fühle. Die Straßenstände verschwinden allmählich und machen Platz für Märkte und große Handelsketten. In den Straßen, die damals voll mit Fahrrädern und Mofas waren, stauen sich heute Motorräder und Autos.

Ich atme tief ein und mache mutig einen Schritt von der Bordkante hinaus in den fließenden Verkehr. Ich genieße es, wieder in Saigon zu sein, und es dauert nicht lange, bis ich meinen Rhythmus wiedergefunden habe.

Der Nachtmarkt Ben Thanh

SOSEHR ICH DAS NEUE SAIGON AUCH MAG, an meinem ersten Tag in der Stadt gehe ich aber immer zum Nachtmarkt Ben Thanh, dort kann man Saigon »wie früher« und hautnah erleben.

Schon um 4:00 Uhr nachmittags bin ich auf der Le Loi Straße, die total voll gestopft ist mit Motorrädern, der Verkehr ist zusammengebrochen. Ich steige von meinem Motorradtaxi ab und entschließe mich, zu Fuß weiterzugehen. Ein paar Straßenzüge weiter herrscht immer noch Stillstand und bald sehe ich auch, warum. Mehr als ein Dutzend Straßenhändler schiebt riesige Stände von sich zu Hause zum Ben Thanh Markt. Diese Händler bauen jeden Abend ihre Stände auf den Straßen außerhalb des Marktes auf. Es ist kaum zu glauben, aber sie packen ihre komplette Kochausrüstung, Tische, Stühle, frische Zutaten und lebendige Meerestiere auf riesige Handkarren und schieben dann alles durch die halbe Stadt. Ich will beobachten, wie diese mobilen Freiluftrestaurants aufgebaut werden, deshalb setze ich mich an den Straßenrand und bestelle ein Soda Chanh. Es schmeckt genauso wie das französische Getränk namens Citron pressé.

Der Aufbau dauert weniger als eine Stunde. Metallrahmen werden verbunden, Zeltplanen befestigt, Gasflaschen angeschlossen, Tische und Stühle aufgestellt, Leuchtkästen, in denen sich Speisekarten befinden, eingeschaltet, und schon kann der Verkauf losgehen.

Bald ist es fünf Uhr, und im Handumdrehen haben sich die umliegenden Straßen in den lebhaftesten Platz der Stadt verwandelt. Händler parken ihre Karren mitten auf der Straße und verkaufen Sachen wie bunten Reis, glutenhaltige Hue-Klöße, gekochte Entenembryos, gegrillte Garnelenspieße und Brötchen mit geröstetem Schweinefleisch. Ältere Frauen schieben Fahrräder vorbei, auf denen übervoll beladene Körbe mit Jackfrucht, Mangostane, Durianfrüchten, Rambutan oder Mais stehen.

Ich sitze etwa eine Stunde lang da und nehme die Atmosphäre der Nacht in mir auf. Ich plaudere mit freundlichen Straßenhändlern und helfe den Damen beim Verkauf exotischer Früchte an vorbeigehende Touristen. Genau das liebe ich so sehr an Saigon: die Lebendigkeit, das Chaos und das Leben auf der Straße, das immer von einem Überfluss an Lebensmitteln begleitet zu sein scheint. Lebensmittel, Lebensmittel und noch einmal Lebensmittel, doch plötzlich fällt mir ein, dass ich noch gar nichts gegessen habe! Eine der Damen schlägt vor, ich solle zum anderen Ende der Straße gehen, denn dort würden unterschiedliche Schneckensorten verkauft. Der Stand ist winzig. Vor einem niedrigen Holztisch, auf dem große Töpfe mit Schnecken in allen Größen und Formen stehen, sind nur fünf Stühle. Es gibt Schnecken, die in Kokosnussmilch, in Zitronengras und in einer Chilibrühe oder mit Koriander und Basilikum zubereitet werden. Ich kann mich nicht entscheiden, also setzte ich mich einfach hin und lächle, als mir der Verkäufer der Schnecken ein Tablett reicht, auf dem sich eine Auswahl von allem türmt. Man angelt die Schnecken mit einem Zahnstocher aus den Häusern heraus, tunkt sie in eine Schüssel voll süßer Fischsauce und spült sie mit einem himmlisch kühlen Bier hinunter. Es ist nicht zu fassen, wie unterschiedlich die Texturen sind. Einige sind fest, einige zart, während wiederum andere mir kreuz und quer über den Teller rutschen. Und dann noch die Zutaten, mit denen jede Schneckenart zubereitet wurde: einfach nur genial! Schnecken und Froschschenkel besitzen in der französischen Küche Kultstatus. Aber haben nicht die Vietnamesen, die berühmt-berüchtigt dafür sind, dass sie einfach alles in eine Mahlzeit verwandeln, sie nicht schon lange vor der Ankunft der Franzosen zubereitet? Könnte ich denn so vermessen sein zu behaupten, dass diese Rezepte nicht französischen Ursprungs sind? Ich sitze da, genieße meine Schnecken und überlege, ob womöglich ein Aufschrei der Franzosen, der um die Welt geht, das wert ist. Da habe ich so meine Zweifel, also rufe ich einen Koch an, den ich vor Kurzem auf einer Reise durch Zentralvietnam kennengelernt habe. »Komm morgen in den Temple Club im Bezirk Nr. 1«, sagt er.

Wenn Sie Schnecken mögen, müssen Sie unbedingt den Ben Thanh Markt in Saigon besuchen. Dort werden mehr als 10 Schneckenarten verkauft. Wenn Sie sie selbst zubereiten, weichen Sie die Schnecken bitte unbedingt zehn Minuten lang in Salzwasser ein und spülen Sie diese danach unter kaltem Wasser ab. Diesen Vorgang dreimal wiederholen, damit sie sauber und schleimfrei sind.

ỐC LUỘC XẢ

Schnecken in Zitronengras und Chili

ZUTATEN

300 g frische Schnecken mit Haus
2 Zitronengrasstängel, zerdrückt und
   in 4 cm lange Stücke geschnitten
6 Kaffir-Limettenblätter, zerdrückt
1 Stück Ingwer, 4 cm lang, zermahlen
2 lange rote Chilis, zerquetscht

SAUCE ZUM TUNKEN

2 EL Fischsauce
2 EL Zucker
1 EL Essig
125 ml Wasser
1 Vogelaugenchili (Peperoncini),
   gehackt
1 TL Knoblauch, gehackt
1 TL Zitronengras, gehackt,
   nur das Weiße
2 Kaffir-Limettenblätter,
   fein geschnitten

ZUBEREITUNG

Die Schnecken aus den Häusern entfernen, dann diese mitsamt den Häusern in Salzwasser waschen, 10 Minuten lang wässern und danach unter kaltem Wasser abspülen. Diesen Vorgang dreimal wiederholen. Beiseitestellen.

Für die Zubereitung der Sauce zum Tunken die Zutaten in eine Schüssel geben und gut umrühren, damit sich der Zucker auflöst.

500 ml Wasser in einen Kochtopf geben, dann das gehackte Zitronengras, die Limettenblätter, den Ingwer und den Chili dazugeben. Zum Kochen bringen, dann die Schnecken dazugeben. Den Topf zudecken und 5 Minuten lang kochen lassen, bis sie zart sind. Die Schnecken in eine Servierschüssel legen und mit der Sauce zum Tunken reichen. Zahnstocher dazustellen, mit denen die Schnecken aus den Häusern entfernt werden können.

FÜR 4–6 PERSONEN ALS MENÜBESTANDTEIL

Auf dem Nachtmarkt bin ich einer Straßenhändlerin begegnet. Sie saß auf einem niedrigen Plastikstuhl und bereitete auf einem alten rußgeschwärzten Grill Zitronengrasspieße zu, wie dies ihrer Aussage nach schon seit drei Generationen gemacht wird. Ihr Zitronengras war sehr aromatisch und dazu auch noch viel kleiner und jünger als dasjenige, das es bei uns daheim gibt. Für die Zubereitung dieses Gerichtes empfehle ich biologisch angebautes Zitronengras.

NEM LỤI XẢ

Zitronengrasspieße mit Rindfleisch

ZUBEREITUNG

Das Rinder- und das Schweinehack, den Knoblauch, das gehackte Zitronengras, den Zucker, den Pfeffer und die Fischsauce in eine Schüssel geben. Fünf Minuten lang kneten, bis alle Zutaten gründlich vermengt sind. Zudecken, dann 1 Stunde lang in den Kühlschrank stellen, damit sich das Aroma entfalten kann.

Mit nassen Händen die Masse in 12 Portionen aufteilen und jede zu einem 10 cm langen Strang formen. Mit eingeölten Händen die Stränge um das Ende jeweils eines Zitronengrasspießes herum andrücken, die Masse dabei vorsichtig wieder in Form drücken. Mit etwas Öl bestreichen.

Einen Grill oder einen Kohlegrill auf mittlere Temperatur erhitzen und die Fleischspieße 6 Minuten lang garen, dabei im Abstand von einigen Minuten umdrehen, bis sie durchgebraten sind. Das Fleisch von den Zitronengrasspießen abziehen und jeweils 2 Stück auf ein Baguette legen. Jedes Baguette mit ½ TL Chilisauce und Hoisinsauce bestreichen.

ERGIBT 6 PORTIONEN

ZUTATEN

600 g Rinderhack

200 g Schweinehack

3 Knoblauchzehen, fein gehackt

1 EL Zitronengras, fein gehackt,
    nur das Weiße

2 TL Zucker

1 TL frisch gemahlener,
    schwarzer Pfeffer

1 EL Fischsauce

12 dünne Zitronengrastängel,
    die zähen Blätter außen entfernt,
    die Wurzel unversehrt, die grünen
    Spitzen etwas abgeschnitten

2 EL Pflanzenöl

6 vietnamesische Baguettes,
    angewärmt

3 TL Chilisauce

3 TL Hoisinsauce

Als ich noch ein Junge war, hat mein Vater dieses Gericht immer für mich zubereitet. Wenn damals seine Kumpels zu uns kamen, hat er ein paar Froschschenkel auf den Grill geworfen. Das passt perfekt zum Bier!

ẾCH XẢ ỚT
Froschschenkel mit Zitronengras und Chili

ZUTATEN

2 EL Fischsauce

1 EL Zucker

1 Stängel Zitronengras,
   nur das Weiße, fein gehackt

3 Knoblauchzehen, gehackt

2 Thai-Schalotten, gehackt

500 g Froschschenkel

2 EL Pflanzenöl

125 ml Wasser junger Kokosnüsse

4 Frühlingszwiebeln, nur das Weiße,
   in 3 cm lange Stücke geschnitten

1 Vogelaugenchili (Peperoncini),
   fein gehackt

3 Korianderzweige (Cilantro),
   zum Garnieren

ZUBEREITUNG

Die Fischsauce und den Zucker in eine Schüssel geben und rühren, damit sich der Zucker auflöst. Die Hälfte vom Zitronengras, den Knoblauch und die Schalotten dazugeben. Die Froschschenkel hineinlegen und wenden, damit sie von der Marinade ummantelt sind, dann zudecken und mindestens 1 Stunde lang zum Marinieren in den Kühlschrank stellen.

Den Wok auf mittlere Temperatur erhitzen. Wenn der Wok heiß ist, das Öl hineinschütten, dann das restliche Zitronengras, den Knoblauch und die Schalotten dazugeben und so lange erhitzen, bis alles aromatisch duftet. Die Froschschenkel in den Wok geben und 3 Minuten lang schwenken, bis sie goldbraun und durchgebraten sind. Die Wärmezufuhr erhöhen, das Kokosnusswasser dazugießen und 4 Minuten erhitzen, dann die Frühlingszwiebeln und den Chili hineingeben und noch einmal 1 Minute lang schwenken. Auf einen Servierteller legen und mit dem Koriander garnieren.
FÜR 4–6 PERSONEN ALS MENÜBESTANDTEIL

Hinweis: Dieses Gericht kann anstatt mit Froschschenkeln auch mit Schnecken zubereitet werden.

Die in diesem Rezept verwendete Kokosnussmilch macht es nicht so schwer, wie man eigentlich vermuten könnte. Zitronengras, Vietnamesischer Koriander und Sägezahnkoriander verbinden sich zu einer sehr leichten Sauce. Sie können es auch mit Schnecken zubereiten.

CON DÒM XẢ CỐT DỪA
Muscheln und Zitronengras mit einem Hauch von Kokosnussmilch

ZUBEREITUNG

Die Muscheln abreiben und entbarten. Alle offenen Muscheln oder diejenigen wegwerfen, die sich nicht schließen, wenn man damit leicht auf die Arbeitsfläche klopft.

Den Wok auf hohe Temperatur erhitzen, 500 ml Wasser hineingießen und erhitzen, bis es stark brodelt. Die Muscheln hineingeben und den Topf mit einem Deckel zudecken, danach so lange kochen, bis sich die Muscheln etwas geöffnet haben. Gelegentlich den Deckel anheben und die Muscheln umrühren. Aus dem Wok nehmen und beiseitestellen. Muscheln, die geschlossen blieben, wegwerfen.

Den Wok mit Küchenkrepp sauber wischen und auf mittlere Temperatur erhitzen. Wenn der Wok heiß ist, das Öl hineingießen und das Zitronengras so lange erwärmen, bis es duftet. Danach die Schalotten sowie den Knoblauch dazugeben und 1 Minute lang unter Rühren erhitzen. Die Kokosnussmilch, das heiße Wasser, die Fischsauce und danach den Zucker dazugeben. Umrühren und zum Kochen bringen, dann die Muscheln wieder in den Wok geben und 1 Minute lang schwenken. Den Pfeffer, den Chili, den Vietnamesischen Koriander und den langen Koriander hineingeben. Noch einmal 1 Minute lang schwenken, danach in eine Servierschüssel umfüllen.

FÜR 4–6 PERSONEN ALS MENÜBESTANDTEIL

ZUTATEN

1 kg kleine Muscheln
2 EL Pflanzenöl
2 EL Zitronengras, fein gehackt, nur das Weiße
2 Thai-Schalotten, gehackt
3 Knoblauchzehen, gehackt
250 ml leichte Kokosnussmilch
125 ml heißes Wasser
2 EL Fischsauce
1 EL Zucker
½ TL frisch gemahlener, schwarzer Pfeffer
1 langer roter Chili, in Scheiben geschnitten
10 Blätter Vietnamesischer Koriander, klein geschnitten
5 Blätter langer Koriander (Sägezahnkoriander), klein geschnitten

Frühlingszwiebelöl ist aus der vietnamesischen Küche nicht wegzudenken. Es ist sehr einfach in der Zubereitung, darum wird es auch nicht in Asiamärkten angeboten. Die Franzosen haben für gegrillte Muscheln ein ähnliches Rezept.

ĐIỆP NƯỚNG MỠ HÀNH

Jakobsmuscheln in Frühlingszwiebelöl gegrillt

ZUBEREITUNG

Einen Grill oder eine Grillpfanne auf mittlere Temperatur erhitzen. Die Muscheln hineinlegen und etwa 5 Minuten lang grillen, bis sie sich öffnen.

In der Zwischenzeit das Öl und die Frühlingszwiebeln in einen Kochtopf geben und auf mittlere Temperatur erhitzen. Die Frühlingszwiebeln nur so lange erhitzen, bis sie gerade eben im Öl zu köcheln beginnen, dann die Pfanne von der Wärmequelle nehmen, abkühlen lassen.

Wenn sich die Muschelschalen geöffnet haben, die obere Schale entfernen und wegwerfen, dann die untere Hälfte wieder auf den Grill legen und etwa 2 Minuten lang erhitzen, bis die Muscheln im eigenen Saft zu köcheln anfangen. Jetzt 1 EL vom Frühlingszwiebelöl und ½ TL von den gerösteten Erdnüssen auf jede Muschel geben. Noch einmal 2 Minuten lang erhitzen und danach auf einen Teller legen. Zu einem kühlen Bier servieren.

FÜR 4–6 PERSONEN ALS MENÜBESTANDTEIL

ZUTATEN

1 kg Jakobsmuscheln in den Schalen, gesäubert

125 ml Pflanzenöl

4 Frühlingszwiebeln, nur das Grüne, fein geschnitten

3 EL geröstete und zerkleinerte Erdnüsse (Seite 307)

Saigon — Paris und wieder zurück

ICH GEHE EINEN LANGEN KORRIDOR ENTLANG, DER LEDIGLICH VON schwachem Kerzenlicht erhellt wird. Als Wandschmuck dient roter Samt, große Spiralen mit qualmendem Räucherwerk hängen von der Decke herab. Über eine Wendeltreppe gelange ich zum Eingang des Temple Clubs; er befindet sich in einem alten Haus aus der französischen Kolonialzeit, das zu Beginn des 20. Jahrhunderts erbaut wurde. Nachdem die Franzosen aus Vietnam abgezogen waren, wandelte man das Gebäude zu einem Tempel um und heute wird es als elegantes Restaurant und als Lounge genutzt. Dank der antiken Möbel im indochinesischen Stil ist die koloniale Vergangenheit hier noch sehr deutlich spürbar. Antike Ventilatoren stehen neben einem funktionsfähigen Grammofon und einer Chaiselongue, auf der David Thai auf mich wartet.

Ich unterhalte mich sehr gerne mit David. Wir könnten tagelang über das Essen reden, wenn wir nur die Zeit hätten. Er spricht unglaublich schnell, oft habe ich Mühe, ihm zu folgen, und er hat immer sehr viel Energie und Lebensfreude. Wir bestellen einen Drink und er erzählt mir seine Geschichte …

»Ich bin 1971 in Saigon als mittlerer von drei Brüdern geboren. Als Saigon an den Norden fiel, glaubten meine Eltern, dass sie ihres Lebens nicht mehr sicher wären. Sie hatten vor, mit der gesamten Familie, einschließlich meines Onkels und meiner Großmutter, mit dem Boot nach Malaysia zu fliehen. Sie bezahlten eine hohe Geldsumme dafür, uns einen Platz auf einem Boot zu sichern, aber am Abend unserer Flucht verlief nicht alles nach Plan. Mein jüngerer Bruder, er war damals erst drei Jahre alt, hörte einfach nicht auf zu weinen. Meine Eltern befürchteten, dass die Behörden durch sein Weinen auf uns aufmerksam werden könnten, also stiegen sie zusammen mit ihm wieder aus dem Boot und blieben zurück. Sie sagten, wir sollten als Erste flüchten und dass sie versuchen würden, so bald wie möglich nachzukommen. Sie haben ihre Freiheit für uns geopfert.

Unsere Seereise dauerte zwei Wochen. Das Boot war überladen und in schlechtem Zustand, darum verbrachten wir die meiste Zeit damit, wie besessen Wasser herauszuschöpfen. Wir hatten Hunger, waren krank und erschöpft. Viele meinten, das Boot würde sinken, deshalb saßen sie nur da und beteten. Wir aber hofften weiter, schöpften Tag um Tag eimerweise das Wasser heraus, bis wir schließlich in Malaysia ankamen, wo wir in einem Flüchtlingslager unterkamen. Sechs Monate später ließ man meinen Onkel und meine Großmutter nach Frankreich ausreisen, mein Bruder und ich blieben zurück. Meine Eltern erfuhren davon, dass wir alleine im Flüchtlingslager waren, deshalb verkauften sie all ihr Hab und Gut, um genug Geld für ein weiteres Boot nach Malaysia zu haben.

Damals taten viele Familien das Gleiche wie meine Eltern. Einige verkauften ihre Häuser und ihr Land gegen Gold. Gold, das sie mitnehmen wollten, um ein neues Leben anzufangen. Die Bootsbesitzer bekamen Wind davon und

RECHTS: *David Thai (in der Mitte, mit rotem Overall) mit Mutter, Vater, Geschwistern und Cousins.* NÄCHSTE SEITE: *Auf dem Ben Thanh Nachtmarkt werden unterschiedliche Arten von Schnecken angeboten; der Temple Club in Saigon*

machten mit Piraten gemeinsame Sache, diese fingen die Boote ab, töteten die Menschen und beraubten sie ihres Goldes. Das ist auch meinen Eltern passiert. Auf dem Boot war schon eine Bombe versteckt. Als es dann weit genug draußen war, ging sie los, die Piraten kamen, und beraubten die Flüchtlinge. Ich habe meine Eltern und meinen kleinen Bruder nie wieder gesehen. Ich war erst fünf Jahre alt, als ich meine Familie verlor.

Meine Großmutter erledigte in Frankreich alles Behördliche, damit mein Bruder und ich nachkommen konnten. Ein Jahr später lebten wir schließlich bei ihr in Paris. Sie war wie eine Mutter zu uns, konnte aber nur ein paar Jahre lang für uns sorgen, dann war sie zu alt dafür. Meine Onkel waren zu arm und hatten selbst für Familien zu sorgen, deshalb steckte man mich in ein französisches Waisenhaus.

Als ich alt genug war, nahm ich an einem Lehrgang für Waisen teil und absolvierte eine Lehre zum Koch. Ich durchlief eine sieben Jahre dauernde Ausbildung und bekam ein Diplom als Koch für französische Küche und Patisserie. Meine erste Arbeitsstelle war in Versailles, wo ich zwei Jahre lang arbeitete und genug Geld gespart hatte, um einen Motorroller und ein Rückflugticket nach Saigon kaufen zu können. Ich war zwanzig Jahre lang nicht mehr dort gewesen, fuhr direkt in mein Dorf und traf dort meine Familie. Es war für mich ein sehr emotionales Erlebnis; ich habe zwei Tage lang geweint.

Es war unglaublich, wie sehr ich mein Heimatland vermisst hatte. Ich wollte für immer dorthin zurückkehren, aber wie? Jetzt war ich französischer Staatsbürger. Ein paar Tage später ging ich am Grand Hyatt Hotel in Saigon vorbei, das jetzt Park Hyatt Hotel heißt, und da wusste ich plötzlich, was ich tun musste. Ich reiste nach Frankreich zurück und bewarb mich um eine Stelle im Hyatt in Paris, unter dem Chefkoch Christophe David, der drei Sterne im Guide Michelin hat. Er nahm mich unter seine Fittiche und machte aus mir den besten Koch, der ich nur werden konnte. Drei Jahre später bekam ich eine Stelle im Hyatt Hotel in Saigon.

Während der Zeit, in der ich in Saigon gearbeitet und gekocht habe, lernte ich sehr viel. Ich habe französische Zubereitungstechniken und meine Erfahrung eingebracht und diese auf vietnamesische Zutaten übertragen. Ich fand, dass die Aromen beider Küchen sehr gut miteinander harmonisierten. Ja, natürlich können wir darüber reden, wie die Franzosen die vietnamesische Küche beeinflusst haben, aber je mehr vietnamesische Gerichte ich zubereite, desto klarer wird mir, dass die Franzosen ihrerseits genauso viel von den Vietnamesen gelernt haben.

Ein paar Jahre später wurde ich in das Hyatt Hotel in Jordanien versetzt, um dort ein französisch-vietnamesisches Restaurant, das Indochine, aufzubauen. Ich blieb fünf Jahre lang dort, dann kehrte ich nach Vietnam zurück, habe überall im Land gearbeitet und die Aromen der vietnamesisch-französischen Küche dort bekannt gemacht. Heute wissen nicht nur Touristen diese Küche zu schätzen, sondern auch die Vietnamesen selbst, das gilt ganz besonders für Saigon.«

Heute ist David einer der führenden Köche Vietnams. Er bereitet vietnamesisch-französische Gerichte auf seine eigene, zeitgenössische Art und Weise zu. Zurzeit ist er verantwortlicher Chefkoch einer Luxushotelkette, der Epikurean Hotels, die in ganz Vietnam Hotels eröffnet und über eine einzigartige vietnamesisch-französische Küche verfügt. Ich frage David, was er über die Herkunft von Froschschenkeln und Schnecken weiß.

»Die Franzosen haben schon seit Tausenden von Jahren gerne Schnecken gegessen«, erklärt er. »Das taten sie derart gerne, dass sie, als Vietnam eine ihrer Kolonien wurde, ihre eigenen Schneckenarten eingeführt haben. Von den Vietnamesen ist bekannt, dass sie in Flüssen nach einer kleineren Schneckenart, eher einer winzigen Muschel ähnlich, gesucht haben. Mit der Zeit gewöhnten sie sich aber daran, alle Schneckenarten zu essen, auch diejenigen, die man in Flüssen oder auf Reisfeldern findet und die mit vielen unterschiedlichen Arten von Saucen zubereitet werden. Das Gleiche gilt auch für Froschschenkel. Heutzutage gibt es in Vietnam mehr Rezepte für Froschschenkel als in Frankreich. Aber ob sie die Franzosen nach Frankreich gebracht haben? Weiß ich wirklich nicht.«

Für traditionelle vietnamesische Mangosalate verwendet man grüne Mangos. David nimmt aber für sein französisches Rezept halbreife; sie sind weicher und süßer. Kaufen Sie für dieses Rezept größere Mangos und nicht die kleineren, die normalerweise im unreifen Zustand zubereitet werden.

GỎI TÔM XOÀI

Salat aus Shrimps, Mangos und Zuckererbsen

ZUBEREITUNG

In einem Topf Wasser zum Kochen bringen und die Zuckererbsen 1 Minute lang blanchieren. Abgießen und kurz mit kaltem Wasser abschrecken, dann noch einmal abgießen. Die Zuckererbsen der Länge nach durchschneiden.

Für die Zubereitung des Dressings den Senf, den Essig und das Öl in einer Schüssel miteinander verrühren. Mit Salz und Pfeffer nach Geschmack würzen. Die Zuckererbsen in eine große Schüssel mit der Sauce geben, schwenken und beiseitestellen.

Einen Wok auf mittlere Temperatur erhitzen, dann das Öl hineingießen. Die Zwiebel und den Ingwer 3 Minuten lang garen, bis alles karamellisiert ist. Das Sambal Oelek und die Garnelen dazugeben und 2 Minuten lang unter Rühren erhitzen, bis die Garnelen gerade eben gar sind. Den Limettensaft darübergießen. Mit Salz und Pfeffer nach Geschmack würzen.

Die Garnelen und die Zuckererbsen in die Schüssel geben, dann die Mango, alles gut schwenken, damit die Zutaten vermengt werden. Auf einen Servierteller geben und mit dem Korianderzweig garnieren.

FÜR 4–6 PERSONEN ALS MENÜBESTANDTEIL

ZUTATEN

120 g Zuckererbsen
2 TL Pflanzenöl
¼ rote Zwiebel, dünn geschnitten
1 großes Stück Ingwer, geschält und
  fein geschnitten, 2 cm
2 TL Sambal Oelek
450 g große rohe Garnelen (Shrimps),
  geschält und entdarmt,
  die Schwänze intakt
Saft von 2 Limetten
2 x 300 g halb ausgereifte Mangos,
  geschält und gestiftelt
1 Korianderzweig (Cilantro)
  zum Garnieren
Meersalz
frisch gemahlener, schwarzer Pfeffer

SAUCE

2 TL Dijonsenf
2 TL Reisweinessig
1 EL Pflanzenöl
Meersalz
frisch gemahlener, schwarzer Pfeffer

SÚP BÍ VỚI KEM HƯƠNG LIỆU

Kürbissuppe mit aromatischer Sahne

ZUTATEN

40 g Butter

½ Zwiebel, gehackt

1 Lauch, nur das Weiße,
    klein geschnitten

10 g Ingwer, geschält und gehackt

700 g japanischer Kürbis (Kabocha
    oder Riesenkürbis), geschält,
    entkernt und in 1 cm große Würfel
    geschnitten

1 Prise Salz und frisch gemahlener,
    schwarzer Pfeffer

Blätter vom Thai-Basilikum zum
    Garnieren

vietnamesische Baguettes
    zum Servieren

BASILIKUMSAHNE

250 ml Schlagsahne

10 Thai-Basilikumblätter,
    klein geschnitten

1 Prise Salz und frisch gemahlener,
    schwarzer Pfeffer

ZUBEREITUNG

Für die Zubereitung der Basilikumsahne die Schlagsahne rühren, bis sie steif ist, dann das Basilikum dazugeben und mit Salz und Pfeffer würzen.

Einen großen Topf auf mittlere Temperatur erhitzen, dann die Butter hineingeben. Wenn die Butter beginnt, schaumig zu werden, die Zwiebeln, den Lauch und den Ingwer hineingeben und 2 Minuten lang sautieren, bis alles aromatisch duftet. Den Kürbis dazugeben und umrühren, dann die Wärmezufuhr verringern und 10 Minuten lang köcheln lassen. So viel Wasser hineingießen, dass der Kürbis davon bedeckt ist und 15–20 Minuten lang köcheln lassen, bis er zart geworden ist.

Den Kürbis in einen Mixer geben und zu einer glatten Masse verarbeiten. Den Kürbis wieder in den Topf zurückgeben und noch einmal anwärmen, mit Salz und Pfeffer würzen. Die Suppe in Schüsseln schütten und auf jede Portion einen EL Basilikumsahne geben. Mit dem Thai-Basilikum garnieren und mit Baguettes reichen.

FÜR 4–6 PERSONEN ALS MENÜBESTANDTEIL

Wenn Sie dieses Rezept zubereiten, schneiden Sie bitte die Köpfe der Scampi nicht ab. Sie verleihen dem Gericht ein fantastisches, einzigartiges Aroma, das einem wunderbaren Garnelenbiskuit ähnelt.

TÔM RIM XÀO SỐT CÀ

Scampi, sautiert in würziger Tomate und schwarzem Pfeffer

ZUBEREITUNG

Das Öl, den Knoblauch und den Chili bei schwacher Wärmezufuhr in einen Wok geben und etwa 2 Minuten lang rühren, bis alles duftet, aber noch nicht dunkel geworden ist. Das Tomatenmark, die Scampi und den Zucker dazugeben. Schwenken, damit alles vermengt wird, dann den Pfeffer, die Fischsauce, die Fischbrühe und die Tomate hineingeben. Alles wieder zum Kochen bringen, die Wärmezufuhr verringern, 4 Minuten lang köcheln lassen, bis die Scampi gar sind.

Die Scampi herausnehmen und auf einen Servierteller legen. Die Sauce im Wok bei hoher Temperatur etwas eindicken lassen, dann über die Scampi schütten. Mit den Frühlingszwiebeln garnieren.

FÜR 4–6 PERSONEN ALS MENÜBESTANDTEIL

ZUTATEN

2 EL Pflanzenöl

3 Knoblauchzehen, gehackt

2 Vogelaugenchilis (Peperoncini), gehackt

2 EL Tomatenmark

6 große Scampi, ohne Schale und entdarmt, Köpfe und Schwänze intakt

2 EL Zucker

1 TL zerquetschter, schwarzer Pfeffer

4 EL Fischsauce

185 ml Fischbrühe (Seite 309) oder Wasser

½ gut reife Tomate, in Würfel geschnitten

1 Frühlingszwiebel, fein geschnitten

Ich habe den Koch David Thai in einem der Epikurean Hotels namens An Lam besucht. Es liegt am Saigon-Fluss und wir haben dieses Gericht gemeinsam zubereitet. Es war ein schwülwarmer Tag, die Kombination von rohem Lachs mit Mandarinen und frischen Kräutern war ideal für dieses Wetter.

CÁ SỐNG SALMON
Roher Lachs
mit Mandarinen und Perilla

ZUTATEN

600 g Lachs Sashimi-Qualität,
    ohne Haut und Gräten
2 kleine Mandarinen (ohne Kerne
    und filetiert)
1 Stück Zitronengras (3 cm lang),
    nur das Weiße, fein gehackt
12 kleine Perillablätter,
    klein geschnitten
12 Blätter junge Kresse
¼ TL gebratener Knoblauch
    (Seite 306)
½ TL geröstetes Reispulver
    (Seite 310)
2–3 EL Fischsauce zum
    Tunken (nuoc mam cham),
    nach Geschmack etwas mehr
    (Seite 305)
Limettenspalten

ZUBEREITUNG

Den Lachs so dünn wie möglich schneiden, dann sofort auf einen Servierteller legen. Die Mandarinen, das Zitronengras, die Perilla, die Kresseblätter, den gerösteten Knoblauch und das geröstete Reispulver gleichmäßig über den Lachs streuen. Nach Geschmack die Fischsauce darüberträufeln und mit den Limettenspalten servieren.

FÜR 4–6 PERSONEN ALS MENÜBESTANDTEIL

Es mutet vielleicht merkwürdig an, ein Huhn im Ganzen zuzubereiten. Aber die Vietnamesen dämpfen den ganzen Vogel, damit das Fleisch saftig und zart bleibt. Wenn man das Huhn danach brät, bekommt es mehr Farbe und die Haut wird knusprig.

GÀ NHỒI XÔI ĐÚT LÒ
Huhn, gefüllt mit Klebreis

ZUBEREITUNG

Den Reis und die getrockneten Shrimps in unterschiedliche Schüsseln geben, Wasser darübergießen, bis sie davon bedeckt sind und 20 Minuten lang einweichen, dann abgießen. Die Shrimps beiseitestellen. Einen Dampfgartopf mit Backpapier auskleiden und kleine Löcher in das Papier stechen. Den Reis in den Gartopf geben und mit dem Deckel zudecken. Den Topf über einen Wok oder einen Kochtopf mit stark kochendem Wasser stellen und 20 Minuten lang dämpfen. Abkühlen lassen. Das Huhn mit der Brust nach oben auf ein Hackbrett legen. Mit einer Geflügelschere oder einem scharfen Messer an beiden Seiten des Rückgrates entlangschneiden, dieses heraustrennen und wegwerfen. So entsteht eine Öffnung für die Füllung. Keulen und Flügel dranlassen. Das Huhn innen und außen mit Salz und Pfeffer einreiben. Den Honig und den Essig in einem Topf bei niedriger Temperatur erwärmen, dann 5 Minuten köcheln lassen, bis die Masse eingedickt ist. Beiseitestellen. Einen Wok auf mittlere Temperatur erwärmen, dann das Öl dazugießen, die Schalotte und den Knoblauch 1 Minute lang braten. Die Wurst dazugeben und eine Minute lang ständig rühren, dann das Schweinehack und die Shrimps hineingeben und noch einmal eine Minute lang umrühren. Mit der Fischsauce, dem Zucker, dem Salz und dem Pfeffer würzen.

Das fertige Schweinefleisch in eine große Schüssel zum gekochten Reis geben und gut vermengen. Dann mit dieser Masse das Huhn füllen. Einen Bambusspieß durch die Haut fädeln und damit die Öffnung verschließen, damit die Füllung nicht herausfällt. Das Huhn in den Gartopf geben und 20 Minuten lang zugedeckt über stark kochendem Wasser erhitzen. In der Zwischenzeit den Ofen auf 200 °C vorheizen. Das Huhn nun mit der Brust nach oben auf ein Drahtgestell über ein Backblech legen. Das Huhn mit der Honigglasur einpinseln und 20 Minuten lang garen. Noch einmal einpinseln und weitere 10 Minuten lang braten. Mit Baguettes reichen.

FÜR 4–6 PERSONEN ALS MENÜBESTANDTEIL

ZUTATEN

250 g Klebreis
50 g getrocknete Shrimps
1 Huhn (1,5 kg)
2 TL Salz
2 TL frisch gemahlener, schwarzer Pfeffer
4 EL Honig
2 EL Balsamicoessig
1 EL Pflanzenöl
1 Thai-Schalotte, gehackt
2 Knoblauchzehen, gehackt
1 chinesische Wurst (lap cheong), gehackt
50 g mageres Schweinehack
2 TL Fischsauce
½ TL Zucker
1 Prise Salz und frisch gemahlener, schwarzer Pfeffer
vietnamesische Baguettes zum Servieren

GÀ HẦM TIÊU XANH

In grünem Pfeffer geschmortes Huhn

ZUBEREITUNG

Das Huhn abspülen und abtropfen lassen. Alles Fett aus den Hohlräumen um den Hals herum entfernen. Den Bürzel abschneiden und wegwerfen. Mit einem Hackmesser an beiden Seiten des Rückgrats entlangschneiden, das Rückgrat danach wegwerfen. Jetzt an der Brust entlangschneiden und die Keulen entfernen, damit 4 Stücke entstehen.

Im Mörser die Hälfte der grünen Pfefferkörner vorsichtig zerdrücken. In eine große Schüssel geben und die Hälfte vom Knoblauch, 1 TL vom Zucker und 2 TL vom Salz dazugeben. Umrühren, damit alles vermischt wird, dann das Huhn dazugeben. Die Teile mehrmals in der Marinade wenden, damit sie von dieser ummantelt sind, dann zudecken, 1 Stunde lang zum Marinieren in den Kühlschrank stellen.

Einen großen Kochtopf oder einen Wok auf hohe Temperatur erwärmen, dann das Pflanzenöl hineingießen und den restlichen Knoblauch 2 Minuten lang braten, bis er duftet. Jetzt das Huhn hineingeben und auf beiden Seiten so lange anbraten, bis es eine goldbraune Farbe angenommen hat. Die Tomate, die Karotte und das Annattoöl hineingeben. Umrühren, dann das Kokusnusswasser, die Fischsauce, die Schalotten, die Zwiebel und den restlichen Zucker sowie das Salz dazugeben. Aufkochen lassen, allen Schaum von der Oberfläche abschöpfen, die Wärmezufuhr reduzieren und 40 Minuten lang bei geöffnetem Deckel köcheln lassen. Kurz prüfen, ob das Huhn gar ist. Das Huhn in eine Servierschüssel legen. Mit den restlichen Pfefferkörnern garnieren und mit frischen Baguettes reichen.

FÜR 4–6 PERSONEN ALS MENÜBESTANDTEIL

Hinweis: Versuchen Sie, wenn möglich, frisches Wasser junger Kokosnüsse zu bekommen, denn das aus der Dose enthält Zucker, der das Gericht zu süß macht.

ZUTATEN

1 Huhn (1,5 kg)

50 g frische grüne Pfefferkörner (oder eingelegt, abtropfen lassen)

6 Knoblauchzehen, fein gehackt

2 TL Zucker

3 TL Salz

2 TL Pflanzenöl

2 Tomaten, gehackt

1 Karotte, geschält und in 1 cm große Würfel geschnitten

2 TL Annattoöl (Seite 306)

1,5 l Wasser junger Kokosnüsse (siehe Hinweis)

4 EL Fischsauce

8 Thai-Schalotten, geschält, aber ganz

½ Zwiebel, in Spalten geschnitten

vietnamesische Baguettes zum Servieren

CHẢ GIÒ CÁ
Knusprige Makrelenrollen

ZUTATEN

350 g Filet von der Spanischen
  Makrele
1 EL natives Olivenöl extra vergine
¼ TL Tabasco
9 Teigblätter für Frühlingsrollen
  (22 cm, quadratisch,
1 Bund Vietnamesischer Koriander,
  nur die Blätter
1 Bund Koriander (Cilantro)
  nur die Blätter
1 Eigelb, mit 2 TL Wasser gemischt
Pflanzenöl zum Frittieren

SOJA-ORANGENSAUCE ZUM TUNKEN

100 ml helle Sojasauce
1 Orange, gepresst und durch ein Sieb
  passiert (es werden etwa 100 ml
  Saft benötigt)
1 EL Zucker
20 g Ingwer, gestiftelt

ZUBEREITUNG

Für die Zubereitung der Soja-Orangensauce zum Tunken, die Sojasauce, den Orangensaft, den Zucker und den Ingwer in einen kleinen Topf gießen. Alles umrühren, dann zum Kochen bringen. Die Wärmezufuhr abdrehen und 20 Minuten beiseitestellen, damit alles ziehen kann. Vor dem Servieren durch ein Sieb gießen.

Die Makrelen in 2 cm große Würfel schneiden. Mit dem Olivenöl, dem Tabasco sowie Salz und Pfeffer nach Geschmack würzen.

Drei der Teigblätter zum Einrollen nehmen und diese der Länge nach in 2 Teile schneiden, dann beiseitestellen. Eine Lage Teigblätter auf die Arbeitsfläche legen. Ein paar Blätter Vietnamesischen Korianders und Korianderblätter auf den unteren Bereich des Blattes legen. Etwa 60 g von der Makrelenmischung auf die Kräuter legen. Zuerst die untere Kante über den Fisch schlagen. Die beiden Seitenränder der Rolle einschlagen und die noch übrige Seite des Teiges mit Ei bestreichen. Zu einer Rolle formen und zum Ende hin andrücken und so schließen.

Jetzt ein halbiertes Teigblatt nehmen und der Länge nach auf die Arbeitsfläche legen. Die Rolle darauflegen, das Ende mit etwas Eimasse bestreichen und so zusammenrollen, dass die Mitte der Rolle durch eine Extraschicht Teig stabilisiert wird. Auf diese Weise alle 6 Rollen fertigstellen.

Eine Fritteuse oder einen Wok mit Frittieröl auf 200 °C erhitzen, bis ein Brotstückchen nach dem Hineinwerfen innerhalb von 5 Sekunden braun wird. Jeweils 3 Rollen 1 Minute lang frittieren, bis sie goldbraun sind. Herausnehmen und auf Küchenkrepp trocknen lassen. Die Makrelenrollen mit der Soja-Orangensauce zum Tunken reichen.

ERGIBT 6 STÜCK

Dies ist ein Gericht aus dem angesagtesten Restaurant in Saigon, dem Xu, dessen Zubereitungsstil wegweisend für den heutigen Kochstil in Saigon ist und das beim World Gourment Summit Award of Excellence ausgezeichnet wurde.

GÀ NƯỚNG RAU RĂM
Vietnamesische Hühnerroulade mit Kräutern

ZUBEREITUNG

Für die Zubereitung der eingelegten Zwiebeln den Essig und den Zucker in eine Schüssel geben und so lange rühren, bis sich der Zucker aufgelöst hat. Die Zwiebel und den Vietnamesischen Koriander dazugeben, zudecken und 2 Stunden lang ziehen lassen, dann abgießen.

Für die Zubereitung der Kräuterpaste 2 Handvoll Vietnamesischen Koriander und 2 Handvoll Korianderblätter in einen Mörser geben. Den Ingwer, den Knoblauch und das Zitronengras dazugeben. Im Mörser zu einer feinen Paste verarbeiten, dann die Fischsauce, 2 TL Limettensaft, das Salz und den weißen Pfeffer hineingeben. Gut vermengen und beiseitestellen.

Für die Herstellung des Blumenkohlpürees in einem Kochtopf Wasser erhitzen und den Blumenkohl 20 Minuten lang darin garen, bis er weich geworden ist. Abgießen, dann in einen Mixer geben und so lange zerkleinern, bis eine glatte Masse entstanden ist. Das Blumenkohlpüree in eine Schüssel geben und mit dem restlichen Limettensaft sowie etwas Salz und Pfeffer würzen. Gut vermengen und warm halten.

In der Zwischenzeit die Rouladen formen, hierzu die Hühnerkeulen mit der Haut nach unten auf ein Hackbrett legen. Mit einem Fleischklopfer plattieren, bis sie nur noch etwa 1 cm dick sind. Zwei Hühnerkeulen so aufeinanderlegen, dass sie sich etwas überlappen und zwei lange Stücke entstehen. Auf jedes 2 ½ EL von der Kräuterpaste geben und diese auf der Mitte verstreichen. Das Hühnerfleisch so fest wie möglich zusammenrollen und mit Bindfaden umwickeln, damit es während des Bratens die Form nicht verliert.

Den Ofen auf 220 °C vorheizen. Eine Bratpfanne auf mittlere Temperatur erwärmen, dann das Öl hineingießen und die Hühnerrouladen auf allen Seiten anbraten, dabei ständig wenden, bis sie braun sind. Die Hühnerrouladen auf ein Backblech legen und 20 Minuten lang im Ofen braten, bis sie gar sind. In 3 cm lange Stücke schneiden und das Blumenkohlpüree damit garnieren. Mit den eingelegten Zwiebeln servieren.

FÜR 4–6 PERSONEN ALS MENÜBESTANDTEIL

ZUTATEN

1 Bund Vietnamesischer Koriander, nur die Blätter

1 Bund Koriander (Cilantro), nur die Blätter

1 Stück Ingwer, geschält und in Stücke geschnitten, 2 cm lang

3 Knoblauchzehen, gehackt

1 Stängel Zitronengras, nur das Weiße, fein gehackt

1 EL Fischsauce

Saft von 2 Limetten

2 TL Salz

2 TL frisch gemahlener, weißer Pfeffer

1 kleiner Blumenkohl, geputzt und grob gehackt

4 x 250 g Hühnerkeule ohne Knochen, aber mit Haut

2 EL Pflanzenöl

EINGELEGTE ZWIEBELN

100 ml Weißweinessig

100 g Zucker

1 Zwiebel, fein geschnitten

10 Blätter Vietnamesischer Koriander

David Thai hatte in seiner Küche ein paar imposante Hummer vorrätig und dieses Gericht haben wir binnen Minuten daraus gezaubert. Kochen Sie den Hummer bitte nie zu lange, denn sobald sich die Farbe verändert hat, ist er so gut wie fertig. Dieses Rezept ist ideal, wenn Sie auf einem Schiff oder am Strand kochen.

TÔM HÙM XÀO TỎI

Hummerschwanz aus dem Wok mit Knoblauch und schwarzem Pfeffer

ZUTATEN

4 kleine rohe Hummerschwänze, die Schalen intakt (jeweils etwa 150 g)

2 TL Pflanzenöl

50 g Butter

4 Knoblauchzehen, zerquetscht

4 Frühlingszwiebeln, in 4 cm große Stücke geschnitten

1 EL Fischsauce

2 EL Zitronensaft

2 TL Zucker

¼ TL Salz

1 TL zerquetschter schwarzer Pfeffer

1 langer roter Chili, fein geschnitten

1 Limette, in Spalten geschnitten

ZUBEREITUNG

Mit einem großen Küchenmesser die Hummerschwänze der Länge nach in zwei Hälften teilen.

Einen Wok auf mittlere Temperatur erhitzen, dann das Öl, die Butter, den Knoblauch und die Frühlingszwiebeln hineingeben und etwa 2 Minuten lang erhitzen, bis alles aromatisch duftet, aber noch nicht braun geworden ist. Die Hummerschwänze dazugeben, dann die Wärmezufuhr auf hohe Temperatur erhöhen und 4 Minuten lang unter ständigem Rühren erhitzen, bis der Hummer sich verfärbt hat. Die Fischsauce, den Zitronensaft, das Salz und den Pfeffer dazugeben und noch einmal 2–4 Minuten lang erhitzen, bis alles durchgegart ist.

Aus dem Wok nehmen und auf einen Servierteller legen, mit dem Chili garnieren und zusammen mit den Limettenspalten servieren.

FÜR 4–6 PERSONEN ALS MENÜBESTANDTEIL

Die Crème Caramel ist ein französischer Klassiker. Die Vietnamesen haben daraus ihr eigenes Rezept entwickelt und nennen es banh flan. Heute, hundert Jahre später, dreht sich mit David Tai, einem vietnamesischen Chefkoch, der sein Handwerk in Frankreich gelernt hat, das Rad weiter. Dies ist seine Version des sehr beliebten Desserts.

BÁNH FLAN
Crème Caramel

ZUBEREITUNG

Für die Herstellung des Caramels 100 g Zucker in einen Kochtopf schütten. Drei EL des Mandarinensafts dazugeben, auf mittlere Temperatur erhitzen, köcheln lassen, bis die Flüssigkeit etwas eingedickt ist und eine schöne hellbraune Farbe angenommen hat, dann noch einmal 2 EL vom Mandarinensaft hineingießen, damit es nicht weiter karamellisiert. Rühren, dann das Caramel in acht 125 ml fassende feuerfeste Förmchen gießen. Fünfzig Gramm Zucker und 100 ml Wasser in einem Topf zum Kochen bringen. Die Mandarinenschalenstreifen hineingeben und 5 Minuten lang köcheln lassen, dann die Sahne dazugießen. Zum Siedepunkt bringen, dann den Topf von der Wärmequelle nehmen. Zwanzig Minuten lang beiseitestellen, damit sich die Aromen entfalten können, dann die Mandarinenschalen herausnehmen und wegwerfen.

Den Ofen auf 150 °C vorheizen. Den restlichen Mandarinensaft, den Brandy und den Cointreau in einem Topf miteinander mischen. Zum Kochen bringen und so lange kochen, bis sich die Masse um ein Drittel reduziert hat.

Die restlichen 100 g Zucker zusammen mit den Eiern und dem Eigelb in eine Schüssel geben, dann rühren, bis sich der Zucker aufgelöst hat. Die Eimasse in die Sahnemasse gießen und rühren. Danach in den eingedickten Mandarinensaft geben, umrühren und in die Förmchen schütten.

Die Förmchen auf ein Backblech mit hohem Rand stellen. So viel Wasser auf das Blech gießen, dass es bis zur halben Höhe der Förmchen reicht. Für 55–60 Minuten garen, bis die Masse fest ist, aber noch etwas wackelt. Aus dem Ofen nehmen und abkühlen lassen. Vor dem Servieren mit einem Messer vorsichtig am Rand der Förmchen entlangfahren und so die Creme lösen. Umdrehen, die Crème Caramel herausfallen lassen, und auf einen Servierteller geben.

ERGIBT 8 PORTIONEN

ZUTATEN

250 g sehr feiner Streuzucker

300 ml Mandarinensaft

2 lange Streifen Schale einer Biomandarine (etwa 15 cm lang), das Weiße entfernt

300 ml Schlagsahne

50 ml Brandy

50 ml Cointreau

2 Eier

4 Eigelb

Frau Tuoc und ihr französisches Erbe

ICH BEFINDE MICH IN EINEM SCHICKEN HOTEL im Zentrum von Saigon, in dem mehr als dreißig australische Winzer ihre Weine vorstellen. Vietnamesen schlendern von Stand zu Stand, schnuppern, schwenken, nippen und spucken. Ich komme mir vor wie in Sydney, muss mir aber in Erinnerung rufen, dass ich doch eigentlich in Saigon bin. Es ist verblüffend, wie sehr sich die Einheimischen zu Weinliebhabern entwickelt haben. In früheren Jahren kamen nur diejenigen Familien in den Genuss von Käse und Wein, die eng mit den Franzosen zusammenarbeiten, heute ist es aber nichts Außergewöhnliches mehr, wenn man die jüngere Generation dabei beobachtet, wie sie französischen Käse probiert und sich zu Weinkennern entwickelt.

Als ich so in der Menge stehe und einen Petaluma-Riesling verkoste, werde ich einer Dame vorgestellt. Sie gehört dem Mitarbeiterkreis an, dessen Aufgabe es ist, Winzer nach Saigon zu holen. Ihr Name ist Frau Tuoc und ich frage sie, wo sie denn in Australien lebt.

Sie lacht: »Guter Mann, ich komme aus Saigon!«

Ich bin sehr überrascht, denn sie spricht fließend Englisch, und das mit australischem Zungenschlag. Sie hat hellbraunes Haar und einen hellen Teint.

»Macht nichts, das passiert mir oft. Mein Großvater ist Franzose und ich arbeite bei Austrade, deshalb habe ich viel Kontakt zu Australiern und bin auch schon einige Male beruflich dort gewesen.«

Ich bin neugierig auf ihre Geschichte, deshalb bitte ich sie, mir mehr über ihren Großvater und ihr französisches Erbe zu erzählen. Sie meint, dass wir eine Flasche Wein brauchen würden und uns setzen sollten, es sei eine lange und komplizierte Geschichte …

»Was ich jetzt erzähle, habe ich selbst erst vor zehn Jahren herausgefunden«, fängt sie an und schon sitze ich auf glühenden Kohlen. »Mein Großvater,

Henri Cosserat, war einer der ersten französischen Soldaten, die im Jahre 1890 nach Cochinchina in Vietnam versetzt wurden. Zehn Jahre danach begegnete er einer Frau aus Hue, die er heiratete. Ich nenne sie meine Großmutter, aber das stimmt nicht so ganz.

In Henris Haus wohnte auch die siebzehnjährige Nichte seiner Frau. Henri hatte eine Affäre mit ihr und sie wurde schwanger. Sie brachte nicht den Mut auf, ihm das zu sagen, deshalb erzählte sie es stattdessen seiner Frau. Aus Angst, ihr Gesicht und ihre Ehre zu verlieren, brachte seine Frau ihre Nichte in ein entlegenes Dorf, wo sie einen Freund dafür bezahlte, sich während der Schwangerschaft um die Nichte zu kümmern. Kurz nach der Geburt wurde dieser dann ihr kleiner Sohn weggenommen. Die Nichte wurde aus dem Dorf gejagt, man verbot ihr, jemals wieder zurückzukommen und sie solle Henri auch nie etwas von dem Kind erzählen. Dieses Kind war mein Vater. Während seiner Kindheit erzählte man meinem Vater, dass seine Eltern bei einem Schiffsunglück ums Leben gekommen seien und dass er zu hundert Prozent vietnamesisch sei. Als er Mitte zwanzig war, heiratete er meine Mutter und sie zogen in die Provinz Quan Nam, wo ich geboren wurde. Danach gingen wir nach Saigon und mein Vater begegnete einer Frau, die genau aus dem Dorf stammte, in dem er aufgewachsen war. Sie erzählte, dass sie seine Adoptiveltern und seine erste Amme kannte, also die Frau, die ihn gestillt hatte, bevor er seinen Adoptiveltern übergeben worden war. Mein Vater wollte unbedingt in das Dorf zurückkehren und diese Frau besuchen, deshalb stieg er am nächsten Tag in einen Überlandbus, der in seine Heimatstadt fuhr, um nach ihr zu suchen.

»Er fand zwar ihr Haus, musste jedoch traurigerweise erfahren, dass sie vor nur wenigen Tagen gestorben war. Auf der Beerdigung begegnete er ihrem Sohn Bi. Bi verriet meinem Vater, dass er seine biologische

Mutter kannte. Mein Vater entgegnete, das wäre nicht möglich, weil seine beiden Eltern gestorben seien, als er nur einen Monat alt war.

Bi bat meinen Vater, sich zu setzen, erzählte ihm alles, was er wusste, und erklärte, dass mein Vater einen Onkel hatte, der in Nha Trang lebte. Wenn mein Vater mehr erfahren wolle, sollte er diesen Onkel besuchen.

An dieser Stelle muss ich sie unterbrechen, um noch eine Flasche Wein zu holen. Ich erzähle ihr, dass ihre Lebensgeschichte sich anhört wie eine Seifenoper. Sie lacht und bittet mich, noch einen Schluck zu nehmen, denn das Drama sei noch nicht zu Ende.

Mein Vater fuhr mit dem ersten Bus nach Nha Trang.

... das änderte die Art zu kochen ...

Er war fest entschlossen, mehr über seine Eltern zu erfahren. Aber sein Onkel, damals über neunzig Jahre alt, stritt alles ab und meinte, mein Vater habe etwas falsch verstanden. Aber mein Vater blieb hartnäckig und ließ nicht locker, bis er noch mehr Einzelheiten aus ihm herausbekommen hatte. Bald knickte der Onkel ein und erzählte meinem Vater alles, einschließlich der Tatsache, dass seine Mutter noch ein weiteres Kind hatte. Das bedeutete, dass mein Vater einen Halbbruder hatte. Aber auch das war noch nicht alles: Er verriet meinem Vater zudem, dass Henri noch ein weiteres Kind namens Maurice hatte, der in Toulon in Frankreich lebt.

Binnen zweier Tage hatte mein armer Vater erfahren, dass seine Eltern nicht bei einem Schiffsunglück gestorben waren, dass sein Vater Franzose war, dass er einen Halbbruder mütterlicherseits hatte, der in der gleichen Stadt lebte wie er, und dass er noch einen weiteren Halbbruder väterlicherseits hatte, der in Frankreich lebt. Als mir mein Vater diese verrückte Geschichte erzählte, wollte ich auf der Stelle nach Frankreich reisen, um Maurice zu treffen. Als Kind wurde ich in der Schule immer damit aufgezogen, dass ich eher wie jemand aus dem Westen aussehe, und nicht wie eine Vietnamesin. Ich war eine Außenseiterin. Man rief mich nie beim Namen, sondern nannte mich immer Lai My, das heißt vietnamesisch-amerikanischer Mischling. Ich habe nie verstanden, warum ich anders aussah, aber jetzt wusste ich es.

Deshalb flogen wir nach Toulon und trafen Maurice und seine Familie. Mein Vater und ich kamen uns näher als je zuvor. Wir entdeckten mehr über uns, und einige Begebenheiten aus unserem Leben machten plötzlich mehr Sinn. Maurice zeigte uns ein Fotoalbum mit Bildern von meinen Großeltern. Mein Vater sah zum ersten Mal ein Bild von seinem Vater. Das war sehr bewegend für ihn und ein überwältigendes Erlebnis.

Wir verbrachten die Woche damit, unsere französische Familie kennenzulernen, hörten viele unglaublichen Geschichten, tranken Massen von fantastischem Wein und Maurice und seine Kinder bereiteten sehr interessante Gerichte zu. Diese Rezepte entsprachen nicht unbedingt der authentischen französischen Küche, denn sie verwendeten Fischsauce für absolut alles! Sie marinierten Kaninchenfleisch darin und dann schmorten sie es in Rotwein, ja sie würzten sogar ihre Ente à l'Orange mit Fischsauce. Es harmonierte alles sehr gut und das Essen schmeckte wirklich wunderbar. Ich begann, ein Interesse für die kulinarischen Aspekte meiner französischen Wurzeln zu entwickeln, und das veränderte die Art und Weise, wie ich daheim kochte, grundlegend. Seitdem bin ich in fast allen guten französisch-vietnamesischen Restaurants in Saigon gewesen.«

Während ich mir die Geschichte von Tuocs Familie in Frankreich anhöre, fallen mir meine eigenen Onkel, Tanten, Cousinen und Cousins in Frankreich ein, von denen ich die meisten noch nie getroffen habe. Es war mir schon zu Ohren gekommen, dass sie samt und sonders großartige Köche seien, ich frage mich aber, ob sie nach all den Jahren, in denen sie in Frankreich gelebt haben, sich nicht eher als Franzosen, denn als Vietnamesen betrachten und deshalb die moderne vietnamesische Küche oder vielleicht die traditionelle vietnamesische Art der Zubereitung bevorzugen würden. Ich war noch nie in Frankreich gewesen, also entschließe ich auf der Stelle dazu, nach Frankreich zu reisen, um herauszufinden, welchen Einfluss die Franzosen auf die vietnamesische Küche gehabt haben. Und das nicht in Vietnam, sondern bei den Vietnamesen, die in Frankreich leben.

VORHERIGE SEITE VON LINKS: *Frau Tuoc als Baby;
die Großmutter von Tuoc und ihre Kinder, Tuoc*
DIESE SEITE, IM UHRZEIGERSINN VON OBEN:
*Die Eltern von Tuoc, ihr Großvater, Henri Cosserat,
die Eltern von Tuoc.*

Auf dieses Gericht bin ich in einem typisch vietnamesischen Restaurant in Saigon gestoßen. Ich habe den Koch gefragt, woher der Fisch stammt und er meinte, es handele sich dabei um einheimischen Lachs, der aus einem kleinen Bergdorf namens Ta Phin im Norden kommt, wo die Minderheit der roten Dzao beheimatet ist.

CÁ HỒI SỐT CAM
Pfannengebratener Lachs in Orangensaft

ZUTATEN

1 EL Fischsauce
1 TL Annattoöl (Seite 306)
¼ TL süßes Paprikapulver
¼ TL gemahlener Zimt
Meersalz
frisch gemahlener, schwarzer Pfeffer
400 g Lachsfilet,
    mit Haut und ohne Gräten
2 EL Pflanzenöl
20 g Butter
1 Lauch, nur das Weiße,
    fein geschnitten
1 TL Kartoffelstärke
3 EL Orangensaft
2 TL Zucker
1 langer roter Chili, gestiftelt
5 Korianderzweige (Cilantro)

ZUBEREITUNG

Die Fischsauce, das Annattoöl, das Paprikapulver, den Zimt und eine Prise Salz und Pfeffer in einer Schüssel miteinander vermengen. Den Lachs dazugeben und in der Marinade wenden, dann zudecken und bei Raumtemperatur 10 Minuten lang ziehen lassen.

1 EL vom Pflanzenöl in einer großen Bratpfanne auf mittlere bis hohe Temperatur erwärmen. Den Lachs aus der Marinade nehmen und abtropfen lassen. Den Lachs mit der Haut nach unten in die Pfanne geben und 3 Minuten lang anbraten, bis die Haut knusprig gebraten ist und eine goldbraune Farbe angenommen hat. Das Filet umdrehen und noch einmal 1 Minute lang braten, dann auf einen Servierteller legen. Der Lachs sollte innen noch rosa sein.

In der Zwischenzeit das restliche Öl und die Butter in einer anderen Bratpfanne auf mittlere Temperatur erwärmen. Den Lauch dazugeben und unter ständigem Rühren 3 Minuten lang garen, bis er etwas weicher geworden ist. Die Kartoffelstärke hineingeben und rühren, bis sie sich aufgelöst hat. Den Orangensaft unter ständigem Rühren dazugießen und alles so lange erhitzen, bis die Flüssigkeit etwas eingedickt ist. Die Sauce mit dem Zucker und einer Prise Salz und Pfeffer würzen. Die Lauch-Orangensaftmischung über den Fisch gießen und mit dem Chili und dem Koriander garnieren.

FÜR 2 PERSONEN ALS MENÜBESTANDTEIL

*Farci ist ein französischer Begriff und bedeutet »gefüllt«.
Die Vietnamesen haben sowohl die Bezeichnung
als auch die Technik in die eigene Küche übernommen.*

CUA FARCI
Krabbenfarci

ZUBEREITUNG

Damit die Krabben bei der Zubereitung geschont werden, diese
1 Stunde lang in den Kühlschrank legen, damit sie einschlafen.
Dann 20 Minuten lang in einem Topf mit kochend heißem Wasser
garen und gut abtropfen lassen. Jede Krabbe mit dem Bauch nach
oben auf eine feste Arbeitsfläche legen. Mit einer Drehbewegung
die Beine und die Scheren vom Körper trennen. Mit beiden Händen
nun die Finger unter den Rand des Panzers, zwischen Magen und
Panzer führen. In entgegengesetzte Richtungen ziehen, bis ein kna-
ckendes Geräusch zu hören ist, dann den Darm und die Membranen
entfernen. Die Beine aufbrechen und das Fleisch daraus entfernen.
Mit einem Löffel das Fleisch vom Rumpf der Krabben entfernen.
Die vier oberen Panzer waschen und trocknen.

Die getrockneten Pilze in eine Schüssel geben, Wasser darübergießen und 20 Minuten lang einweichen, dann abschütten und
fein schneiden. Die Glasnudeln in eine Schüssel geben, Wasser
darübergeben und 20 Minuten lang einweichen. Mit einer Küchenschere in 3 cm lange Stücke schneiden.

Das Krabbenfleisch, die Pilze, die Nudeln, den Knoblauch, die
Schalotten, die Frühlingszwiebeln, die Eigelb, die Sojasauce, die
Fischsauce sowie das Salz und den Pfeffer in einer Schüssel miteinander vermengen. Die Zutaten gut mischen. Die Krabbenschalen zu
gleichen Teilen mit der Masse füllen.

Die gefüllten Schalen in einen Dampftopf aus Metall oder Bambus geben und den Deckel darauflegen. Den Topf über einen Wok
oder einen Topf mit kochendem Wasser stellen und 5 Minuten lang
dämpfen. Die Schalen herausnehmen und beiseitestellen.

Einen Wok oder eine Fritteuse zu ⅓ mit Öl füllen und auf
180 °C erhitzen, bis ein hineingeworfenes Brotstückchen innerhalb
von 15 Sekunden bräunt. Vorsichtig die Krabben mit der Schale
nach unten in das Öl geben, und 1 Minute lang auf jeder Seite
frittieren. Herausnehmen und auf Küchenkrepp abtropfen lassen.
Mit den Limettenspalten und einer kleinen Schüssel Sojasauce und
dem in Scheiben geschnittenen Chili zum Tunken reichen.

FÜR 4 PERSONEN ALS VORSPEISE

ZUTATEN

4 lebende blaue Schwimmkrabben
10 getrocknete Mu-Err Pilze
20 g Glasnudeln
3 Knoblauchzehen, gehackt
4 Thai-Schalotten, gehackt
2 EL fein geschnittene Frühlings-
    zwiebeln, nur das Grüne
4 Eigelb
1 TL helle Sojasauce
1 TL Fischsauce
1 Prise Salz und frisch gemahlener,
    schwarzer Pfeffer
Pflanzenöl zum Frittieren
Limettenspalten zum Servieren
helle Sojasauce und in Ringe in
    Scheiben geschnittenen roten
    Chili zum Tunken

BÁNH XÈO TÔM HÙM

Knusprige Reismehlcrêpes mit Hummer und Enokipilzen

TEIG FÜR DIE CRÊPES

80 g Reismehl

20 g Weizenmehl

½ TL Salz

1 TL gemahlener Kurkuma

160 ml Kokossahne

160 ml gekühltes Sodawasser

1 Frühlingszwiebel, dünn geschnitten

FÜLLUNG

50 g getrocknete Mungbohnen,
    über Nacht einweichen,
    dann das Wasser abschütten

2 EL Pflanzenöl

1 TL gehackter Knoblauch

400 g Hummerschwänze,
    Panzer entfernt, fein geschnitten

200 g Schweinebauch ohne Knochen,
    das Fett entfernt und fein
    geschnitten

1 Frühlingszwiebel, fein geschnitten

50 g Bohnensprossen

100 g Enokipilze, gesäubert und in
    2 cm lange Stücke geschnitten

1 Prise Salz und frisch gemahlener,
    weißer Pfeffer

UMHÜLLUNG

12 Blätter Senfkohl

1 Handvoll Perillablätter

1 Handvoll Minzeblätter

100 ml Fischsauce zum Tunken
    (nuoc mam cham) (Seite 305)

ZUBEREITUNG

Für die Herstellung des Teiges das Reismehl und das Weizenmehl in eine Schüssel sieben. Das Salz und die Kurkuma mit dem Mehl vermengen. Die Kokossahne und das Sodawasser hinzugeben und gründlich verrühren, sodass ein glatter Teig entsteht. Vor der Weiterverarbeitung 10 Minuten lang ruhen lassen. Der Teig reicht für drei Crêpes im Durchmesser von 32 cm.

Für die Zubereitung einen Dampfgartopf mit Backpapier auslegen und ein paar kleine Löcher in das Papier stechen. Die Mungbohnen in den Gartopf geben und mit dem Deckel zudecken. Den Topf über einen Wok oder einen Kochtopf mit stark kochendem Wasser stellen und die Bohnen 15 Minuten lang dämpfen, bis sie weich geworden sind. Herausnehmen und beiseitestellen.

Eine Bratpfanne auf mittlere Temperatur erhitzen und 1 EL Öl, den Knoblauch und den Hummer hineingeben und 3 Minuten lang unter ständigem Rühren erhitzen, bis alles gar ist. Alles herausnehmen und beiseitestellen. Die Pfanne sauber wischen, danach das restliche Öl hineinschütten und diesen Vorgang mit dem Schweinebauch wiederholen. Beiseitestellen.

Für die Zubereitung der Crêpes eine beschichtete Bratpfanne (Ø 32 cm) etwas einfetten, auf mittlere Temperatur erhitzen und ⅓ von den Frühlingszwiebeln in die Pfanne schütten. Ein Drittel des Teiges in die Mitte der Pfanne gießen, dann diese am Griff hochheben und leicht schwenken, damit sich der Teig in der ganzen Pfanne verteilt. Überschüssigen Teig zurück zum restlichen Teig gießen, denn die Crêpe sollte sehr dünn sein. Ein Drittel von den Mungbohnen, den Hummer, das Schweinefleisch, die Frühlingszwiebel, die Bohnensprossen und die Enokipilze auf die eine Hälfte der Crêpe geben. Mit einer Prise Salz und weißem Pfeffer würzen. Die Wärmezufuhr auf niedrige Stufe stellen und etwa 6 Minuten lang erhitzen, bis die Crêpe fest geworden ist und eine goldbraune Farbe angenommen hat. Die zweite Hälfte der Crêpe mit einem Spatel hochheben und über die erste Hälfte klappen und den Crepe auf einen großen Teller gleiten lassen.

Jede Crêpe in 3 oder 4 Stücke aufteilen. Ein Blatt Salat, einige Blätter Perilla und Minze nehmen, die Crêpe auf den Salat legen und zusammenrollen. Die Rolle dann in die Fischsauce tunken. Mit dem restlichen Teig und den Zutaten für die Füllung wiederholen.
FÜR 4–6 PERSONEN ALS MENÜBESTANDTEIL

»Dampfboot« mit Wagyu und Zitronengras

ZUBEREITUNG

Für die Zubereitung der Ananas-Anchovi-Sauce den Zucker in eine Schüssel mit kochendem Wasser geben und rühren, bis er sich aufgelöst hat. Abkühlen lassen, dann die restlichen Zutaten für die Sauce dazugeben und gut vermengen.

In einem Topf Wasser zum Kochen bringen, die Fadennudeln dazugeben und noch einmal aufkochen lassen. Weitere 5 Minuten kochen lassen, dann die Wärmezufuhr abstellen und die Fadennudeln noch einmal 5 Minuten lang im Wasser stehen lassen. In ein Sieb schütten und unter kaltem Wasser abschrecken, danach trocknen lassen.

Das Rindfleisch entgegen der Wuchsrichtung sehr dünn in 2 mm dicke Scheiben schneiden. Das Fleisch flach auf einen großen Teller legen. Den Salat, die Gurke, die Zwiebel, die Perilla, die Minze, den Koriander, die Bohnensprossen und die fertigen Fadennudeln auf einen anderen Teller legen.

Den Essig, das Kokosnusswasser, 250 ml Wasser und das Zitronengras in einen Tontopf geben und bei niedriger Temperatur leicht köcheln lassen.

Eine große Schüssel mit warmem Wasser füllen. Bei Tisch bereiten sich alle Gäste die Rollen selbst zu, indem sie das Reispapier kurz in warmes Wasser tauchen, bis es etwas weicher geworden ist, danach das überschüssige Wasser abschütten und das Papier flach auf einen Teller legen. Ein Blatt Salat, ein paar Blätter von der Perilla, der Minze und dem Koriander sowie etwas Gurke, Zwiebel, Fadennudeln und Bohnensprossen auf das Reispapier legen. Danach nimmt sich jede Person mit einem Essstäbchen ein Stück Rindfleisch und taucht es in den Tontopf (siehe Hinweis). So lange wie gewünscht garen. Das Rindfleisch auf die Reispapierrollen legen und diese fest zusammenrollen und danach in die Ananas-Anchovi-Sauce tunken.

FÜR 4–6 PERSONEN ALS MENÜBESTANDTEIL

Hinweis: Dieses Gericht wird bei Tisch in einem Tontopf über einem Gaskocher zubereitet. Diese Geräte sind relativ preisgünstig, man kann sie in Asiamärkten kaufen.

ZUTATEN

200 g trockene Reisfadennudeln
1 kg Filet vom Wagyurind, pariert
1 Kopfsalat, verlesen
1 libanesische Gurke (Mini-Gurke), gestiftelt (streichholzgroß)
1 kleine rote Zwiebel, in feine Scheiben geschnitten
1 Handvoll Perillablätter
1 Handvoll Minzeblätter
1 Handvoll Korianderblätter (Cilantro)
100 g Bohnensprossen
250 g Weißweinessig
250 g Wasser junger Kokosnüsse
1 Stängel Zitronengras, nur das Weiße, in feine Scheiben geschnitten
20 trockene runde Reispapierblätter (16 cm Ø)

ANANAS-ANCHOVI-SAUCE

1 EL Zucker
2 EL kochendes Wasser
1 EL fermentierte Anchovisauce
2 EL Ananassaft, ungesüßt
1 EL frisch gepresster Ananassaft
1 EL fein geschnittenes Zitronengras, nur das Weiße
1 Knoblauchzehe, zerquetscht
1 Vogelaugenchili (Peperoncini), fein geschnitten

Dieses Gericht könnte ich jede Woche essen. Für einige traditionelle vietnamesische Rezepte muss das Rindfleisch kurz in Zitrone gegart werden, da hier aber hochwertiges Rindfleisch verwendet wird, ist das nicht notwendig. Das gesäuberte Rindfleisch in Plastikfolie einwickeln und eine Stunde lang einfrieren, so kann man es leichter in dünne Scheiben schneiden.

BÒ WAGYU TÁI CHANH
Wagyufilet, in Zitrone eingelegt

ZUBEREITUNG

Den Zitronensaft und die Fischsauce in eine Schüssel geben, dann mit dem Zucker, dem Salz und dem weißen Pfeffer mischen.

Das Wagyufleisch in einer einzigen Lage in einer Schüssel platzieren. Die Zitronensaftmischung darübergießen, damit das Fleisch komplett bedeckt ist. Beiseitestellen und 10 Minuten lang marinieren.

Die gerösteten Schalotten, den gerösteten Knoblauch, das geröstete Reispulver, das Knoblauchöl, die Kräuter und die Bohnensprossen in eine Schüssel geben. Das Rindfleisch aus der Zitronenmischung nehmen und behutsam den überschüssigen Zitronensaft herausdrücken, damit das Fleisch nicht zerreißt, und in die Schüssel geben. Vorsichtig das Rindfleisch mit den anderen Zutaten mischen.

Kleine Portionen vom Rindfleisch auf 20 Löffel legen. Mit den Zwiebeln, den Erdnüssen und der Chili garnieren und mit etwas Fischsauce zum Tunken beträufeln.

FÜR 6–8 PERSONEN ALS VORSPEISE

ZUTATEN

320 ml Zitronensaft

1 EL Fischsauce

2 TL Zucker

1 TL Salz

1 TL frisch gemahlener, schwarzer Pfeffer

400 g Lende vom Wagyurind, gesäubert und sehr dünn geschnitten

1 TL geröstete Thai-Schalotten (Seite 307)

1 TL gebratener Knoblauch (Seite 306)

¼ TL geröstetes Reispulver (Seite 310)

½ TL Knoblauchöl (Seite 306)

1 große Handvoll Blätter langer Koriander, grob gehackt

1 große Handvoll Reisfeldpflanze (Aromatischer Sumpffreund), grob gehackt

1 große Handvoll Bohnensprossen

½ kleine rote Zwiebel, fein geschnitten

2 EL gehackte geröstete Erdnüsse (Seite 307)

1 Vogelaugenchili (Peperoncini), in Scheiben geschnitten

Fischsauce zum Tunken (nuoc mam cham) zum Servieren (Seite 305)

BÒ NẤU DỐP

In frischem Kokosnusswasser geschmortes Rindfleisch

ZUTATEN

4 EL helle Sojasauce

1 EL Shaoxing Reiswein

3 EL Annattoöl (Seite 306)

1 TL Salz

1 TL frisch gemahlener,
　　schwarzer Pfeffer

1 kg Rinderkammfleisch oder
　　Schultersteak, in 4 cm große
　　Würfel geschnitten

2 EL Pflanzenöl

50 g Butter

2 Thai-Schalotten, gehackt

3 Knoblauchzehen, gehackt

500 ml Hühnerbrühe

250 ml Wasser junger Kokosnüsse

250 ml Ananassaft

200 g Karotten, geschält und in 2 cm
　　große Würfel geschnitten

200 g Kartoffeln, geschält und in 2 cm
　　große Würfel geschnitten

100 g Thai-Schalotten, geschält
　　und ganz

100 g dicke Bohnen, geschält und
　　die Schoten entfernt (etwa 300 g
　　Bohnen mit den Schoten)

1 EL Fischsauce

1 TL Zucker

2 lange rote Chilis, gestiftelt

gedämpfter Jasminreis zum Servieren

ZUBEREITUNG

Die Sojasauce, den Reiswein, das Annattoöl, das Salz und den Pfeffer in eine Schüssel geben und vermengen. Das Rindfleisch dazugeben und in der Marinade schwenken, bis es davon ummantelt wird, dann zudecken und bei Raumtemperatur 20 Minuten lang beiseitestellen. Danach die Marinade abgießen.

In einem großen Kochtopf das Öl und die Butter auf mittlere Temperatur erwärmen. Wenn die Butter anfängt, Blasen zu bilden, die Temperatur auf die stärkste Stufe drehen, dann das Rindfleisch hineingeben und auf allen Seiten so lange braten, bis es braun geworden ist. Die gehackten Schalotten und den Knoblauch dazugeben und mit dem Rindfleisch zusammen 2 Minuten lang umrühren.

Die Hühnerbrühe, das Kokosnusswasser und den Ananassaft hineingießen, bis alles Fleisch davon bedeckt ist. Wenn nötig, noch etwas mehr dazugeben, damit das Fleisch komplett in der Flüssigkeit eingetaucht ist. Zum Kochen bringen, dabei allen Schaum abschöpfen, danach die Wärmezufuhr verringern und 1 Stunde lang kochen lassen, bis das Fleisch fast zart ist.

Die Karotten, die Kartoffeln, die ganzen Schalotten und die dicken Bohnen dazugeben und noch einmal 15–20 Minuten lang kochen lassen, bis das Fleisch sehr zart und das Gemüse gar ist. Die Fischsauce und den Zucker dazugeben und noch einmal 5 Minuten lang garen. In eine Servierschüssel geben und mit dem Chili garnieren. Mit gedämpftem Jasminreis reichen.
FÜR 4–6 PERSONEN ALS MENÜBESTANDTEIL

CÁ HẤP DỒN THỊT

Gedämpfter Schlammfisch mit Schweinefleisch und Mu-Err-Pilzen

ZUBEREITUNG

Die getrockneten Pilze mit Wasser übergießen und 20 Minuten lang einweichen, dann abschütten und klein schneiden. Die Fadennudeln in einen Topf mit kochendem Wasser geben und noch einmal zum Kochen bringen. Fünf Minuten lang kochen lassen, dann die Wärmezufuhr abstellen und die Fadennudeln weitere 5 Minuten lang im Wasser stehen lassen. Abschütten und unter kaltem Wasser abschrecken, beiseitestellen.

Die Pilze, das Schweinefleisch, den Knoblauch, die Schalotten, die Fischsauce, den Zucker und den Pfeffer gut vermengen und beiseitestellen.

Um die Gräten aus dem Fisch zu entfernen, diesen der Länge nach auf ein Hackbrett legen und mit einem scharfen Messer auf beiden Seiten des Rückgrats am Schwanzende beginnend entlangschneiden. Mit einer Schere das Rückgrat am Kopf- und am Schwanzende durchtrennen und wegwerfen. Es entsteht ein grätenfreier Hohlraum im Fisch, der später gefüllt werden kann.

Die Schweinefleischmasse mit den Händen in den Hohlraum füllen, diesen mit einem Bindfaden umwickeln.

Den Fisch in einen großen Dampfgartopf geben und den Deckel darauflegen. Den Gartopf über einen Wok oder einen Kochtopf mit stark kochendem Wasser stellen und 30 Minuten lang erhitzen, bis alles gar ist. Den Fisch herausnehmen und auf einen Servierteller legen. Frühlingszwiebelöl darübertröpfeln und mit den Korianderblättern, dem Chili und den Erdnüssen garnieren.

Den Fisch auf Teller mit Koriander, Perilla, Minze, Gurke und den Fadennudeln legen und auf den Tisch stellen. Eine große Schüssel mit warmem Wasser füllen und ein Reispapierblatt kurz hineintauchen, bis es etwas weicher geworden ist, dann abtropfen lassen und flach auf einen Teller legen. Etwas gedämpften Fisch, die Kräuter, die Fadennudeln und die Gurke auf das Reispapierblatt legen. Zusammenrollen und in die Fischsauce tunken.

FÜR 4–6 PERSONEN ALS MENÜBESTANDTEIL

ZUTATEN

2 getrocknete Mu-Err-Pilze
150 g trockene Reisfadennudeln
150 g Schweinehack
1 Knoblauchzehe, fein gehackt
1 Thai-Schalotte, fein gehackt
2 TL Fischsauce
1 TL Zucker
½ TL frisch gemahlener, schwarzer Pfeffer
500–700 g Asiatischer Schlammpeitzger, ganz, gesäubert und entdarmt
2 EL Frühlingszwiebelöl (Seite 305)
10 Korianderblätter (Cilantro)
1 Vogelaugenchili (Peperoncini), in Scheiben geschnitten
2 EL zerdrückte geröstete Erdnüsse (Seite 307)
1 Bund Koriander (Cilantro)
1 Bund Perilla
1 Bund Minze
½ libanesische Gurke (Mini-Gurke), gestiftelt
16 trockene runde Reispapierblätter (16 cm Ø)
500 ml Fischsauce zum Tunken (nuoc mam cham) (Seite 305)

CÁ HẤP RIỀNG XẢ NGHỆ

Gedämpfter Zackenbarsch in Bananenblättern mit Kurkuma und Zitronengras

ZUTATEN

1 Bananenblatt (80 cm groß), halbiert
500 g Zackenbarschfilet mit Haut
Meersalz
2 EL Fischsauce zum Tunken
    (nuoc mam cham) (Seite 305)

MARINADE

1 Stück Galgant (1 cm lang),
    geschält und grob gehackt
1 Stück frische Kurkuma (4 cm lang),
    geschält und grob gehackt
1 Stängel Zitronengras, nur das
    Weiße, sehr fein gehackt
2 TL gehackter Knoblauch
2 TL rotes Currypulver (ich verwende
    gerne die Marke Ayam)
2 EL Pflanzenöl
2 EL Fischsauce

SALAT

5 getrocknete Goji-Beeren
1 kleine Pomelo
½ kleine grüne Papaya, gestiftelt
5 Perillablätter, klein geschnitten
5 Blätter Vietnamesischer Koriander,
    klein geschnitten

ZUBEREITUNG

Einen kleinen Topf auf mittlere Temperatur erhitzen. Die Bananenblatthälften nacheinander und einzeln 30 Sekunden lang in den Topf legen, bis die Blätter weich und biegsam sind. Beiseitestellen.

Für die Zubereitung der Marinade den Galgant und den Kurkuma in einen Mörser geben und zu einer Paste verarbeiten. Den Galgant und den Kurkuma in eine große Schüssel geben. Die restlichen Zutaten für die Marinade hineingeben und gründlich vermengen, dann 10 Minuten lang beiseitestellen, damit sich die Aromen entfalten können.

Den Fisch mit dem Meersalz würzen und danach in die Marinade legen. Die Schüssel mit Plastikfolie zudecken und 1 Stunde lang in den Kühlschrank stellen, nach 30 Minuten den Fisch wenden.

In der Zwischenzeit den Salat zubereiten. Hierzu die Goji-Beeren in eine Schüssel geben, mit Wasser übergießen und 15 Minuten lang einweichen, dann abgießen. Die Pomelo schälen und einfach mit den Händen in große Stücke reißen. Die Pomelo zusammen mit den Goji-Beeren, der Papaya, den Perillablättern und dem Vietnamesischen Koriander in eine Schüssel geben und alles schwenken.

Den Fisch in eine Hälfte des Bananenblattes einwickeln, die Enden umschlagen und befestigen. Den eingewickelten Fisch in einen großen Dampfgartopf aus Metall oder Bambus legen und mit dem Deckel zudecken. Den Dampfgartopf über einen Wok oder einen Kochtopf mit stark kochendem Wasser stellen und 7–10 Minuten lang garen, bis der Fisch durchgegart ist.

Die andere Hälfte des Bananenblattes auf einen ovalen Servierteller legen, dann den Fisch mit der Haut nach oben auf den Teller legen. Den Salat auf den Fisch geben und mit der Fischsauce zum Tunken garnieren.

FÜR 4–6 PERSONEN ALS MENÜBESTANDTEIL

Es hat mich überrascht, dass es in vielen Restaurants in Saigon Panna Cotta gibt. Im Xu, einem der führenden Restaurants in Saigon, bereitet man eine wunderbare Variante mit Pandanus zu. Die Blätter duften herrlich und schmecken sehr gut. Sie sind das vietnamesische Gegenstück zur Vanilleschote.

SƯƠNG SA GỪNG LÁ DỨA
Panna Cotta mit Pandanus und Ingwer

ZUBEREITUNG

Zwei EL Wasser in eine kleine Schüssel gießen. Die Gelatine darüberstreuen, dann beiseitestellen, die Gelatine 5 Minuten lang aufquellen lassen und warten, bis sie weich geworden ist.

Die Milch und die Pandanusblätter 30 Sekunden lang in einem Mixer verarbeiten. Die Pandanusmilch und den Ingwer in einen Topf geben und bis zum Siedepunkt erwärmen. Die Wärmezufuhr abstellen und 15 Minuten lang beiseitestellen, damit die Aromen ziehen können, dann die Masse durch ein feines Sieb in einen anderen Topf geben, dabei etwas drücken, um möglichst viel Flüssigkeit zu gewinnen.

Die durchgesiebte Milch im Topf erhitzen, den Zucker und die eingeweichte Gelatine hineingeben. Noch einmal zum Kochen bringen und gut umrühren, bis sich die Gelatine vollständig aufgelöst hat. Die Wärmezufuhr abstellen und die Sahne darunterziehen. Durch ein Sieb in 6 asiatische Teetassen (Fassungsvermögen 150 ml) füllen und etwa 3 Stunden lang in den Kühlschrank stellen, bis die Masse fest geworden ist. In den Tassen servieren oder je nach Wunsch die Panna Cotta stürzen.

ERGIBT 6 PORTIONEN

ZUTATEN

3 TL Gelatinepulver
250 ml Milch
5 Pandanusblätter, grob gehackt
60 g Ingwer, geschält und gerieben
110 g Zucker
500 ml Schlagsahne

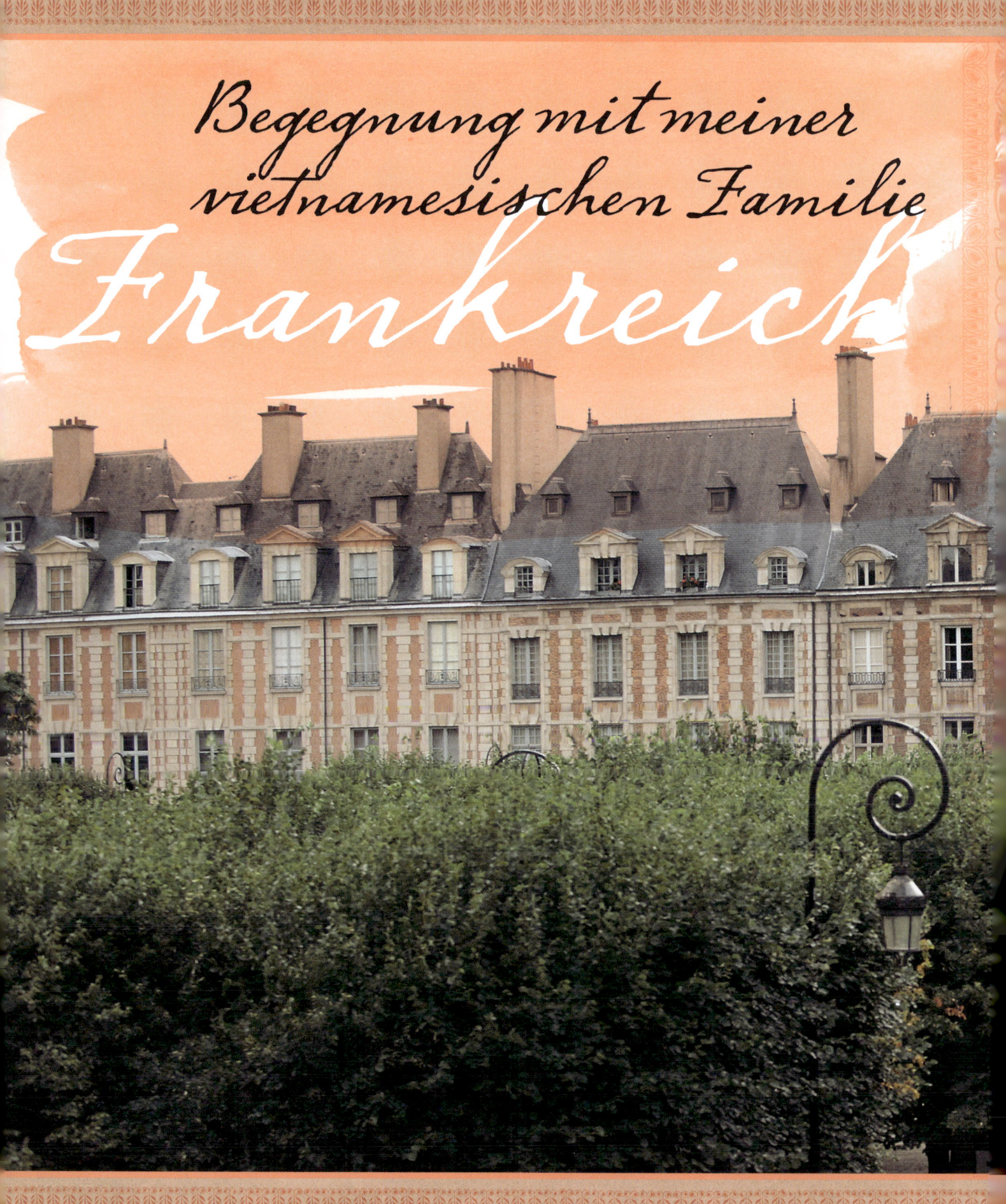

Begegnung mit meiner
vietnamesischen Familie
Frankreich

ICH BEFINDE MICH AUF EINEM DIREKTFLUG VON HO CHI Minh Stadt nach Paris. Das Essen wird serviert und zu meiner Überraschung hat Vietnam Airlines einige sehr interessante französisch-vietnamesische Gerichte auf der Speisekarte: Salat aus getrocknetem Rindfleisch, über Tee geräucherte Ente, Beaufortkäse, Chanterellepilze, Rinderfilet mit Butter, Kartoffeln und Kurkumapüree sowie eine Käseplatte mit Crottin de Chavignol, Fourme d'Ambert, Comté und Camembert. Alle Flugbegleiter sprechen französisch und wissen sogar einiges über französische Weine. Ich kann behaupten, dass das außergewöhnliche fünfzehn Flugstunden waren. Wir landen um 5:30 Uhr morgens. Die Straßen sind leer und mein Hotelzimmer wird erst in acht Stunden bezugsfertig sein. Aber wer braucht denn schon Schlaf, ich bin in Paris! Ich deponiere meine Koffer an der Rezeption, schnappe mir einen Stadtplan und mache mich auf den Weg. Mir schwebte immer ein bestimmtes Bild vor Augen, wenn ich an Paris dachte. Die Leute trugen schwarz-weiß gestreifte Hemden und radelten die Straße entlang, in ihren Fahrradkörben lagen lange, frische Baguettes. Andere wiederum schlenderten gemütlich von der Bäckerei nach Hause, die Baguettes fest unter den Arm geklemmt. Und seltsamerweise sehe ich auch genau das. An jeder Straßenecke, so kommt es mir jedenfalls vor, gibt es eine Patisserie oder eine Boulangerie, meist steht eine Schlange von zwanzig Menschen davor, die auf ihr tägliches Brot warten. Ich stelle mich an einer Schlange an und warte darauf, dass ich an die Reihe komme. Es ist für sich genommen schon ein Erlebnis, einfach nur in einer Patisserie zu stehen. Dem Ofen entsteigen wunderbare Düfte, es gibt bergeweise verführerische Genüsse … Aber *mon dieu*, wofür soll ich mich denn nun entscheiden? Da gibt es goldbraune Stapel frischer Baguettes mit perfekten, knusprigen Krusten, Weidenkörbe voller gebogener Halbmonde von Buttercroissants, gefährlich verführerisches *pain au chocolat* und natürlich, *les macarons* in einem ganzen Regenbogen von Aromen wie Pistazie, Vanille, Zitrone, Schokolade und Erdbeere, um nur ein paar davon zu nennen.

Madame begrüßt mich lächelnd mit einem *Bonjour* und ich bestelle in meinem fürchterlichen Französisch. Wie immer, so gewinnt auch jetzt meine Begeisterung die Oberhand und ich bestelle viel zu viel. Ich nehme Platz, mit Blick auf die Straße. Das ist ein idealer Ort, um die Welt an sich vorbeiziehen zu lassen und das Frühstück zu genießen. Obwohl ich mich, als ich so dasitze, fühle wie ein Einheimischer, ist das auch nicht viel anders, als in einem Kaffee auf dem Bürgersteig in Saigon zu sitzen, wo ich schon oft meinen Kaffee getrunken und Baguette gegessen habe, nur dass die Stühle hier ein bisschen größer und sehr viel extravaganter sind.

Ich bin erst ein paar Stunden da und schon ist mir bewusst geworden, wie wichtig Kaffee und Brot für den Alltag der Franzosen sind. Es ist kein Wunder, dass sie die Kunst der Kaffeezubereitung und des Brotbackens nach Vietnam gebracht haben. Mit dem Stadtplan in der Hand gehe ich weiter, überquere die malerische Seine und schaue mir den Eiffelturm und die Kathedrale Notre-Dame an, die auf einer Insel mitten auf der Île de la Cité im Fluss errichtet wurde. Ich komme durch die Arrondissements 1 bis 4, und bin überrascht, wie viele fantastische Cafés, Patisserien, Bars und Restaurants es hier gibt. Das ist ein Paradies für Gourmets.

Ich wünschte, eine Weile in Paris leben zu können, damit ich all diese wunderbaren Restaurants besuchen könnte. Ich bin aber nicht hier, um französisch zu essen, ich bin hier, um die mütterliche Seite meiner Familie zu besuchen und herauszufinden, ob das Leben in Frankreich ihre Art und Weise, vietnamesische Gerichte zuzubereiten, beeinflusst hat.

Mutter Zwei und die Verwandtschaft

HA THI HIEU IST DIE ÄLTESTE SCHWESTER MEINER MUTTER. SIE WIRD von ihren Geschwistern Schwester Zwei genannt. Als meine Mutter am Marktstand der Familie in Saigon arbeitete, beaufsichtigte Schwester Zwei meinen Bruder und meine Schwester. So wurde sie zu Mutter Zwei. Als ich dann geboren wurde, folgte ich dieser Tradition und nannte sie auch Mutter Zwei.

Mutter Zwei hat sechs Kinder: Richard, Anton, Raymond, Isabella, Christophe und Laurent. Meine Cousinen und Cousins waren immer ein wichtiger Bestandteil der Familie gewesen, und obwohl wir in unterschiedlichen Ländern leben, blieben wir immer in engem Kontakt. Die meisten waren schon in Australien und meine drei Geschwister hatten sie auch schon in Frankreich besucht. Nur ich war aus diesem oder jenem Grunde noch nie in der Lage gewesen, zur gleichen Zeit mit ihnen im gleichen Land zu sein. Aber auch wenn wir uns noch nie begegnet waren, bin ich ihnen sehr nahe und weiß schon jetzt sehr viel über sie.

Richard, Raymond, Christophe und Laurent leben jetzt in Paris, während Mutter Zwei, Anton und Isabella in Marseille leben, wo sie auch aufgewachsen sind. In Frankreich sind Sommerferien, deshalb besucht Laurent seine Mutter und seine Schwester und ich fahre mit dem ersten Zug nach Marseille, um ihn dort zu treffen.

Irgendwie gelingt es mir, mit nur ein paar französischen Worten zum Gare de Lyon zu gelangen und in einen Zug nach Marseille in Südfrankreich zu steigen. Die Fahrt dauert etwa fünf Stunden. Ein Zugbegleiter schiebt einen Wagen durch das Abteil und bietet mir Croissants, Tee oder Kaffee an. Ich bestelle einen Kaffee und bin überrascht, was ich da serviert bekomme. Es ist das, was wir in Vietnam als Tropfkaffee bezeichnen, aber natürlich stammt dieses Tropfsystem ursprünglich aus Europa und kam gegen Ende des 19. Jahrhunderts nach Vietnam. Ich bin total begeistert, etwas mir derart Bekanntes zu sehen, zudem trinke ich meinen Kaffee so am liebsten. Ich bitte ihn um Kondensmilch für den Kaffee, aber er schaut mich an, als ob ich ein bisschen seltsam wäre, und reicht mir stattdessen ein Kännchen Milch.

Nach ein paar Stunden komme ich in Marseille an. Ein großer Inder winkt mir zu. Er kommt auf mich zu, schüttelt meine Hand und stellt sich in perfektem Vietnamesisch vor: »Hallo, ich bin dein Cousin Sawa. Ich bin der Ehemann von Isabella.« Wir springen

Vietnamesen, andere eine Mischung aus Franzosen und Indern. Ich zähle sie kurz durch: Vierundfünfzig Verwandte. Ich fühle mich wie ein Glückskind, weil meine Familie ein derart wunderbarer Schmelztiegel von Kulturen und Küchen ist. Und ich kann es kaum abwarten, das Essen zu probieren!

Sawa gießt mir zu den von Yen zubereiteten

Ich fühle mich wie ein Glückskind, weil meine Familie ein derart wunderbarer Schmelztiegel von Kulturen und Küchen ist ...

in sein Auto und fahren in Richtung Martigues, eine Kleinstadt, die gute dreißig Fahrminuten von Marseille entfernt gelegen ist, und Sawa hört während der gesamten Fahrt nicht auf zu reden. Er springt vom Englischen ins Vietnamesische, spricht leidenschaftlich davon, wie sehr er gutes Essen und den französischen Wein liebt.

Martigues mit seinen bunten Häusern, die eng gedrängt an von Booten gesäumten Kanälen stehen, erinnert mich an Venedig. Eine Reihe französischer Restaurants und Bars liegt malerisch direkt am Wasser. Unter ihnen befindet sich ein niedliches vietnamesisches Restaurant, das meinem Neffen Yen gehört. Im Restaurant befinden sich 40 bis 50 Personen. Zunächst glaube ich, es seien Gäste, aber dann wird mir klar, dass es sich doch tatsächlich samt und sonders um meine Verwandten handelt, die aus ganz Südfrankreich angereist sind, um Laurent daheim willkommen zu heißen.

Eine halbe Stunde später kommt es mir so vor, als ob ich noch immer den Clan begrüßen würde, ich küsse allen zweimal die Wange. Das ist in Frankreich so üblich und entspricht nicht meiner vietnamesischen oder australischen Erziehung. Immer mehr Verwandte stoßen dazu, einige sind

Gerichten einen fantastischen Rotwein aus Bordeaux ein. Er bereitet in Knoblauch, Butter und asiatischem Basilikum geschwenkte Muscheln zu, brät ein paar Froschschenkel kurz an und schwenkt sie dann in einer Karamellsauce, serviert mit Chili gewürzte Riesengarnelen in einer zarten Knoblauchmayonnaise. Ich bin sehr beeindruckt von den Rezepten. Die Gerichte sind durch die Bank weg vietnamesisch, aber die Saucen sind allesamt sehr französisch.

Im Raum macht es die Runde, dass ich wissen möchte, wie sich die Art und Weise, wie man in der Familie kocht, im Laufe der vergangenen dreißig Jahre verändert hat und ehe ich mich versehe, wird ein zweites Treffen für den kommenden Tag vereinbart. Wir werden in Antons Haus in Marseille einen Cousin treffen, meine Verwandten sind versessen darauf, ihre Leibspeisen zu zaubern, damit ich sie kosten kann. Das wird ein aufregender Kochwettbewerb, denn die Hälfte meiner neu gefundenen Verwandten arbeitet in der Gastronomie, entweder leiten sie ihre eigenen Restaurants, Bäckereien, Suppenküchen oder haben sonst viel mit Lebensmitteln zu tun. Die Leidenschaft für das Kochen muss erheblich sein!

In den meisten französischen Haushalten ist Omelette zum Frühstück etwas ganz Alltägliches. Die Vietnamesen haben eine eigene Version kreiert. Meine Cousins in Marseille haben diese hier zum Mittagessen gezaubert.

TRỨNG CHIÊN THỊT BẰM

Omelette mit Schweinefleisch

ZUTATEN

6 Eier

½ TL Salz

½ TL frisch gemahlener, schwarzer Pfeffer

1 TL Fischsauce

2 Frühlingszwiebeln, nur das Weiße, klein geschnitten

1 EL Pflanzenöl

½ kleine rote Zwiebel, fein gehackt

2 Knoblauchzehen, zerquetscht

100 g mageres Schweinehack

Korianderblätter (Cilantro) zum Garnieren

vietnamesische Baguettes zum Servieren

ZUBEREITUNG

Die Eier, das Salz, den Pfeffer, die Fischsauce und die Frühlingszwiebeln in einer Schüssel miteinander vermengen.

Eine beschichtete Pfanne auf mittlere Temperatur erhitzen, das Öl hineingießen und die Zwiebeln und den Knoblauch so lange garen, bis sie weich sind und duften. Das Schweinefleisch hineingeben, so lange umrühren, bis es eine braune Farbe angenommen hat.

Die Omelettemischung in die Pfanne gießen und einen Deckel darauflegen. Vier Minuten lang braten, bis es an der Unterseite goldbraun geworden ist und das Omelette an der Oberseite gerade eben fest ist. Aus der Pfanne heraus auf einen Teller gleiten lassen. Mit dem Koriander garnieren und mit den Baguettes servieren.

FÜR 4–6 PERSONEN ALS MENÜBESTANDTEIL

CON DÒM XÀO RAU QUẾ

Muscheln in Butter mit Knoblauch und Basilikum

ZUBEREITUNG

Die Muscheln reinigen und entbarten. Alle offenen Muscheln oder diejenigen wegwerfen, die sich nicht schließen, wenn man sie auf die Arbeitsfläche tippt.

Einen großen Wok auf hohe Temperatur erhitzen, 500 ml Wasser hineingießen und das Wasser zum Kochen bringen, bis es brodelt. Die Muscheln hineingeben, mit einem Deckel zudecken und kochen lassen, bis sich die Muscheln leicht geöffnet haben, gelegentlich umrühren, damit sie gleichmäßig garen. Die Muscheln aus dem Wok nehmen und beiseitestellen.

Den Wok mit Küchenkrepp auswischen und auf mittlere Temperatur erhitzen, dann das Öl und die Butter hineingeben. Wenn die Butter beginnt, Blasen zu bilden, den Knoblauch und die Schalotten hineingeben und 2–3 Minuten lang erhitzen, bis sie braun geworden sind. Die Muscheln wieder in den Wok zurückgeben und 1 Minute lang schwenken. Alle Muscheln wegwerfen, die sich dann nicht geöffnet haben.

Mit der Fischsauce, dem Salz und dem Pfeffer würzen, das Basilikum dazugeben und noch einmal 30 Sekunden lang schwenken. In eine Servierschüssel geben und mit dem gerösteten Knoblauch und dem Chili reichen.

FÜR 4–6 PERSONEN ALS MENÜBESTANDTEIL

ZUTATEN

1 kg kleine Muscheln

1 EL Pflanzenöl

40 g Butter

3 Knoblauchzehen, gehackt

2 Thai-Schalotten, gehackt

2 TL Fischsauce

1 großzügige Prise Salz und grob zerkleinerter, schwarzer Pfeffer

10 Thai-Basilikumblätter, klein geschnitten

1 EL gebratener Knoblauch (Seite 306)

1 lange rote Chili, gestiftelt

Ich habe noch nie erlebt, dass Froschschenkel auf diese Art zubereitet werden. Mein Cousin Sawa hat mir erklärt, dass die französischen Vietnamesen dieses Gericht vor vierzig Jahren in Marseille kreiert haben. So etwas findet man in Vietnam ganz bestimmt nicht.

ĐÙI ẾCH KHO TIÊU
Karamellisierte Froschschenkel

ZUTATEN

4 EL Fischsauce

2 EL Sojasauce

1 EL Shaoxing Reiswein

2 EL Honig

3 Knoblauchzehen, gehackt

1 Stück Ingwer, 4 cm lang, geschält und gestiftelt

2 Thai-Schalotten, gehackt

500 g Froschschenkel

Pflanzenöl zum Frittieren

75 g Kartoffelstärke

Korianderzweige (Cilantro) zum Garnieren

vietnamesische Baguettes zum Servieren

ZUBEREITUNG

Die Fischsauce, die Sojasauce, den Reiswein, den Honig, den Knoblauch, den Ingwer und die Schalotten in eine Schüssel geben. Gut umrühren, damit alles gründlich vermengt wird. Die Froschschenkel hineingeben und wenden, damit sie von der Marinade ummantelt sind, dann zudecken und 1 Stunde lang zum Marinieren in den Kühlschrank stellen. Abtropfen lassen, die Marinade beiseitestellen.

In einem Wok oder einer Fritteuse Öl auf 180 °C erhitzen oder so lange, bis sich ein hineingeworfenes Brotstückchen innerhalb von 15 Sekunden bräunt. Die Froschschenkel mit Kartoffelstärke bestreuen und in drei Portionen nacheinander 3 Minuten lang frittieren, bis sie eine goldbraune Farbe angenommen haben. Die Froschschenkel aus dem Öl nehmen und auf Küchenkrepp abtrocknen lassen.

Den Wok mit Küchenkrepp auswischen, dann die beiseitegestellte Marinade hineingießen. Zum Kochen bringen und 2 Minuten lang erhitzen, bis die Sauce eingedickt ist und einem Sirup gleicht. Die Froschschenkel wieder in den Wok geben und 1 Minute lang schwenken, damit sie von der karamellisierten Sauce ummantelt sind. Mit dem Koriander garnieren und mit Baguettes reichen.

FÜR 4–6 PERSONEN ALS MENÜBESTANDTEIL

Hinweis: Für dieses Gericht können Sie anstatt der Froschschenkel auch Schnecken verwenden.

Meine erste Begegnung mit der französischen Küche fand in Paris in einem kleinen Restaurant in Saint Germain statt. Ich habe dort eine Flasche Wein und eine Portion Schnecken mit Butter, Knoblauch und Petersilie bestellt. Sie waren so gut, dass ich mir eigentlich nicht vorstellen konnte, in Frankreich noch bessere Schnecken serviert zu bekommen – bis ich die vietnamesische Version meines Cousins gekostet habe.

ỐC NƯỚNG QUẾ

Schnecken in Koriander und asiatischem Basilikum

ZUBEREITUNG

Die Häuser der Schnecken entfernen, die Schnecken und die Häuser in Salzwasser waschen, 10 Minuten lang einweichen und danach unter kaltem Wasser abspülen. Diesen Vorgang dreimal wiederholen. Schnecken und Häuser beiseitestellen.

In einem Mixer die Butter, den Knoblauch, den Koriander, das Thai-Basilikum, das Salz und den Pfeffer mixen. Aus der Schüssel nehmen, mit Plastikfolie zudecken und an einen kühlen Ort stellen, damit sich die Aromen entfalten können.

Den Ofen auf 180 °C vorheizen. Ein Backblech mit Salz bestreuen.

Jedes Schneckenhaus mit ½ TL Koriander und Basilikumbutter füllen. Jeweils 1 Schnecke in das mit Butter gefüllte Haus drücken. Mit dem restlichen Koriander und der Basilikumbutter die Häuser auffüllen. Diese danach auf das Steinsalz und das Blech legen, wobei die Seite mit der Füllung nach oben zeigen sollte. Das Blech in den Ofen schieben und 8–10 Minuten backen, bis die Butter siedend heiß ist und Blasen schlägt. Mit warmen Baguettes reichen.

FÜR 4–6 PERSONEN ALS MENÜBESTANDTEIL

ZUTATEN

24 frische Schnecken

200 g ungesalzene Butter, bei Raumtemperatur

2 EL gehackter Knoblauch

1 kleine Handvoll Korianderblätter (Cilantro)

1 kleine Handvoll Thai-Basilikumblätter

1 ½ TL Salz

½ TL frisch gemahlener, schwarzer Pfeffer

Steinsalz

vietnamesische Baguettes zum Servieren, angewärmt

Ein Kochwettbewerb in Marseille

BEI MEINER ANKUNFT IM HAUS MEINES COUSINS ANTON werde ich noch mehr Familienmitgliedern vorgestellt, alle wollen am Wettkochen teilnehmen. Sie sind bewaffnet mit Rezepten, unzähligen Taschen voller Zutaten und sind versessen darauf, sich mit ihren heiß geliebten Familienrezepten hervorzutun. Alle beginnen damit, ihre jeweiligen Arbeitsbereiche einzurichten und es dauert nicht lange, bis sie anfangen, untereinander zu konkurrieren und um den größten Arbeitsbereich zu kämpfen.

Die Uhr schlägt zwölf und das Wettkochen beginnt. Es gibt Baguettes mit Koriander und gegrilltem Schweinenacken, Fleischbällchen im Schweinenetz gegart, Mungbohnenknödel im Kokosmantel, Entenbrust aus dem Wok im Hoisinmantel mit Eiernudeln; ganze Garnelen auf knusprigen Reismehlküchlein, Hühnercurry mit indischen Gewürzen, Huhn, gefüllt mit Vietnamesischem Koriander, Schnecken in Butter, Koriander und Basilikum, langsam geschmortes Huhn in Sojasauce und Kokosnussmilch. Die Tischplatte biegt sich unter dem Gewicht so vieler Gerichte. Wir haben kaum noch Platz für unsere Weingläser! Das Wettkochen geht bis in die Nacht hinein weiter und alle versuchen, die anderen mit ihrer eindrucksvollen Demonstration von Zubereitungstechniken und Schnelligkeit zu übertrumpfen. Alle kommentieren voller Begeisterung die Zubereitung und manche verraten unter der Hand sogar ein paar wohlgehütete und geheim gehaltene Rezepte. Alle Gerichte stellen eine Kombination vietnamesischer, indischer, französischer und chinesischer Zubereitungsarten dar, und ich vermute, dass dies auch das Wesen der heutigen vietnamesischen Küche ausmacht.

Laurent nimmt mich zur Seite. »Na? Das Essen schmeckt doch köstlich, was?«, meint er. »Es ist jammerschade, dass meine anderen drei Brüder nicht da sind, sie sind auch fantastische Köche. Wenn wir wieder in Paris sind, trommele ich alle zusammen und dann kochen sie für dich.«

Ich bin erstaunt, einer ganzen Familie mit derart beeindruckenden Köchen zu begegnen. Ich frage bei Laurent nach, wo das alles angefangen hat und ob es einen Menschen gibt, mit dem diese große Leidenschaft für das Kochen angefangen hat, die alle geerbt zu haben scheinen. Er zeigt auf einen älteren Herrn weiter hinten im Raum.

»Das ist mein Vater, er ist ein legendärer Koch. Eine französische Familie, die zu Beginn des 20. Jahrhunderts in Saigon lebte, hat meinen Vater adoptiert und ihm den französischen Namen Paul Sabourdy gegeben, wodurch er automatisch französischer Staatsbürger wurde. Als sich die Franzosen dann aus Vietnam zurückzogen, konnte er deshalb mit ihnen gehen. Damals war mein Vater bereits verheiratet und hatte eine Familie, aber das hieß nicht, dass wir alle auch die französische Staatsbürgerschaft bekommen hätten. Er musste sich dazu entschließen, uns in Saigon zurückzulassen, aber

Im Jahre 1976 genehmigte die französische Regierung den Antrag auf Familiennachzug, somit konnten meine Mutter und wir Kinder nach Frankreich kommen und dort leben. Wir waren alle deswegen sehr aufgeregt, glaubten, dass das Leben leichter sein würde und wir keine Not mehr leiden müssten. Aber da hatten wir uns sehr getäuscht.

Wir haben unseren Vater kaum je gesehen, er hat immerzu gearbeitet und meine Mutter sorgte alleine für uns sechs Kinder. Wir blieben eine Weile im Flüchtlingslager, bis wir durch die Regierung eine winzige Wohnung bekamen. Ich erinnere mich noch daran, dass wir die meisten Nächte eng aneinander geschmiegt verbrachten und versuchten, uns warm zu halten. Wir waren ja nicht an das eisige Klima in Europa gewöhnt und konnten uns natürlich auch keine Heizung leisten. Als wir älter waren, fanden wir alle in Restaurants Arbeit, deshalb hatten wir schon mit

Wir haben unseren Vater kaum je gesehen, er hat immerzu gearbeitet und meine Mutter sorgte alleine für uns sechs Kinder.

mit dem festen Versprechen, uns so bald wie möglich sich zu holen.

Mit kaum mehr als den Kleidern, die er am Leib trug, reiste Vater auf der Suche nach einem besseren Leben für seine Familie nach Frankreich. Er kam in einem kleinen Ort namens Port-de-Bouc, unweit von Marseille, an. In dieser Gegend hatten sich auch noch viele andere Menschen aus Vietnam niedergelassen. Hier fiel es ihm leicht, zu bleiben, denn das Essen, die Gesichter und die Sprache waren ihm sehr vertraut. Mein Vater eröffnete schließlich sein eigenes, kleines Lebensmittelgeschäft. Er stellte Reisnudeln aus eigener Produktion her und füllte sie mit Schweinefleisch und Pilzen, buk vietnamesische Kuchen, bereitete süße Knödel und gedämpfte Schweinebrötchen zu, ja sogar eigenes Brot und Pasteten. Sein Geschäft lief gut, denn die Vietnamesen standen Schlange, um seine berühmten selbst gemachten Nudeln zu kaufen.

vierzehn Jahren sehr viel Erfahrung in der Gastronomie.

Anton eröffnete zusammen mit unserem anderen Bruder Richard ein vietnamesisches Restaurant, Isabella eröffnete zusammen mit ihrem Mann ein vietnamesisch-indisches Restaurant. Sawa, seine Mutter, Raymond, Christophe und ich zogen nach Paris und eröffneten gemeinsam ein Friseurgeschäft. Christophe besitzt jetzt zusammen mit unseren anderen Cousins einen eigenen Tattooladen und ich selbst werde auch bald das Friseurhandwerk an den Nagel hängen und mein eigenes Restaurant eröffnen; das habe ich schon immer vorgehabt.«

Laurent und ich verbringen die folgenden zwei Stunden damit, über unsere vietnamesischen Lieblingsgerichte, Restaurants und Restaurantgestaltung, unsere Begeisterung für gutes Essen und unser starkes Interesse für die Entwicklung der vietnamesischen Kochkunst zu reden.

Die Passionsfrucht wird sowohl in der französischen als auch in der vietnamesischen Küche verarbeitet, ich selbst verwende sie selbst aber erst seitdem ich für dieses Buch recherchiert habe. Ich mag das süß-sauere Aroma. Wenn Sie Vietnam besuchen, müssen Sie unbedingt frisch gepressten Passionsfruchtsaft probieren.

GỎI CÁ SỐNG CHANH DÂY
Roher Königsdorsch mit Passionsfrucht, Zitronengras und vietnamesischen Kräutern

ZUBEREITUNG

Den Königsdorsch in feine Scheiben schneiden und sofort auf einen Servierteller legen. Dabei darauf achten, dass die Scheiben sich etwas überlappen. Zwei Passionsfrüchte auspressen und den Saft durch ein Sieb passieren. Die Kerne wegwerfen. Die Fischsauce zum gepressten Saft geben und umrühren, damit alles vermengt wird, danach den Königsdorsch damit beträufeln.

Die zweite Passionsfrucht mitsamt Kernen über dem Königsdorsch auspressen, danach die Kräuter und das Zitronengras darüberstreuen. Mit Chili garnieren und sofort servieren.

FÜR 4–6 PERSONEN ALS MENÜBESTANDTEIL

ZUTATEN

500 g Königsdorsch, Sashimi-Qualität

3 Passionsfrüchte

3 EL Fischsauce zum Tunken (nuoc mam cham) (Seite 305)

5 Perillablätter, dünn geschnitten

5 kleine Minzeblätter

10 kleine Blätter Vietnamesischer Koriander

1 Zitronengrasstängel, nur das Weiße, dünn geschnitten

1 Vogelaugenchili (Peperoncini), dünn geschnitten

MỤC NHỒI TÔM THỊT

Gefüllter Tintenfisch aus dem Wok

ZUTATEN

50 g getrocknete Mu-Err Pilze

20 g Glasnudeln

12 kleine Tintenfische

4 große rohe Riesengarnelen
(Shrimps), gepuhlt und entdarmt

250 g Schweinehack

3 Frühlingszwiebeln, gehackt

2 EL Zitronengras, gehackt,
nur das Weiße

2 EL Wasserkastanien, gehackt

1 ½ EL Zucker

1 TL Salz

1 TL frisch gemahlener,
weißer Pfeffer

4 EL Pflanzenöl

2 Tomaten, gehackt

1 EL Fischsauce

Korianderzweige (Cilantro)
zum Garnieren

ZUBEREITUNG

Die getrockneten Pilze in eine Schüssel geben, mit Wasser übergießen und 20 Minuten lang einweichen, abgießen und die Pilze klein schneiden. Die Glasnudeln in eine zweite Schüssel geben, mit Wasser übergießen und 20 Minuten lang einweichen, abgießen und mit einer Küchenschere in 4 cm große Stücke schneiden. Den Tintenfisch entdarmen. Hierzu an den Tentakeln ziehen und diese vorsichtig entfernen, dabei darauf achten, dass der Tintensack nicht zerstört wird. Die Innereien und den Tintensack wegwerfen. Die Tentakel in einem Stück vom Rumpf abtrennen. Hierzu unterhalb der Augen am Kopf entlangschneiden, die Augen wegwerfen. Die Tentakel nach außen stülpen und so das Mundwerkzeug entfernen und die Tentakel beiseitestellen. Mit einem Messer die Flügel vom Körper abtrennen, die Haut von den Flügeln entfernen. Mit dem Finger unter der Haut entlangfahren und diese so vom Fleisch trennen und vom Rumpf lösen, danach in einem Stück herunterziehen und wegwerfen. Die Tentakel beiseitestellen. Danach die Tentakel, die Flügel und die Garnelen in Würfel schneiden und in eine große Schüssel legen. Die Pilze, die Nudeln, das Schweinehack, die Frühlingszwiebel, das Zitronengras, die Wasserkastanien, 1 EL Zucker, Salz und Pfeffer dazugeben und gründlich vermengen.

Die Tuben auf ein Brett legen und die Spitzen mit einem Messer einstechen. (Hierdurch kann Luft entweichen und sie zerplatzen nicht, wenn sich beim späteren Erhitzen die Tuben zusammenziehen.) Jetzt etwas von der Masse in die Tuben füllen. Noch etwas Platz frei lassen, damit sie sich zusammenziehen können, und mit einem Zahnstocher verschließen.

Die Tuben in einem Dampfgartopf 20 Minuten lang dämpfen. Herausnehmen und beiseitestellen. Mit Küchenkrepp trocken tupfen.

Eine große Bratpfanne auf mittlere Temperatur erhitzen, dann das Öl hineingießen und den Tintenfisch 4 Minuten lang auf jeder Seite braten, bis er eine goldbraune Farbe angenommen hat. Aus der Pfanne nehmen und an einen warmen Ort stellen. Die Tomaten, die Fischsauce und die restlichen 2 TL Zucker in die Pfanne geben und umrühren. So erhitzen, dass alles köchelt und 5 Minuten lang köcheln lassen, damit die Sauce eindickt. Die Tomatensauce auf einen Servierteller geben. Den Tintenfisch in 1 cm starke Stücke schneiden und dann auf die Sauce legen. Mit dem Koriander garnieren.

FÜR 4–6 PERSONEN ALS MENÜBESTANDTEIL

GÀ HẤP RAU RĂM

Huhn mit einer Minzefüllung aus dem Dampfgartopf

ZUTATEN

1 Huhn (1,5 kg), küchenfertig

MARINADE

4 Thai-Schalotten, fein gehackt

1 Bund Vietnamesischer Koriander,
   nur die Blätter Vietnamesischer
   Koriander, klein geschnitten
   (ein paar davon zum Garnieren
   beiseitelegen)

12 Kaffir-Limettenblätter,
   klein geschnitten

1 Zitronengrasstängel, nur das Weiße,
   fein gehackt

2 EL fein gehackter Knoblauch

2 lange rote Chilis, fein gehackt

1 TL Chilipulver

1 EL Knoblauchöl (Seite 306)

1 EL Sesamöl

2 EL Fischsauce

2 EL Austernsauce

2 TL Zucker

1 großzügige Prise Salz und frisch
   gemahlener, schwarzer Pfeffer

DIPSAUCE MIT SALZ, PFEFFER
UND ZITRONE

2 TL Meersalz

1 EL gemahlener weißer Pfeffer

Saft von 2 Zitronen

ZUBEREITUNG

Alle Zutaten für die Marinade in eine Schüssel geben und gut umrühren, damit sich der Zucker auflöst. Damit die Haut vom Huhn einreiben und etwas von der Mischung unter der Haut verteilen. Ebenfalls das Innere des Huhns einreiben und dann den Hohlraum mit der restlichen Marinade füllen. Zudecken und 1 Stunde lang zum Marinieren in den Kühlschrank stellen.

In der Zwischenzeit die Dipsauce mit Salz, Pfeffer und Zitrone zubereiten. Hierzu alle Zutaten in eine kleine Schüssel geben und gut miteinander vermengen.

Das Huhn in einen großen Dampfgartopf aus Metall oder Bambus geben und den Deckel darauflegen. Den Dampfgartopf über einen Wok oder einen Kochtopf mit sprudelnd heißem Wasser stellen und 45–55 Minuten lang erhitzen, bis das Huhn gar ist. (Am dicksten Teil des Huhns probieren, also zwischen dem Schenkel und dem Rumpf).

Mit einem Hackmesser das Huhn mitsamt den Knochen in mundgerechte Stücke teilen. Mit dem beiseitegestellten Vietnamesischen Koriander, dem Salz, dem Pfeffer und der Dipsauce servieren.

FÜR 4–6 PERSONEN ALS MENÜBESTANDTEIL

CHẢ ĐÙM

Fleischbällchen, im Schweinenetz gedämpft

ZUBEREITUNG

Die Glasnudeln in eine Schüssel geben, Wasser darüberschütten und 20 Minuten lang darin einweichen. Dann abschütten und mit einer Küchenschere in 5 mm lange Stücke schneiden. Das Schweinenetz mit Salz und Pfeffer würzen, dann in 6 Teile schneiden.

In einer großen Schüssel die Nudeln, das Rindfleisch, die Hühnerleber, das Eigelb, die Erbsen, die Schalotten, die Sesamsamen, den gerösteten Knoblauch, den weißen Pfeffer, den Zucker, die Fischsauce, das Sesamöl und das Salz gründlich miteinander vermengen.

Mit eingeölten Händen die Masse zu sechs gleich großen Kugeln formen. Eine Lage Schweinenetz auf ein Hackbrett oder eine Arbeitsfläche legen. Jeweils eine Kugel in die Mitte geben und darin einwickeln. Mit den restlichen Kugeln und dem Schweinenetz wiederholen.

Die Fleischbällchen in einen Dampfgartopf aus Metall oder Bambus geben und den Deckel darauflegen. Den Dampfgartopf über einen Wok oder einen Topf mit siedend heißem Wasser stellen, und 25 Minuten lang dämpfen. Die Fleischbällchen herausnehmen und auf einen Teller legen und mit der Frühlingszwiebel garnieren. Mit Baguettes und einer kleinen Schüssel Sojasauce und der zerkleinerten Chili zum Tunken servieren.

FÜR 4–6 PERSONEN ALS MENÜBESTANDTEIL

Hinweis: Schweinenetze gibt es beim Metzger, bitten Sie Ihren Metzger, es für Sie zu besorgen.

ZUTATEN

20 g getrocknete Glasnudeln
100 g Schweinenetz (siehe Hinweis)
300 g Rinderhack
100 g Hühnerleber, gehackt
2 Eigelb vom Wachtelei
75 g tiefgefrorene Erbsen
2 EL gehackte Thai-Schalotten
1 EL gerösteter Sesamsamen
2 EL gebratener Knoblauch
     (Seite 306)
1 TL weiße Pfefferkörner,
     grob gemahlen
1 EL Zucker
1 EL Fischsauce
½ TL Sesamöl
½ TL Salz
Frühlingszwiebel zum Garnieren, in
     Scheiben geschnitten
vietnamesische Baguettes
helle Sojasauce und zerkleinerter
     Chili zum Tunken

Mein Cousin Khanh hat über viele Jahre hinweg in einem vietnamesischen Restaurant als Koch gearbeitet und dabei viele Ähnlichkeiten bei der Zubereitungsart in der französischen und vietnamesischen Küche festgestellt. Er wollte seine französischen Kochkünste noch erweitern und arbeitet jetzt als Lehrling in einem französischen Restaurant. Hier ist sein Rezept, und wie es typisch für vietnamesische Nachspeisen ist, dämpft er die Crème brûlée lieber, als es in einem Ofen zuzubereiten.

BÁNH KEM BRULEE

Crème brûlée mit Zitronengras und Kaffirlimetten nach einem Rezept meines Cousins Khanh

ZUTATEN

750 ml Schlagsahne

1 Vanilleschote

8 Kaffirlimettenblätter (Makrut), zerkleinert

3 Stängel Zitronengras, nur das Weiße, fein gehackt

120 g sehr feiner Streuzucker, 40 g extra zum Bestreuen

12 Eigelb vom Freilandhuhn

ZUBEREITUNG

Die Sahne in einen Topf gießen. Die Vanilleschote der Länge nach aufschneiden und das Mark in die Sahne geben. Die Limettenblätter und das Zitronengras dazugeben und zum Kochen bringen, danach die Wärmezufuhr abstellen. Den Topf zudecken und die Aromen sich 10 Minuten lang entfalten lassen.

In einer Schüssel den Zucker und das Eigelb so lange schlagen, bis alles cremig ist. Die Sahne über die Eimasse gießen, dabei ständig rühren, bis sich alles gemischt hat. Die Sahne und die Eimasse durch ein Sieb in einen großen Krug passieren, die festen Bestandteile wegwerfen und danach die gereinigte Masse in 8 Teetassen füllen, diese dabei zu ⅔ füllen.

Die Teetassen in einen Dampfgartopf aus Metall oder Bambus stellen und den Deckel darauflegen. Den Dampfgarer auf einen Topf mit sprudelnd kochendem Wasser stellen. Die Wärmezufuhr auf niedrige Stufe herunterdrehen, dann den Dampfgartopf über den Wok stellen und 25–30 Minuten lang dämpfen, bis die Masse fast fest geworden ist. In der Mitte sollte sie noch etwas wackeln. Bei Raumtemperatur abkühlen lassen, dann mit Plastikfolie abdecken und 2 Stunden lang in den Kühlschrank stellen, bis sie fest geworden ist.

Vor dem Servieren jeweils über eine Tasse 1 TL Streuzucker geben und dann mit einem Flambiergerät karamellisieren oder einige Minuten unter starke Oberhitze stellen.

ERGIBT 8 PORTIONEN

RECHTS: *Laurent, Christophe und Luke*
GEGENÜBER: *Lukes Mutter,*
Cuc Phuonh Nguyen mit Christophe

Die Brüder Sabourdy

AM NÄCHSTEN TAG FAHREN LAURENT UND
ich wieder zurück nach Paris, um seine restlichen
drei Brüder zu treffen. Als wir den Bahnhof im
13. Arrondissement verlassen, fällt mir auf, dass in
jedem Schaufenster vietnamesische Schriftzeichen
zu lesen sind. In diesem Bezirk haben sich viele
vietnamesische Einwanderer niedergelassen und eine
kleine Gemeinde aufgebaut. Laurent erzählt, dass das
Essen in diesen Restaurants nicht sonderlich gut sei.
Wenn ich etwas wirklich Gutes essen möchte, dann
müsste es schon von den Brüdern Sabourdy zubereitet
sein!

Wir kommen bei Raymond an und ganz typisch
Familie Sabourdy, die Wohnung ist brechend voll
mit Familienmitgliedern und Freunden. Als ich
den Raum betrete, eilt Christophe auf mich zu
und umarmt mich fest. Er hat überall Tattoos, trägt
lange Haare und schäumt über vor Aufregung und
Energie. Schnell zieht er seine Neuerwerbung,
ein Kochmesser, heraus und meint, ich solle mich
darauf vorbereiten, einem wahren Meisterkoch bei
der Arbeit zuzusehen. Christophe beginnt damit,
auf einem großen Tisch mitten in der Küche seine
Gerichte vorzubereiten. Laurent zieht sein Hemd
aus, dabei kommt auf seiner Brust ein Tattoo mit
einem fliegenden Drachen zum Vorschein. Er wirkt
wie einer, der sich für ein Gefecht wappnet. Neben
ihm steht der Älteste, Richard. Er hat eine klassische
französische Ausbildung zum Koch absolviert

und trennt routiniert das Fleisch eines Huhns
vom Knochen, um Hühnerrouladen zuzubereiten.
Letzter im Bund ist das Multitalent Raymond, unser
Gastgeber. Ich bin überrascht, dass der Fisch filetiert,
die Gräten entfernt und beim Fleisch die Knochen
herausgeschnitten werden. Reichlich Lorbeerblätter,
Thymian, Salbei, Wein, Rosinen, Trauben, Olivenöl
und massenweise Butter werden verwendet. Dabei
handelt es sich samt und sonders nicht um Techniken
oder Zutaten, die man in einer vietnamesischen
Küche häufig findet.

Nach drei Stunden haben die Brüder Gerichte
gezaubert, die auch in jedem gehobenen Restaurant
auf der Speisekarte stehen könnten. Es gibt
Schweinsohr und grünen Mangosalat, Wachtelflambé,
pochierte Hühnerroulade, Hummer mit Basilikum
und schwarzen Oliven, Seebrasse mit Bittermelone
und Erbsenpüree sowie Lammkoteletts in einer Soße
aus eingelegten Bohnen. Ich bin überwältigt vom
Ideenreichtum und davon, wie sie vietnamesische
und französische Zubereitungsarten miteinander
kombinieren. Während ich mit meinen Cousins in der
Küche zusammensitze und wir jeweils die Gerichte
der anderen kosten und loben, bin ich sehr stolz und
fühle mich geehrt, an diesem Ereignis teilhaben zu
können. Wir leben auf der jeweils anderen Seite der
Welt, sind aber seit zweiunddreißig Jahren durch
unsere Liebe und unsere Leidenschaft zum Kochen
verbunden.

Bei der Verrine handelt es sich um eine herzhafte Vorspeise, einen kleinen Imbiss oder eine Nachspeise im Glas. Die Bezeichnung leitet sich vom französischen verre ab, was Glas bedeutet. Sie können für Ihr eigenes Rezept jedes Gemüse verwenden, das frisch ist und der Saison entspricht.

LY CÀ TÍM, MĂNG TÂY, PHÔ MAI

Verrine aus Aubergine, Spargel, Pilzen und Ziegenfrischkäse

ZUBEREITUNG

Das Öl in einem Wok auf 180 °C erhitzen, ein Brotstückchen muss nach dem Hineinwerfen innerhalb von 15 Sekunden bräunen. Die Auberginen hineingeben und 3–4 Minuten lang frittieren, bis sie braun und weich geworden sind. Herausnehmen und auf Küchenkrepp abtropfen lassen. Das überschüssige Öl aus dem Wok gießem und diesen mit Küchenkrepp auswischen, den Wok beiseitestellen.

In einem Kochtopf Wasser auf mittlere Temperatur erhitzen, den Spargel hineingeben und 2 Minuten lang blanchieren. Abschütten und den Spargel in Eiswasser geben, damit der Garvorgang unterbrochen wird. Den Spargel abschütten, danach klein schneiden. Beiseitestellen.

Den Wok auf mittlere Temperatur erhitzen, dann die Hälfte der Butter hineingeben. Wenn die Butter anfängt, Blasen zu bilden, 2 TL Knoblauch und alle Pilze hineingeben und 1 Minute lang ständig rühren. Danach 1 EL von der Sojasauce und ½ TL Sesamöl hineinschütten, mit Salz und Pfeffer würzen. Eine weitere Minute lang umrühren, danach die Pilze aus dem Wok nehmen und beiseitestellen. Diesen Vorgang mit den Auberginen, der restlichen Butter, dem Knoblauch, der Sojasauce und dem Sesamöl wiederholen. Herausnehmen und beiseitestellen.

Vier Martinigläser oder kleine Dessertgläser bereitstellen (etwa 220 ml). Einen EL Pilze auf den Boden eines jeden Glases geben, danach 1 EL Spargel, 1 EL Ziegenfrischkäse, 1 EL Aubergine, dann noch einmal 1 EL Pilze und Spargel. Mit etwas schwarzem Sesamsamen und einem Zweig Brunnenkresse garnieren.

FÜR 4 PERSONEN ALS VORSPEISE

ZUTATEN

1 l Pflanzenöl zum Frittieren

2 Auberginen, in 4 mm große Würfel geschnitten

6 Stangen grüner Spargel, geschält und in zwei Hälften geschnitten

40 g Butter

1 EL gehackter Knoblauch

100 g Shiitakepilze, fein geschnitten

100 g Enokipilze, in 3 cm große Stücke geschnitten

100 g Shimejipilze (Buchenpilz), fein geschnitten

2 EL helle Sojasauce

1 TL Sesamöl

Meersalz

frisch gemahlener, schwarzer Pfeffer

200 g Ziegenfrischkäse

2 TL schwarze Sesamsamen, geröstet

4 Brunnenkressezweige

CÁ CHẼM CHIÊN
Gebratene Seebrasse mit Bittermelone und Erbsenpüree

ZUTATEN

1 Bittermelone

1 Karotte

1 TL Zucker

2 cm großes Stück Ingwer, geschält und fein geschnitten

250 ml Fischsauce zum Tunken (nuoc mam cham) (Seite 306)

2 EL natives Olivenöl extra vergine

2 Knoblauchzehen, in der Schale zerquetscht

2 Seebarschfilets (insgesamt 500 g), mit Haut

PÜREE AUS ERBSEN MIT VIETNAMESISCHEM KORIANDER

310 g geschälte Erbsen

5 Blätter Vietnamesischer Koriander

1 Knoblauchzehe, zerquetscht

1 Thai-Schalotte, in Scheiben geschnitten

20 g Butter

ZUBEREITUNG

Für die Zubereitung des Pürees die Erbsen, den Vietnamesischen Koriander, den Knoblauch und die Schalotten in einen Kochtopf mit kochendem Salzwasser geben. Die Wärmezufuhr bis auf ein Köcheln reduzieren und 5 Minuten lang garen. Abschütten und die Flüssigkeit beiseitestellen. Mit einem Stabmixer die Masse mit der Butter und einem Spritzer von der beiseitegestellten Flüssigkeit pürieren, damit eine glatte Paste entsteht. Anstatt des Stabrührgerätes kann auch ein Handrührer oder eine Gabel verwendet werden. Wenn das Püree sehr glatt werden soll, die Masse vor dem Servieren durch ein feines Sieb passieren. Beiseitestellen und warm halten.

Die Bittermelone der Länge nach halbieren. Die Samen mit einem Löffel herauskratzen, dann die Melone in 5 cm große Stücke teilen. Die Karotte schälen, in Stücke von der gleichen Größe und Dicke wie diejenigen der Melone schneiden. In einem Kochtopf Wasser zum Kochen bringen, dann den Zucker und den Ingwer dazugeben. Die Bittermelone hineingeben und 2 Minuten lang blanchieren, herausnehmen und in eine Schüssel mit Eiswasser geben, damit der Garvorgang unterbrochen wird. Den Ingwer nicht weiterverwenden. Dann die Karotten in einem weiteren Topf 2 Minuten lang blanchieren, gut abtropfen lassen, ebenfalls in das Eiswasser geben. Das abgekühlte Gemüse abgießen.

In der Zwischenzeit die Fischsauce zum Tunken in einen kleinen Kochtopf geben und auf die Hälfte einkochen lassen. Beiseitestellen.

Eine große Bratpfanne auf mittlere Temperatur erhitzen, dann das Olivenöl hineingießen und die Knoblauchzehen so lange rösten, bis sie braun geworden sind. Den Knoblauch entfernen, danach den Seebarsch mit der Haut nach unten 4 Minuten lang braten. Die Filets wenden und noch einmal 2 Minuten lang braten. Den Fisch auf einen Servierteller geben und mit der Bittermelone, den Karotten und dem Erbsenpüree reichen. Die eingedickte Sauce darüberträufeln.

FÜR 4–6 PERSONEN ALS MENÜBESTANDTEIL

Als Laurent mir die Schweinsohren zeigte, aus denen er einen Salat zubereiten wollte, konnte ich es gar nicht abwarten, sie zu probieren. Ich bin nämlich überzeugt davon, dass es nichts Besseres als Schweinsohren gibt. Man sollte Schweinsohren nie gering schätzen oder gar wegwerfen.

GỎI XOÀI TAI HEO
Schweinsohren und Salat von der grünen Mango

ZUBEREITUNG

In einem Kochtopf Wasser zum Kochen bringen und das Salz dazugeben. Die Schweinsohren hineinlegen und 15 Minuten lang kochen. Einen Teller darauflegen, damit sie im Wasser eingetaucht bleiben. Danach herausnehmen und beiseitestellen, damit sie etwas abkühlen. Eventuell noch vorhandene Borsten mit einem Rasierer entfernen. Unter kaltem Wasser waschen und abtropfen lassen.

Das Sesamöl, die Austernsauce, das Fünf-Gewürze-Pulver und das Meersalz in einer Schüssel miteinander vermengen. Die Schweinsohren dazugeben und in der Marinade schwenken, bis sie davon ummantelt sind. Danach zudecken und 20 Minuten lang zum Marinieren beiseitestellen.

Für die Zubereitung des Dressings den Senf und den Limettensaft in einer Schüssel miteinander vermengen, dann das Öl hineinträufeln und rühren, damit sich alles vermischt. Den Zucker hineingeben und rühren, bis er sich aufgelöst hat. Abschmecken und wenn nötig noch etwas Limettensaft verwenden. Die restlichen Zutaten zum Dressing geben und umrühren. Beiseitestellen.

Einen Grill oder einen Kohlegrill auf mittlere Temperatur erhitzen und die Schweinsohren 10 Minuten lang auf jeder Seite grillen, bis sie braun geworden sind. In feine Streifen schneiden, dann in eine Schüssel geben. Die grüne Mango, die Kräuter, den gerösteten Knoblauch, die gerösteten Schalotten und das Dressing dazugeben. Gut schwenken und auf einen Servierteller geben.

FÜR 4–6 PERSONEN ALS MENÜBESTANDTEIL

ZUTATEN

3 TL Salz

2 Schweinsohren, gesäubert

2 TL Sesamöl

2 TL Austernsauce

1 TL Fünf-Gewürze-Pulver

1 TL Meersalz

2 x 250 g grüne Mangos, geschält und gestiftet

8 Perillablätter, klein geschnitten

8 kleine Blätter Vietnamesischer Koriander

8 kleine Minzeblätter

1 TL gebratener Knoblauch (Seite 306)

1 EL geröstete Thai-Schalotten (Seite 307)

DRESSING

2 TL Dijonsenf

ca. 1 TL Limettensaft

125 ml Olivenöl

2 TL Zucker

1 Thai-Schalotte, fein gehackt

2 EL gehackte Korianderblätter (Cilantro)

1 TL Salz

½ TL frisch gemahlener, schwarzer Pfeffer

Ich habe beobachtet, dass meine Cousins oft unterschiedliche Kräutersträußchen verwendeten. Jetzt habe ich auch damit angefangen, meine eigenen vietnamesischen Rezepte mit diesen Kräutern zu verfeinern.

CHIM CÚT FLAMBÉ
Laurents Wachtelflambé

ZUTATEN

6 Wacheln (bitte den Hinweis beachten oder den Metzger bitten, den Knochen aus dem Brustkorb zu entfernen, diesen aber mitnehmen)

1 TL Austernsauce

3 EL Fischsauce

1 EL Pflanzenöl

1 Karotte, geschält und gehackt

1 Thai-Schalotte, gehackt

85 g Sultaninen

1 TL Tamarindenpaste

1 Kräutersträußchen, bestehend aus 2 Thymianzweigen und 2 Lorbeerblättern

500 ml Weißwein

125 ml Hühnerbrühe

1 EL Zucker

1 EL Olivenöl

1 TL Butter

125 ml Cognac

8 Trauben, geschält und halbiert

vietnamesische Baguettes

ZUBEREITUNG

Die Wachteln in eine große Schüssel geben. Die Austernsauce und 2 EL Fischsauce miteinander verrühren und in die Schüssel geben. Die Wachteln mehrmals gut in der Marinade schwenken, dann zudecken und bei Raumtemperatur 20 Minuten lang stehen lassen.

Eine Bratpfanne auf mittlere Temperatur erhitzen, dann das Öl hineingießen und die bereitgestellten Wachtelknochen 2 Minuten lang darin garen. Die Karotte, die Schalotte, die Sultaninen, die Tamarinde, das Kräutersträußchen, den Weißwein und die Hühnerbrühe dazugeben. Zum Kochen bringen, allen Schaum abschöpfen und danach mit der restlichen Fischsauce und dem Zucker würzen. Durch ein Sieb passieren, alle festen Bestandteile wegwerfen und die Flüssigkeit danach in den Topf zurückgießen, diesen wieder auf den Herd stellen und die Flüssigkeit auf ein Drittel einkochen lassen.

Eine große Bratpfanne auf mittlere Temperatur erhitzen, dann das Olivenöl und die Butter dazugeben. Wenn die Butter anfängt, Blasen zu bilden, die Wachteln portionsweise einlegen und auf jeder Seite 3 Minuten braten, bis sie braun geworden sind. Langsam den Cognac in die Pfanne schütten (er geht in Flammen auf, also Vorsicht!) Wenn die Flamme verlischt, die Trauben und die eingedickte Sauce dazugeben und noch einmal 3 Minuten lang kochen lassen. Die Wachteln auf einen Servierteller legen und mit der Sauce beträufeln. Mit den Baguettes reichen.

FÜR 4–6 PERSONEN ALS MENÜBESTANDTEIL

Hinweis: Für die Zubereitung der Wachteln deren Hals mit einem großen, scharfen Messer abschneiden. Dann auf beiden Seiten des Rückgrates entlangschneiden. Das Rückgrat entfernen. Die Wachtel öffnen und mit der Seite, auf der sich die Haut befindet, nach unten legen. Dann durch festes Andrücken mit den Handflächen flach drücken. Mit den Fingern die Rippenknochen vom Fleisch trennen, dann den Brustknochen vorsichtig mit den Händen und einem Messer lösen, dabei darauf achten, dass die Haut nicht verletzt wird. Die Wachtel entlang der Brust in zwei Hälften schneiden, dann die Beine mit einem Schnitt durch das Gelenk abtrennen. Die Flügel von der Brust trennen. Flügel und Knochen beiseitestellen und für die Brühe verwenden.

Ich war überrascht, dass Christophe Krabben mit schwarzen Oliven im Wok zubereitete. Mir wäre es nie eingefallen, Fischsauce, Olivenöl, Weißwein, Basilikum und schwarze Oliven in ein und demselben Gericht miteinander zu kombinieren, aber die Zusammenstellung harmoniert sehr gut.

CUA XÀO OLIVE

Christophes Krabben mit Basilikum und schwarzen Oliven aus dem Wok

ZUBEREITUNG

Die Krabbe wird schonend zubereitet, indem man sie 1 Stunde lang in den Kühlschrank legt, damit sie einschläft. Den oberen Teil des Panzers entfernen, den Rogen beiseitestellen, dann die Fühler (sie sehen aus wie kleine Finger) abreißen und wegwerfen. Die Krabbe unter fließendem Wasser säubern und abtropfen lassen. Die Krabbe auf den Bauch legen und mit einem schweren Hackbeil in zwei Hälften teilen. Jetzt jede Hälfte noch einmal in 4 Teile teilen, und diese jeweils hinter dem Bein abhacken. Mit dem Rücken des Beils vorsichtig alle Greifer zerdrücken, so kann das Fleisch leichter entfernt werden.

Einen Wok auf mittlere Temperatur erhitzen, dann das Olivenöl und den Knoblauch hineingeben und 1 Minute lang sautieren oder so lange, bis alles aromatisch duftet. Die Krabbe dazugeben und 2 Minuten lang unter ständigem Rühren erhitzen. Die Fischsauce, den Zucker und die Oliven dazugeben, dann noch einmal 2 Minuten lang unter ständigem Rühren erhitzen. Den Rogen und den Weißwein dazugeben, dann zudecken und bei mittlerer Temperatur 8 Minuten lang kochen. Das Basilikum hineingeben und vor dem Servieren 30 Sekunden lang schwenken.

FÜR 4–6 PERSONEN ALS MENÜBESTANDTEIL

ZUTATEN

1 kg lebende Schlammkrabben

2 EL natives Olivenöl extra vergine

3 Knoblauchzehen, gehackt

1 EL Fischsauce

2 TL Zucker

6 schwarze Oliven, entkernt

250 ml Weißwein

1 Handvoll Basilikumblätter

GỎI CÁ TRÍCH

Salat mit in Limette eingelegten Sardinen

ZUTATEN

3 EL Weißweinessig

1 TL Zucker

1 Zwiebel, fein geschnitten

Saft von 4 Limetten

Prise Salz

250 g Sardinen, filetiert

6 kleine Perillablätter

6 kleine Minzeblätter

6 kleine Blätter Vietnamesischer
    Koriander

1 TL geröstete Thai-Schalotten
    (Seite 307)

1 TL gebratener Knoblauch
    (Seite 306)

2 TL Knoblauchöl (Seite 306)

1 Vogelaugenchili (Peperoncini),
    dünn geschnitten

2 EL Fischsauce zum Tunken
    (nuoc mam cham) (Seite 305)

ZUBEREITUNG

Den Essig und den Zucker in eine kleine Schüssel geben. Rühren, damit sich der Zucker auflöst, dann die Zwiebel dazugeben und 15 Minuten beiseitestellen. Dann abgießen und abtropfen lassen.

Den Limettensaft und das Salz in eine große Schüssel geben und gut umrühren. Die Sardinen dazugeben und 10 Minuten lang zum Marinieren beiseitestellen.

Die Sardinen aus der Marinade nehmen und vorsichtig ausdrücken, damit kein Saft mehr heraustropft, dann in eine andere Schüssel geben. Die Marinade wegschütten.

Die eingelegten Zwiebeln auf einem Teller verteilen, dann die Sardinen darauflegen, gefolgt von den frischen Kräutern, den gerösteten Schalotten, dem gerösteten Knoblauch, dem Knoblauchöl und dem Chili. Die Fischsauce darüberträufeln.

FÜR 4–6 PERSONEN ALS MENÜBESTANDTEIL

Bei eingelegtem Bohnenquark handelt es sich im Grunde genommen um Tofu, der länger als ein Jahr in Reiswein, Salz und Chili fermentiert wurde. Ein Stück eingelegter Bohnenquark mit gedämpftem Reis ist schon für sich genommen sehr lecker. Eingelegter Bohnenquark wird in Asiamärkten in Gläsern verkauft.

TRỪU NẤU CHAO
Lammkoteletts in eingelegtem Bohnenquark

ZUBEREITUNG

Für die Zubereitung der Marinade alle Zutaten in eine Schüssel geben. Die Lammkoteletts mit der Mischung einreiben, dann in eine Schüssel geben. Zudecken und 2 Stunden lang zum Marinieren in den Kühlschrank stellen.

Den Ofen auf 200 °C vorheizen. Die Kirschtomaten einzeln in Betelblätter einwickeln, dabei sollte die glänzende Seite außen sein. Mit Zahnstochern befestigen.

Eine hitzebeständige Bratpfanne auf mittlere Temperatur erwärmen, dann das Olivenöl hineingeben und die Koteletts 1–2 Minuten lang auf beiden Seiten anbraten, bis sie braun geworden sind. Die Kirschtomaten in die Pfanne geben, alles in den Ofen stellen und die Koteletts noch einmal 3 Minuten lang braten, bis die Koteletts gerade eben gar und in der Mitte noch rosa sind.

Die Lammkoteletts und die Kirschtomaten auf einen Teller geben und mit dem Püree servieren. Die Bratpfanne auf den Herd stellen und mit dem Weißwein ablöschen, danach die Sauce über die Lammkoteletts gießen.

FÜR 4–6 PERSONEN ALS MENÜBESTANDTEIL

ZUTATEN

6 dünne Stielkoteletts vom Lamm,
  mit den Knochen
12 Kirschtomaten
12 Betelblätter
1 EL Olivenöl
Püree aus Erbsen und vietnamesischem Koriander (Seite 290)
3 EL Weißwein

MARINADE

3 EL eingelegter Tofu
1 EL Fischsauce
2 TL Honig
6 schwarze Pfefferkörner
½ TL getrockneter Oregano
½ TL zerkleinerte,
  getrocknete Lorbeerblätter

Das Ende einer Reise

AUF MEINER SUCHE NACH EINEM BESSEREN VERSTÄNDNIS
der Geschichte der vietnamesischen Küche bin ich wieder einmal
auf wahre Schätze gestoßen. Es handelt sich um Facetten aus
den Leben unterschiedlicher Menschen, die mir ein Fenster zur
Vergangenheit geöffnet haben.

Dass ich die Möglichkeit hatte, diese Geschichten zu hören und
aufzuschreiben, berührt mich tief. Einige stammen von Menschen,
die jetzt weit über neunzig Jahre alt sind. Sie alle haben mich
herzlich in ihrem Heim oder an ihrer Arbeitstätte willkommen ge-
heißen und auf eine Zeitreise in ein Vietnam mitgenommen, in der
französische Benimmregeln, Hierarchien, Sprache, Ausbildung und
Bildung dominierend waren.

Die Herrschaft der Franzosen über Vietnam begann vor etwa
150 Jahren und endete vor etwa fünf Dekaden. Das vietnamesische
Volk hat die von den Franzosen eingeführten Zubereitungstechniken und Produkte so nachhaltig übernommen, dass die meisten
sich des französischen Ursprungs überhaupt nicht mehr bewusst
sind. Für einige sind die Zubereitungstechniken und die Kenntnis-
se, über die sie verfügen, etwas, das über Generationen hinweg an
sie weitergegeben wurde und betrachten diese als Familienrezepte.
Ich habe Verständnis dafür, trotzdem lässt sich der Einfluss der
Franzosen auf die vietnamesische Küche nicht verleugnen: An
jeder Straßenecke werden klare Brühen verkauft, es gibt Baguettes
und den starken Kaffee, der morgens von so vielen getrunken wird;
Fleisch wird zerkleinert, gedämpft und schließlich zu unseren köst-
lichen Fleischplatten weiterverarbeitet … Aber dennoch habe ich
in jeder aus Frankreich stammenden Zubereitungstechnik, jedem
Rezept und jedem Produkt, die Geschichte eines Vietnamesen,
einer vietnamesischen Familie und darüber hinaus die reiche und
lebendige Geschichte des Landes wiedergefunden.

Grundrezepte

NƯỚC MẮM CHẤM
Fischsauce zum Tunken

ZUBEREITUNG

In einem Topf 125 ml Wasser, die Fischsauce, den Reisessig und den Zucker mischen und auf mittlere Temperatur erhitzen. Gut rühren und so lange erhitzen, bis die Masse fast den Siedepunkt erreicht hat, dann den Topf von der Herdplatte nehmen und abkühlen lassen.

Vor dem Servieren den Knoblauch und die Chili dazugeben, danach den Limettensaft einrühren. In einem fest verschlossenen Gefäß kann die Sauce im Kühlschrank bis zu 5 Tage aufbewahrt werden.

ERGIBT ETWA 250 ML

ZUTATEN

3 EL Fischsauce
3 EL Reisessig
2 EL Zucker
2 Knoblauchzehen, gehackt
1 Vogelaugenchili (Peperonicini), fein geschnitten
2 EL Limettensaft

MỠ HÀNH
Frühlingszwiebelöl

ZUBEREITUNG

Das Öl und die Frühlingszwiebeln in einem Kochtopf auf mittlere Temperatur erhitzen. Die Frühlingszwiebeln etwa 2 Minuten lang erhitzen, bis das Öl anfängt zu köcheln, danach den Topf von der Platte nehmen und abkühlen lassen. Das Öl in ein Gefäß gießen und die festen Bestandteile wegwerfen. Das Frühlingszwiebelöl ist bis zu 1 Woche im Kühlschrank haltbar.

ERGIBT 250 ML

ZUTATEN

250 ml Pflanzenöl
6–8 Frühlingszwiebeln, nur das Grüne, fein geschnitten

TỎI PHI VÀ MỠ TỎI
Gebratener Knoblauch und Knoblauchöl

ZUTATEN
250 ml Pflanzenöl
6 Knoblauchzehen, fein gehackt

ZUBEREITUNG
Das Öl in einen Wok gießen und auf 180 °C erwärmen oder bis ein Brotstückchen nach dem Hineinwerfen innerhalb von 15 Sekunden bräunt. Den Knoblauch in das Öl geben und 45–60 Sekunden lang braten, bis der Knoblauch goldbraun geworden ist, dann durch ein Metallsieb abgießen und auf Küchenkrepp trocknen lassen. Darauf achten, dass der Knoblauch nicht zu lange im Öl erhitzt wird, da er auch noch weitergart, nachdem er aus dem Wok entfernt wurde. Das Knoblauchöl beiseitestellen. Der gebratene Knoblauch hält sich in einem luftdicht verschlossenen Behälter bis zu 4 Tage lang frisch. Das Knoblauchöl hält sich im Kühlschrank bis zu einer Woche lang.
ERGIBT 2 EL GEBRATENEN KNOBLAUCH, 250 ML KNOBLAUCHÖL

MÂU ĐIỀU
Annattoöl

ZUTATEN
125 ml Pflanzenöl
1 EL Annattosamen

ZUBEREITUNG
Das Öl und die Annattosamen in einem Kochtopf bei niedriger Temperatur erhitzen. Das Öl nur so weit erwärmen, bis es anfängt zu köcheln. Die Samen nicht zu stark erhitzen, weil sie sonst schwarz werden. Den Topf von der Platte nehmen, beiseitestellen und abkühlen lassen, dann das Öl durch ein Sieb in ein Gefäß gießen. Das Annattoöl hält sich im Kühlschrank bis zu 1 Woche lang.
ERGIBT 125 ML

HÀNH PHI
Geröstete Thai-Schalotten

ZUBEREITUNG

Das Öl in einen Wok gießen und auf 180 °C erhitzen oder bis ein Brotstückchen nach dem Hineinwerfen innerhalb von 15 Sekunden bräunt. Die Schalotten in kleinen Portionen jeweils 30–60 Sekunden lang frittieren, bis sie goldbraun und knusprig sind. Dann mit einem Schaumlöffel herausnehmen. Auf Küchenkrepp trocknen lassen. Es empfiehlt sich, die Schalotten kurz nach der Zubereitung in frischem Zustand zu verzehren, in einem luftdichten Behälter halten sie sich aber bis zu 2 Tage lang.
ERGIBT 100 G

ZUTATEN

1 l Pflanzenöl
200 g Thai-Schalotten,
   fein geschnitten

ĐẬU PHỌNG RANG
Geröstete Erdnüsse

ZUBEREITUNG

Die Erdnüsse in einen trockenen Wok geben und auf mittlerer Hitze so lang unter Rühren erwärmen, bis sie eine hellbraune Farbe angenommen haben. Aus dem Wok nehmen und abkühlen lassen. Wenn für ein Rezept zerkleinerte geröstete Erdnüsse gebraucht werden, können diese in einem Mörser grob zerkleinert werden. Die gerösteten Erdnüsse können in einem luftdichten Behälter bis zu 2 Wochen lang aufbewahrt werden.
ERGIBT 250 G

ZUTATEN

250 g ungesalzene, rohe,
   geschälte Erdnüsse

NƯỚC PHỞ BÒ
Rinderbrühe

ZUTATEN

4 ganze Knochen (Schienbeine)
    von der Rinderhaxe,

1 ganzes Huhn,
    in vier Teile geschnitten

2 EL Streusalz

350 g getrockneter Ingwer
    (aus dem Asiamarkt)

50 g Zimtstangen

12 Sternanis

6 Gewürznelken

220 g sehr feiner Streuzucker

160 g Steinsalz

300 ml Fischsauce

150 g Ingwer, ungeschält,
    halbiert und über Holzkohle
    gegrillt

4 große Zwiebeln, in der Schale
    über Holzkohle gegrillt

ZUBEREITUNG

Die Knochen von der Rinderhaxe und das Huhn in einen großen Kochtopf geben und vollständig mit kaltem Wasser übergießen. Das Salz dazugeben und alles 2 Stunden lang stehen lassen, dadurch werden das Fleisch und die Knochen gereinigt. Nach 2 Stunden das Wasser wegschütten und die Rinderhaxen unter kaltem Wasser abspülen. Die Knochen und das Huhn wieder in den Topf geben und 15 l kaltes Wasser darübergießen.

Den getrockneten Ingwer, den Zimt, den Sternanis und die Gewürznelken in ein Musselintuch wickeln, in den Topf geben und das Wasser bei hoher Temperatur zum Kochen bringen. Dabei allen Schaum abschöpfen, der an die Oberfläche steigt, dann die Wärmezufuhr verringern, sodass es nur noch köchelt. 1 Stunde lang köcheln lassen. Dabei weiter den Schaum abschöpfen. Nach 1 Stunde den Zucker, das Salz und die Fischsauce in die Brühe geben und noch einmal 2 Stunden lang köcheln lassen, während dieser Zeit immer wieder den Schaum abschöpfen.

Den Topf mit kaltem Wasser auffüllen, sodass er wieder 15 l enthält und noch einmal zum Köcheln bringen. Mit einem Deckel zudecken, die Wärmezufuhr auf niedrige Stufe drehen und über Nacht weitergaren lassen. Die Brühe sollte sich dabei kaum bewegen. Am folgenden Morgen die Brühe durch eine doppelte Lage Musselin in einen anderen Topf schütten, den gegrillten Ingwer und die Zwiebeln (die Schalen vorher entfernen) in ein Musselintuch wickeln, in den Topf geben und noch einmal 2 Stunden lang kochen lassen. Den Musselinbeutel herausnehmen und die Brühe abkühlen lassen. In kleinere Portionen aufteilen und bis zum Verbrauch einfrieren oder in den Kühlschrank stellen.

ERGIBT 15 LITER

NƯỚC LÈO CÁ
Fischbrühe

ZUBEREITUNG

Die Fischgräten zusammen mit 4 l Wasser in einen großen Topf oder einen Suppentopf geben und zum Kochen bringen. Allen Schaum abschöpfen, dann die restlichen Zutaten hineingeben. Noch einmal zum Kochen bringen, dann die Wärmezufuhr verringern und 30 Minuten lang köcheln lassen. Durch ein feines Sieb passieren und abkühlen lassen. Im Kühlschrank ist die Brühe 3 Tage lang haltbar, sie kann je nach Bedarf auch eingefroren werden.

ERGIBT 4 L

ZUTATEN

2 kg Gräten vom Edelfisch
(wie Schnapper oder Dorsch)
1 großer Lauch, gesäubert und in
Stücke geschnitten
1 großes Stück Ingwer, 4 cm groß
in Stücke geschnitten
4 Knoblauchzehen
2 Kaffirlimettenblätter (Makrut)
1 Bund Koriander (Cilantro),
nur Stängel und Wurzel

MA DÔ NE TỎI
Knoblauchmayonnaise

ZUTATEN
3 Knoblauchzehen
2 Eigelb
1 EL Zitronensaft
¼ TL Salz
¼ TL fein gemahlener, weißer Pfeffer
200 ml Pflanzenöl
50 ml helles Olivenöl

ZUBEREITUNG
Diese Menge an Mayonnaise bereitet man am besten in einer Schüssel und mit einem Rührbesen zu. Die Schüssel sollte fest auf der Arbeitsfläche stehen, deshalb diese auf ein zusammengefaltetes Geschirrtuch stellen, damit sie nicht wegrutscht.

Die Knoblauchzehen im Mörser zu einer Paste verarbeiten. Die Knoblauchpaste, die Eigelb, den Zitronensaft, das Salz und den Pfeffer in einer Schüssel vermengen, dabei kräftig rühren. Das Pflanzenöl und das Olivenöl miteinander mischen und zur Eigelbmasse geben, jeweils nur ein paar Topfen Öl hineingeben. Während der Zugabe des Öls nur langsam rühren. Nachdem 50 ml Öl in die Masse gegossen wurden, kann das restliche Öl in einem langsamen, regelmäßigen Strahl dazugeschüttet werden. Langsam rühren, bis alles eingedickt ist und sich eine cremige Masse gebildet hat. Die Mayonnaise in einen Behälter geben, mit dem Deckel oder Plastikfolie verschließen. Im Kühlschrank bis zu 1 Woche haltbar.
ERGIBT 250 ML

THÍNH
Geröstetes Reispulver

ZUTATEN
200 g Jasminreis

ZUBEREITUNG
Den Reis in einen trockenen Wok geben und bei mittlerer Temperatur so lange erhitzen, bis er duftet und geröstet ist. Abkühlen lassen, in einen Mörser schütten und mit dem Stößel zu einem feinen Pulver verarbeiten. In einem luftdichten Behälter bis zu 2 Wochen haltbar.
ERGIBT 200 G

DÙA NƯỚNG DÒN

Frische geröstete Kokosnuss

ZUBEREITUNG

Den Ofen auf 180 °C vorheizen. In jedes der drei runden Löcher
der Kokosnuss stochern, um dasjenige zu finden, das am weichsten
ist. Danach mit einem kleinen Messer oder einem Metallspieß
das weiche Loch durchstechen. Den Saft herausgießen und
wegschütten.

So lange mit dem Rücken eines schweren Hackmessers auf
die Kokosnuss klopfen, bis ein handtellergroßes Stück aus der
Schale herausbricht. Weiter mit kreisenden Bewegungen auf die
Kokosnuss klopfen, bis sie in Stücke bricht. Die zerbrochenen
Schalen auf ein Backblech legen und 10 Minuten lang backen
(so löst sich das Fleisch der Kokosnuss leichter aus der Schale).
Die Kokosnussschalen aus dem Ofen nehmen und abkühlen lassen.

Das Fleisch mit einem Messer aus der Kokosnuss
herauskratzen, danach mit einem Kartoffelschäler etwaige noch
vorhandene braune Schale vom Fleisch entfernen. Mit einer Reibe
oder einem scharfen Messer das Kokosnussfleisch in feine Scheiben
schneiden. Die Kokosnussscheiben danach auf ein Backblech
legen und noch einmal 10 Minuten lang oder bis sie hellbraun
geworden sind in den Ofen stellen. In einem luftdichten Behälter
im Vorratsregal bis zu 2 Tage haltbar.
ERGIBT ETWA 300 G

ZUTATEN
1 frische Kokosnuss

CÀ RỐT CHUA

Eingelegte Karotten

ZUBEREITUNG

Den Essig, den Zucker und das Salz in einen Kochtopf geben und
bei hoher Temperatur zum Kochen bringen, ständig rühren, bis sich
der Zucker aufgelöst hat. Aus dem Topf nehmen und zum Abkühlen
beiseitestellen.

Die Karotten grob zerkleinern und in ein Einmachglas legen.
Die abgekühlte Flüssigkeit darübergießen und dann über Nacht bei
Raumtemperatur ziehen lassen.
ERGIBT 250 G

ZUTATEN
185 ml Weißweinessig
100 g Zucker
1 TL Salz
200 g Karotten, geschält

Glossar

Annattosamen

Annattosamen werden aus Früchten des Achiotestrauches, auch als Orleansstrauch bezeichnet, geerntet und ähneln der Rambutan. Im reifen Zustand platzen die Schoten auf und geben rund fünfzig Annattosamen frei. Der Geschmack der Annattosamen ist süßlich, aber dennoch scharf, mit einer Prise Muskatnussaroma. In Öl einlegt, verleiht sie Lebensmitteln eine safrangelbe Farbe. Annattosamen sind im Asiamarkt oder in indischen Lebensmittelgeschäften erhältlich. Für den Fall, dass nur die Samen erhältlich sind, verwenden Sie diese zur Herstellung von Öl (siehe Rezept Seite 306).

Asiatischer Sellerie

Auch chinesischer oder vietnamesischer Sellerie genannt. Er hat dünne, hohle Stängel und ist von Geschmack und Geruch her kräftiger als gewöhnlicher Sellerie. Im Wok, in Suppen oder blanchiert in Salaten verwenden. Kaufen Sie Bündel mit festen Stängeln.

Bittermelone

Einer hellgrünen Gurke ähnlich, die Schale hat jedoch Beulen. Das Fleisch in kochendem Wasser blanchieren oder in gesalzenem Wasser einweichen, damit die Bitterstoffe entzogen werden.

Eingelegter Chili, gemahlen

Wird aus frischem Chili hergestellt, der gemahlen wird und in Knoblauch, Salz, Zucker und weißem Essig eingelegt wird. Eingelegter gemahlener Chili wird im Asiamarkt angeboten. Kaufen sie Gläser der Marke *Ot Tuong*.

Eingelegter Tofu

Auch als fermentierter Bohnenquark bezeichnet. Es handelt es sich um Tofu, der in Reiswein eingelegt wurde. Es gibt unterschiedliche Arten – wie weißen oder roten Bohnenquark, der in Sesamöl oder Chili eingelegt ist. Er wird in Asiamärkten in Gläsern verkauft.

Erdnüsse

Ein wichtiger Bestandteil der vietnamesischen Küche. Erdnüsse werden für Saucen, Salate und zum Garnieren verwendet. Bei den in meinen Rezepten verwendeten Erdnüssen handelt es sich um frische Erdnüsse ohne Schale und Haut, die dann geröstet werden (Seite 307). Die rohen Erdnüsse nach dem Öffnen der Packung im Kühlschrank aufbewahren und innerhalb von 3 Monaten aufbrauchen.

Fermentierte Anchovissauce

In Vietnam auch *mam nem*, genannt. Fermentierte Anchovissauce wird im Asiamarkt in Glasflaschen verkauft. Wie auch die Fischsauce wird sie aus fermentierten Anchovis hergestellt. Fischsauce wird jedoch durch ein Sieb passiert, während für die fermentierte Anchovissauce der ganze Fisch verwendet wird. Fermentierte Anchovissauce ist vom Aroma her sehr scharf und mit Sicherheit gewöhnungsbedürftig, im Zusammenspiel mit anderen Zutaten wird daraus aber eine sehr wohlschmeckende Sauce zum Tunken (Seite 247). Nicht verwendete Anchovissauce in einen luftdicht verschlossenen Behälter geben. Sie hält sich im Kühlschrank über einen Monat frisch.

Fischsauce

Eine scharfe, salzige Flüssigkeit, die in der vietnamesischen Küche oft als Aromat und zum Würzen verwendet wird. Wenn Sie Fischsauce zum Tunken verwenden, kaufen Sie eine hochwertige Sauce wie z. B. Viet Huong oder Phu Quoc. Für Brühen können Sie auch eine andere Marke, wie z. B. Squid verwenden.

Galgant

Ähnelt im Erscheinungsbild und in der Zubereitung seinem engen Verwandten, dem Ingwer. Galgant ist von der Farbe her eher rosa, hat ein ausgesprochen pfefferartiges Aroma und neigt dazu, holziger als Ingwer zu sein. Kaufen Sie Galgant mit rosa Stängeln, denn diese sind frischer als braune.

Garnelenpaste

Besteht aus fermentierten Garnelen, die zerkleinert, gesalzen, getrocknet und dann in Flaschen gefüllt oder zu festen Blöcken gepresst werden. Die Garnelenpaste riecht und schmeckt zwar streng, verleiht dem Gericht aber eine aromatische Tiefe. Kaufen Sie die Paste im Asiamarkt. Ich bevorzuge die mildere Sorte gegenüber der kräftigen und verwende gerne die Marke Lee Kum Lee.

Getrocknete Mungbohnen (Sojasprossen)

Getrocknete Mungbohnen, bei denen die Schale entfernt wurde, sind gelb. Geschälte Mungbohnen sind in Asiamärkten erhältlich. Sie müssen eingeweicht und danach gekocht oder gedämpft werden.

Getrocknete Shrimps

Bei getrockneten Shrimps handelt es sich um Shrimps, die 2–3 Tage lang in der Sonne getrocknet wurden und dadurch auf die Größe eines Fingernagels geschrumpft sind. Es gibt viele Arten und man kann damit Suppen, Salate, Pfannengerichte und Saucen würzen. Sie haben ein kräftiges Aroma und sollten vor der Verwendung mindestens 20 Minuten lang eingeweicht werden. Erhältlich in der Abteilung für Trockenfrüchte im Asiamarkt.

Kaffirlimettenblätter (Makrut)

Diese duftenden und einzigartigen geflügelten Blätter werden für Suppen und Salate verwendet und verleihen ihnen ein wunderbares und scharfes Aroma. Kaffirlimettenblätter werden auch als Makrutblätter bezeichnet. In Asiamärkten werden sie frisch und in getrocknetem Zustand verkauft. Für meine Rezepte verwende ich frische Blätter.

Kokosnusswasser

Dabei handelt es sich um die Flüssigkeit einer jungen, grünen Kokosnuss. Das Wasser der grünen Kokosnuss kann man frisch oder aus der Dose kaufen (es wird manchmal auch als Kokosnusssaft bezeichnet). Beide sind in Asiamärkten erhältlich. Versuchen Sie jedoch, wenn möglich an frisches, »junges« Kokosnusswasser zu kommen, weil das aus der Dose Zucker enthält.

Kräuter

In der vietnamesischen Küche werden viele frische Kräuter verwendet. Kaufen Sie sie im Asiamarkt, denn es gibt keinen Ersatz für den einzigartigen Geschmack und das Aroma.

Kurkuma (frisch)

Im Gegensatz zu den anderen Mitgliedern aus der Familie des Ingwers ist der frische Kurkuma angenehm mild und nicht so scharf. Er ist dunkelorange und seine Schale hat eine orangefarbige oder beigebraune Farbe. Gibt man ihn in ein Gericht, färbt er dieses hellgelb. Tragen Sie bei der Verarbeitung von frischem Kurkuma Handschuhe, weil er sonst ihre Hände eine Woche lang verfärbt.

Palmherzen

Palmherzen befinden sich an der äußersten Spitze von Kokospalmen. Sie werden aus unterschiedlichen jungen Palmblättern hergestellt, die noch weiß und sehr zart sind. Palmherzen ähneln von der Beschaffenheit her Bambussprossen und können roh verzehrt, in Suppen oder für die Zubereitung im Wok verwendet werden. Sie sind in Asiamärkten erhältlich. Falls Sie keine frischen bekommen können, verwenden Sie diejenigen aus der Dose.

Pandanusblätter

Die langen, flachen, smaragdgrünen Blätter werden auch als Pandanusblätter bezeichnet. Ihres wunderbaren Duftes wegen werden sie zum Würzen von Süßspeisen, aber auch für herzhafte Gerichte verwendet. Die Blätter verknoten, damit sie gut in den Topf passen und vor dem Servieren wieder herausnehmen.

Reismehl

Dieses aus Langkornreis hergestellte Mehl wird zur Herstellung von Nudeln, Reiskuchen, zum Einwickeln und zum Backen von vietnamesischen Baguettes verwendet. Normaler Reis ist etwas anders als das glutenhaltige Reismehl, deshalb bitte nicht verwechseln. Glutenhaltiges Reismehl ist süßer und wird aus Rundkornreis hergestellt. Beim Kochen wird das Mehl fest und klebrig.

Rote Lebensmittelfarbe aus China

Rote Lebensmittelfarbe aus China ist entweder in flüssiger Form oder als Pulver in Asiamärkten erhältlich. Sie wird zum Färben von Schweinefleisch, Huhn, Wachteln oder Entenfleisch verwendet und schenkt der Haut eine »glücksbringende« rote Farbe.

Röstgewürze

Da Gewürze sich von der Form, dem Gewicht und der Farbe her unterscheiden, röste ich sie gerne einzeln, um sicherzugehen, dass jedes Gewürz gleichmäßig und nicht zu stark geröstet wurde oder gar verbrannt ist. Das Gewürz in eine trockene Pfanne geben und so lange erhitzen, wie im Rezept angegeben bzw. so lange, bis es aromatisch duftet.

Sambal Oelek

Bei Sambal Oelek handelt es sich um eine indonesische Paste, die aus gemahlenem Chili, Salz und Zitronengras hergestellt wird. Es handelt sich um ein mildes Gewürz, das einem Gericht Würze schenkt, ohne die Aromen allzusehr zu verändern. Es wird in Asiamärkten in Gläsern verkauft.

Schwarzer Kardamon

Auch brauner Kardamon genannt. Er sollte aber nicht mit grünem Kardamon verwechselt werden, da beide in Aroma und Intensität völlig unterschiedlich sind. Schwarzer Kardamon besteht aus getrockneten Schoten, die 3 cm lang sind und in denen sich kleine Samen befinden. Diese werden vor der Zubereitung zerquetscht oder gemahlen, wodurch er Speisen ein intensives rauchiges, erdiges Aroma verleiht.

Shaoxing (Reiswein)

Auch als chinesischer Reiswein bekannt. Er wird aus Reis, Hirse und Wasser aus Shaoxing hergestellt. In China werden ältere Weine als Warmgetränk serviert, jüngere verwendet man zum Kochen.

Sojasauce

Bei Sojasauce handelt es sich um eine natürlich vergorene Flüssigkeit aus fermentierten Sojabohnen, Weizen, Wasser und Salz. Dunkle Sojasauce enthält weniger Salz, sie ist dicker und dunkler als helle Sojasauce, weil der Fermentierungsprozess länger dauert. Helle Sojasauce ist leichter und hat ein feineres Aroma, sie ist aber auch salziger als die dunkle. Sie wird oft zum Tunken verwendet und wird hochwertige Sojasauce oder einfach nur Sojasauce genannt.

Sriracha, scharfe Chilisauce

Bei Sriracha handelt es sich um eine scharfe Chilisauce, die nach den traditionellen Chilisaucen aus der Stadt Si Racha, die in Zentralthailand liegt, benannt ist. Sie ist etwas süßer und dicker als andere Chilisaucen. Srirachasauce findet in vielen asiatischen Gerichten Verwendung, als Aromat für vietnamesische Nudelsuppen und Gerichte aus dem Wok. Sie ist in Asiamärkten erhältlich.

Tamarinde

Verleiht dem Gericht Säure und ein herbes Aroma. Sie erhalten Tamarindensauce im Asiamarkt feucht und stückweise abgepackt. Einen Teil davon abschneiden mit heißem Wasser verrühren. Das Mark zerdrückt man am besten mit der bloßen Hand, mit der Gabel funktioniert es nicht so gut.

Thai-Basilikum *(rau que oder hung que)*: Auch als thailändisches Basilikum oder süßes asiatisches Basilikum bezeichnet. Die Stängel sind lilafarbig und haben grüne Blätter. Sie riechen und schmecken nach Anis.

Perilla *(tia to)*: Diese großblättrige Gewürzpflanze ist mit der Minze verwandt und kann von der Farbe her rot, oder grün mit einer lila Einfärbung sein.

Reisfeldpflanze *(ngo om)*: Diese aromatische, kleinblättrige Gewürzpflanze wächst auf Reisfeldern. Sie ist vom Aroma her der Zitrone ähnlich und wird für Suppen oder Fischgerichte verwendet.

Langer Koriander *(ngo gai)*: Auch als Sägezahnkraut bezeichnet. Diese Pflanze besitzt schmale, lange Blätter mit eingezackten Rändern. Sie verfügt über ein kräftiges, dem Koriander ähnliches Aroma.

Vietnamesischer Koriander, (auch vietnamesische Minze genannt) *(rau ram)*: Die Pflanze besitzt schmale, spitze Blätter und ist scharf im Geschmack.

Trockene Reisfadennudeln

Wenn Sie nach trockenen Reisfadennudeln suchen, verwechseln Sie diese nicht mit Glasnudeln (Zellophannudeln). Diese sind aus Mungbohnen hergestellt und nicht aus Reis. Ich kaufe gerne die der Marke Golden Swallow, weil sie bei der Zubereitung nicht so leicht brechen.

Zitronengrasstängel

Für die Zubereitung der Zitronengrasstängel die holzige Wurzel abschneiden und wegwerfen. Nur den weißen Teil des Zitronengrasstängels verwenden. Die grünen Spitzen nicht wegwerfen. In Wasser aufgekocht, kann man daraus einen erfrischenden Zitronengrastee zubereiten.

Register

Die englische Originalausgabe erschien 2011 unter dem Titel *Indochine*
bei Murdoch Books Pty Ltd. © Murdoch Books UK Ltd.

www. collection-rolf-heyne.de

Texte © 2011 Luke Nguyen
Design © 2011 Murdoch Books Pty Limited
Fotografie © 2011 Alan Benson und Suzanna Boyd
Herausgeber: Kylie Walker
Design: Hugh Ford
Fotografie: Alan Benson – Schutzumschlag sowie alle Rezept- und Reisefotos, mit Ausnahme der im Folgenden genannten;
    Suzanna Boyd – Seite 75, 174, 260, 262, 265, 272, 275, 286, 287, 302.
Foodstyling: Suzanna Boyd
Englische Rezeptredaktion: Leanne Kitchen
Übersetzung aus dem Englischen: Viola Löbig, Frankfurt am Main
Redaktion und Satz: imprint, Zusmarshausen
Rezeptredaktion: Regina Roßkopf, München
Druck und Bindung: 1010 Printing International Limited
Printed in China

Der Dank von Herausgeber, Autor und Foodstylistin gilt »An Lam Saigon River Private Residence«, »Xu Restaurant & Bar«, »The Temple Club«, »Indochine Restaurant«, »Dalat Palace«, »Nam Phan«, »Brothers Café«, »Morning Glory«, »Nam Long«, »Villa Hoa Su«, »La Verticale«, »Hotel Sofitel Legend Metropole«, »Green Tangerine« und »6 on Sixteen«, dass sie uns ihre großartigen Locations für das Fotografieren der Gerichte überließen und uns sämtliches Zubehör und Utensilien zur Verfügung stellten.

WICHTIGER HINWEIS: Personen, für die eine Salmonellenvergiftung besonders gefährlich wäre (ältere Menschen, Schwangere, Kleinkinder und Kranke, die an Immunschwäche leiden), sollten vor dem Verzehr roher Eier einen Arzt konsultieren.

OFENTIPP: Die angegebenen Garzeiten können unterschiedlich sein, je nachdem, welchen Herd/Ofen Sie benutzen. Für Umluftöfen gilt, dass die Temperatur um 20 °C niedriger sein sollte, als im Rezept angegeben.

ISBN 978-3-89910-527-8